国家职业教育专业教学资源库配套教材

1+X职业技能等级证书配套教材

互联网+

# 新能源汽车维护与保养

主　编　白　云　张　静

副主编　赵馨月　胡登兴　莫宗维

参　编　康学忠　毛世民　李　宁　韩永鹏

主　审　陈志军

科学出版社

北京

# 内 容 简 介

本书以新能源汽车的维护与保养任务为主线，遵循理论知识"必需、够用"的原则，精选新能源汽车的维护与保养实例，使读者掌握新能源汽车的维护与保养技术。本书主要包括三个模块，共有十个项目。模块一为新能源汽车维护与保养准备，涵盖了场地准备、工具使用、高压安全防护等内容；模块二为新能源汽车维护与保养作业，包括动力电池系统、驱动电机系统、底盘系统、冷却系统、空调系统及车身电气设备等的维护与保养；模块三为新能源汽车的交付检查，介绍了PDI的目的、要求、准备、流程及内容。

本书内容对接 1+X 职业技能等级证书和国家职业技能标准，以全国职业院校技能大赛车型为主要案例，实现了"岗课赛证"融通，融入了课程思政内容，配有微课视频、电子课件等资源。

本书可作为职业院校新能源汽车技术、汽车检测与维修技术等专业的教学用书，也可以作为从事新能源汽车售后服务工作的技术人员的培训用书。

**图书在版编目（CIP）数据**

新能源汽车维护与保养/白云，张静主编. —北京：科学出版社，2024.1
国家职业教育专业教学资源库配套教材　1+X 职业技能等级证书配套教材
ISBN 978-7-03-075804-0

Ⅰ.①新… Ⅱ.①白… ②张… Ⅲ.①新能源-汽车-车辆修理-职业教育-教材 ②新能源-汽车-车辆保养-职业教育-教材 Ⅳ.①U469.7

中国国家版本馆 CIP 数据核字（2023）第 106563 号

责任编辑：张振华 / 责任校对：马英菊
责任印制：吕春珉 / 封面设计：东方人华平面设计部

科学出版社出版
北京东黄城根北街 16 号
邮政编码：100717
http://www.sciencep.com

三河市骏杰印刷有限公司 印刷
科学出版社发行　　各地新华书店经销
*
2024 年 1 月第 一 版　　开本：787×1092　1/16
2024 年 1 月第一次印刷　　印张：14 1/2
字数：320 000

定价：59.00 元
（如有印装质量问题，我社负责调换〈骏杰〉）
销售部电话 010-62136230　编辑部电话 010-62135120-2005

# 前　言

21 世纪以来，随着世界经济的发展，能源危机和环境污染已成为全球化的问题。汽车产业作为能源消耗、环境污染的主要源头，不得不作出巨大的变革。新能源汽车具有低排放甚至零排放、热辐射低、噪声小且环境友好等优点，是节能、环保和可持续发展的新型交通工具，具有广阔的发展和应用前景。近年来，汽车"新四化"（电动化、智能化、网联化和共享化）的进展突飞猛进，以新能源为核心的新汽车产业正在成为新一轮科技革命的载体、平台和牵引力。发展新能源汽车技术已成为世界各国的共识。新汽车时代正在到来。当今世界，汽车产业正经历百年未有之大变局。在这个百年不遇的产业大变革中，我国汽车产业正以更加开放的姿态，开启由汽车大国向汽车强国转身的新征程。为推动新能源汽车产业高质量发展，加快建设汽车强国，2020 年 11 月，国务院办公厅印发《新能源汽车产业发展规划（2021—2035 年）》。我国新能源汽车在国家政策及技术快速发展的推动下，保持高速增长态势。截至 2023 年 12 月，我国新能源汽车保有量达 2041 万辆，产销量、保有量已连续 8 年位居世界首位。目前我国自主品牌的新能源汽车不论是在全球市场占有率方面还是在技术方面均保持在世界前列。随着新能源汽车技术的发展成熟、市场保有量的日益猛增，新能源汽车售后服务领域的人才需求出现了巨大的缺口。

党的二十大报告指出，"推动战略性新兴产业融合集群发展，构建新一代信息技术、人工智能、生物技术、新能源、新材料、高端装备、绿色环保等一批新的增长引擎"，"加快建设国家战略人才力量，努力培养造就更多大师、战略科学家、一流科技领军人才和创新团队、青年科技人才、卓越工程师、大国工匠、高技能人才"。为了适应国家新能源汽车产业发展和教学改革的需要，编者根据二十大报告精神和《国家职业教育改革实施方案》《职业院校教材管理办法》《高等学校课程思政建设指导纲要》《"十四五"职业教育规划教材建设实施方案》等相关文件精神，在行业、企业专家和课程开发专家的精心指导下，结合企业生产岗位和工作实际，编写了本书。

本书编写紧紧围绕"培养什么人、怎样培养人、为谁培养人"这一教育的根本问题，以落实立德树人为根本任务，以学生综合职业能力培养为中心，以培养卓越工程师、大国工匠、高技能人才为目标，以"科学、实用、新颖"为编写原则。相比以往同类教材，本书具有许多特点和亮点，主要体现在以下几个方面。

## 1. 校企"双元"联合开发，对接企业生产实践

本书为国家职业教育专业教学资源库配套教材、1+X 职业技能等级证书配套教材，由校企"双元"联合开发。编者均来自教学或企业一线，具有多年的教学或实践经验。在编写本书的过程中，编者能结合相关企业的职业工作需要和当前教学改革趋势，以企业真实生产项目、典型工作任务、案例等为载体组织教学内容，融入企业新技术、新工艺、新规范，能有效激发学生的学习兴趣。

## 2. 模块化、项目化的编排，形式灵活、新颖

本书切实从职业院校学生的实际出发，采用"模块化"、"项目化"和"基于工作过程"的课程改革理念进行编写，共设计三个模块、十个项目。每个项目以"项目描述""学习目标""情境导入""课前练习""相关资讯""课堂练习""项目实施""考核评价"等形式展开。教、学、练、评一体化设计，层层递进，环环相扣，具有很强的针对性和可操作性。

## 3. 对接工作岗位实际，体现"岗课赛证"融通

本书依据教育部新能源汽车技术专业教学标准，按照新能源汽车售后服务典型工作任务和相关岗位（群）核心能力要求，对接 1+X 职业技能等级证书、职业资格证书和国家职业技能标准，结合国家职业院校技能大赛所提出的知识、能力、素养要求，选用近年来国家级新能源汽车维修赛项所使用的吉利和比亚迪车型为案例，进行教学内容的设计开发，实现"岗课赛证"融通。

## 4. 注重思政融合，充分发挥教材承载的思政教育功能

为落实立德树人根本任务，充分发挥教材承载的思政教育功能，本书凝练项目任务中的"爱国情怀、民族自信、安全意识、质量意识、环保意识、职业素养、工匠精神、劳动精神"等思政要素，融入精益化生产管理理念，将思政要素与教学内容相结合，使学生在学习专业知识的同时，通过潜移默化的效果，把握各个思政教育映射点所要传授的内容。

## 5. 配套立体化教学资源，适应信息化教学实施

本书配套有立体化教学资源，包括微课、动画、视频、课程标准、多媒体课件、习题等，便于教师授课和学生自学。此外，本书中穿插有丰富的二维码资源链接，通过扫描可以观看相关的微课视频，便于随时随地移动学习。

本书由重庆工业职业技术学院、重庆水利电力职业技术学院、重庆电讯职业学院、重庆长安汽车股份有限公司、重庆长安新能源汽车有限公司联合编写。重庆工业职业技术学院白云、张静担任主编；重庆水利电力职业技术学院赵馨月，重庆电讯职业学院胡登兴、莫宗维担任副主编；重庆工业职业技术学院康学忠、毛世民，重庆长安汽车股份有限公司李宁、重庆长安新能源汽车有限公司韩永鹏参与编写。具体分工如下：白云编写模块一的项目一和项目二；张静编写模块一的项目三、模块二的项目一；赵馨月编写模块二的项目二和项目三；胡登兴编写模块二的项目四～项目六；莫宗维编写模块三；康学忠、毛世民、李宁、韩永鹏负责部分案例数据、图片素材的提供和案例分析的审核。

重庆城市职业学院陈志军教授对全书进行审定。

在编写过程中，得到重庆科创职业学院尹少峰等同人的支持，在此表示感谢。

本书涵盖知识面广、信息量较大，且部分内容涉及行业新技术、新理念，由于编者学识和经验有限，书中难免存在疏漏和不足之处，恳请广大读者批评指正。

# 本书课程思政元素设计

为践行、弘扬"富强、民主、文明、和谐；自由、平等、公正、法治；爱国、敬业、诚信、友善"的社会主义核心价值观，落实"立德树人"的根本任务，本书以习近平新时代中国特色社会主义思想为指导，结合新能源汽车维护保养相关岗位的职业素养要求，从爱国情怀、民族自信、安全意识、环保意识、工匠精神、劳动精神等维度着眼，确定思政目标，设计思政内容。紧密围绕知识、技能、素养三位一体的教学目标，在书中通过案例引入、历史分享、法规标准等方式润物细无声地将课程思政内容有效传递给学习者；通过操作步骤分解、任务工单引导、考核评价督促的方式帮助学习者践行思政素养，让课程思政真正入心、入行。

| 位置 | | 内容导引 | 课程思政目标 | 融入方式 | 课程思政元素 |
|---|---|---|---|---|---|
| 模块一 | 项目一 | 安全用电标志 | 具备新能源汽车维护保养作业时的安全意识 | 标准介绍：国家标准《安全色》（GB 2893—2008）中规定的四种安全色及含义介绍 | 安全意识 标准意识 规范意识 |
| | | 车间油液安全 | 培养、践行绿色环保和安全生产意识 | 注意事项提醒：不同车间油液的危害及处理方法<br>法规介绍：将使用过的废弃油液直接倒入土壤、下水道或排水设备中，或倒入水管内的行为是违法的 | 安全意识 环保意识 法治意识 社会责任 |
| | | 新能源汽车维护与保养场地准备任务实施 | 践行安全生产要求，具备发现并排除维护保养场地的安全隐患的能力 | 任务工单引导：利用任务工单作业步骤引导学习者对实训场地进行准备与安全风险逐项排查 | 安全意识 风险意识 团队意识 |
| | 项目二 | 绝缘测试仪的使用注意事项 | 培养安全使用工具的意识，注意严格按照操作规程作业 | 注意事项提醒：绝缘测试仪使用与维护介绍，引导学习者牢固树立安全意识，严格遵循操作规程规范进行操作，确保人身及仪器安全 | 安全意识 规范意识 工匠精神 |
| | | 新能源汽车高压线路绝缘性检测任务实施 | 能够按照个人防护作业规范完成操作前的安全防护；能严格按照工作使用规范测量，并仔细、反复校验测量结果 | 任务工单引导：利用任务工单作业步骤引导学习者规范完成个人作业防护，并正确测量实训车辆高压系统的电流、电压、接地电阻和绝缘电阻<br>考核评价督促：在任务目标达成度评价表中将相关思政素养列入评价指标 | 安全意识 工匠精神 劳动精神 |
| | 项目三 | 知识窗：吉利帝豪 EV450 车型简介 | 知道国产自主品牌的汽车发展历史、新能源汽车技术现状，树立民族自信、激发爱国情怀 | 历史分享、案例引入：吉利自主品牌汽车发展历史和帝豪 EV450 车型技术介绍 | 爱国情怀 民族自信 文化自信 |
| 模块二 | 项目一 | 知识窗：我国动力电池技术介绍 | 知道我国动力电池技术现状，树立民族自信、激发爱国情怀 | 历史分享：我国动力电池技术介绍 | 爱国情怀 民族自信 |

| 位置 | | 内容导引 | 课程思政目标 | 融入方式 | 课程思政元素 |
|---|---|---|---|---|---|
| 模块二 | 项目一 | 新能源汽车动力电池系统的维护与保养任务实施 | 注重细节，严格按照维护保养规范进行检查维护作业；具有安全作业的职业素养；不怕辛苦，不遗漏任何一个线束接头的检查；清晰、规范记录每一个检查项目的结果 | 任务工单引导：在对教师提供的实训车辆进行动力电池系统的维护作业任务中，引导学习者安全作业、依据维护规范，仔细逐一检查并完成检查记录；养成保持场地7S规范管理的作业习惯<br>考核评价督促：在任务目标达成度评价表中将相关思政素养列入评价指标 | 道路自信<br>安全意识<br>工匠精神<br>劳动精神 |
| | 项目二 | 减速器油位检查程序<br>知识窗：汽车行业废旧部件、油液处理 | 提升绿色环保意识，践行汽车废旧部件、油液环保处理工作理念 | 注意事项提醒：减速器废旧油液处理方式法规介绍；汽车行业废旧部件、油液处理规定介绍 | 社会责任<br>环保意识<br>安全意识 |
| | | 新能源汽车驱动电机系统的维护与保养任务实施 | 遵守新能源汽车维护保养场所的安全要求；树立严格按照步骤规范拆装、检查、更换的工作意识；对液位检查、螺栓安装扭力等细节操作应具有精益求精的职业态度；具备废旧部件与油液环保规范处理的能力；培养勤于思考、勇于探索的科学精神 | 任务工单引导：通过任务工单引导学习者在进行驱动电机系统的维护作业任务中，规范拆装步骤；严格按照手册规定扭力范围、油液面高度进行作业；养成保持场地7S规范管理的作业习惯<br>考核评价督促：在任务目标达成度评价表中将相关思政素养列入评价指标 | 安全意识<br>环保意识<br>工匠精神<br>劳动精神<br>科学精神 |
| | 项目三 | 新能源汽车底盘系统的维护与保养任务实施 | 遵守新能源汽车维护保养场所安全要求；树立严格按照步骤规范拆装、检查、更换的工作意识；对制动、转向、轮胎等部分的数值测量应具有精益求精的职业态度；具备废旧部件与油液环保规范处理的能力 | 任务工单引导：通过任务工单引导学习者在进行底盘系统的维护作业任务中，应按照规范要求反复进行多次测量；严格按照手册规定扭力范围、油液面高度进行作业；养成保持场地7S规范管理的作业习惯<br>考核评价督促：在任务目标达成度评价表中将相关思政素养列入评价指标 | 安全意识<br>工匠精神<br>劳动精神<br>环保意识<br>创新思维 |
| | 项目四 | 新能源汽车冷却系统的维护与保养任务实施 | 遵守新能源汽车维护保养场所的安全要求；树立严格按照步骤规范检查、更换的工作意识；进行冷却系统常见的故障检查时，对系统各主要数值测量应具有精益求精的职业态度；具备废旧部件与油液环保规范处理的能力 | 任务工单引导：通过任务工单引导学习者在进行冷却系统的维护作业任务中，应按照规范仔细检查，对数值的测量要求反复进行多次，精益求精；养成保持场地7S规范管理的作业习惯<br>考核评价督促：在任务目标达成度评价表中将相关思政素养列入评价指标 | 安全意识<br>工匠精神<br>劳动精神<br>环保意识<br>全局思维 |
| | 项目五 | 新能源汽车空调系统的维护与保养任务实施 | 遵守新能源汽车维护保养场所的安全要求；树立严格按照步骤规范检查、更换的工作意识；进行空调系统测量、维护与拆装时应具有精益求精的职业态度；具备废旧部件与油液环保规范处理的能力 | 任务工单引导：通过任务工单引导学习者在进行空调制冷、暖风系统的维护作业任务中，仔细检查所有功能、挡位，对制冷系统压力检查、线路的测量要求反复进行多次，精益求精；养成保持场地7S规范管理的作业习惯<br>考核评价督促：在任务目标达成度评价表中将相关思政素养列入评价指标 | 安全意识<br>工匠精神<br>劳动精神<br>环保意识<br>质量意识<br>团队意识<br>创新思维 |

| 位置 | | 内容导引 | 课程思政目标 | 融入方式 | 课程思政元素 |
|---|---|---|---|---|---|
| 模块二 | 项目六 | 新能源汽车车身电气设备的维护与保养任务实施 | 遵守新能源汽车维护保养场所的安全要求；具有严格按照规范作业的职业素养；具有团队成员合理分工、协作配合的劳动精神；具备废旧部件的环保规范处理的能力 | 任务工单引导：通过任务工单引导学习者对车身电气设备规范、逐项、仔细检查；引导小组成员养成科学分工、团结协作的工作习惯<br>考核评价督促：在任务目标达成度评价表中将相关思政素养列入评价指标 | 安全意识<br>工匠精神<br>劳动精神<br>环保意识<br>团队意识 |
| 模块三 | 项目一 | 知识窗：我国新能源汽车发展历程与现状 | 了解我国新能源汽车的发展历程与战略规划，知道国产新能源汽车的市场占有率和技术现状，树立民族自信心，激发爱国情怀 | 历史分享：我国新能源汽车的发展历程<br>政策规划：我国新能源汽车的战略规划与相关鼓励政策 | 爱国情怀<br>制度自信<br>民族自信<br>社会责任 |
| | | 新能源汽车 PDI 任务实施 | 遵守新能源汽车 PDI 场所的安全要求；养成严格遵守规范作业、注重细节项目检查的工作习惯 | 任务工单引导：通过任务工单引导学习者严格按照 PDI 作业项目表逐项完成；以对客户负责任的态度，注重各项细节的检查；养成清晰、详细记录和保持场地 7S 管理的作业习惯<br>考核评价督促：在任务目标达成度评价表中将相关思政素养列入评价指标 | 安全意识<br>工匠精神<br>劳动精神 |

注：7S 管理是指整理（seiri）、整顿（seiton）、清扫（seiso）、清洁（seiketsu）、素养（shitsuke）、安全（safety）、节约（saving）。

# 目　　录

# 模块一

# 新能源汽车维护与保养准备

## 项目一　新能源汽车维护与保养场地准备

### 项目描述

本项目主要介绍新能源汽车维护与保养场地环境的安全检查与布置、异常事故与火灾的防护处理。通过对本项目的学习，应能够进行新能源汽车维护与保养作业场地的准备。

微课：新能源汽车概述　　　微课：新能源汽车维护与保养前的准备　　　微课：新能源汽车的具体保养

### 学习目标

| 知识目标 | 能力目标 | 思政要素和职业素养目标 |
|---|---|---|
| 1. 知道车间安全及新能源汽车维护与保养场地准备的重要性与工作内容；<br>2. 能列出布置新能源汽车维护与保养场地需要用到的材料 | 1. 能够进行新能源汽车维护与保养场地准备工作；<br>2. 能够掌握异常事故或火灾的处理措施 | 1. 树立正确的学习观，坚定技能报国的信念；<br>2. 树立规范意识、安全意识、环保意识；<br>3. 培养职业认同感、责任感、荣誉感；<br>4. 培养团队意识、服务意识，增强沟通能力与协作能力 |

对接 1+X 证书《新能源汽车动力驱动电机电池技术（中级）》工作任务 1——新能源汽车工作安全
1.2 安全注意事项、1.3 安全检查、1.6 高压电维修作业注意事项

### 情境导入

今天一位客户开着吉利帝豪 EV450 来到 4S 店，想给自己的汽车做一次保养。你作为刚入职的员工，需要按照技术规范操作提前准备好新能源汽车维护与保养场地。

## 课前练习

通过课前对 4S 店维修人员维护作业过程进行观察学习及查找相关资料,明确新能源汽车维护与保养准备工作包括哪些方面。将你所收集到的信息整理在下面的方框中。

## 相关资讯

新能源汽车分为电动汽车、气体燃料汽车、生物燃料汽车、氢燃料汽车等类型。电动汽车包括纯电动汽车、混合动力电动汽车和燃料电池汽车。目前,市面上的新能源汽车主要是电动汽车。

新能源汽车和传统燃油汽车一样,许多零部件在行驶过程中处于非常苛刻的运转环境,包括低温严寒、高温酷热、高速、多尘、颠簸路面等。一些零部件随着环境的不断变化和时间推移开始老化,一些零部件由于经常高速运动在不断地磨损,还有一些零部件在不经意间被磕坏。这些零件都需要及时进行检查、调整或更换。

### 资讯一 新能源汽车维护与保养车间安全检查

在进行新能源汽车维护与保养时,可能会涉及危害人体健康和污染环境等问题,因此为保证所有人员、车辆及相关设备的安全,必须建立安全意识,创造可靠的安全作业环境,严格按照安全操作规程作业。

#### (一)车间用电安全

一般的维护保养车间有许多用电设备,如充电桩、电焊机、电动砂轮、电动钻、抛光机等等,其中很多机械设备的动力源都是电能,每台机械设备都有自己的电气系统,车间人员接触电气设备的机会比较多。为保证车间用电安全,每位车间工作人员都应掌握安全用电基本知识并遵守车间安全用电制度。

## 知识窗

### 新能源汽车维护与保养车间安全操作规程

1）所有从事车间电路维护和接线工作的人员必须经过技术培训，并取得国家应急管理部颁发的低压电工作业操作证。

2）在挂有维修标志的用电设备及配电开关前，除专业维修人员外，其余任何人不得随意合闸。

3）当发生设备漏电、过电压、跳闸时，未明确原因，不得擅自合闸，用电人员需要向电工汇报。

4）在进行拆装、检修和接线工作时，应断开电源；需带电工作时，必须配齐安全工具，穿安全鞋，戴绝缘手套，保持人体各部分干燥、清洁，严禁赤膊进行电气操作。发现电气故障、漏电、走火或触电事故时，应立即将电源切断。

5）因电气故障造成火灾且未断电源时，切不可用酸碱泡沫灭火器灭火，而应使用沙子、四氧化碳或二氧化碳灭火器灭火。

6）车间气泵、台钻、电焊机、气体保护焊机等设备要有专人管理并检查工作状态。

7）设备使用完毕、长期不用或车间人员下班时，要断开电源开关。

8）每天下班前，车间岗位的班组长负责检查、关闭电源开关。

9）遇上加班时，加班后组长或带班负责人负责检查是否停电、关电房门。

10）组合插座及插座电源导线应完好无损，不得吊挂使用，不允许超负荷使用，严禁使用伪劣插座。

11）电气设备维修、检修必须由电工进行作业，维护人员不准维修。

12）未经允许不得拉接临时电源线和使用电炉等表面炽热的大功率电器。

13）凡是电器（设备）自身电源线为三相插头的，应采用已接好地线的三孔插座，接地极不准甩掉不用。

14）电工上岗前必须按规定穿戴好劳动防护用品，工作时必须严格遵守安全操作规程。

15）保持室内照明、通风、良好，每班打扫室内卫生，保持室内清洁，严禁吸烟。

16）严格保持各开关状态与实际一致，不能随意更改设备与接线的方式及各开关的整定值。

17）严格执行各种设备的安全操作规程，遵守各项规定。

18）在恶劣天气下，要加强设备的巡视，发生事故时应保持冷静，按照操作规程及时排除故障，并做好记录。

19）车间电气设备发生故障时，要立即通知电工维修，不得私自处理。

### 1. 车间高压线路

车间安装专用的交流电路（220V、50Hz、16A）和电源插座。如果给电动车充电时没有使用专用线路，可能会影响线路上其他设备的正常工作。

新能源汽车上有高压部件及高压线缆。例如，吉利帝豪 EV450 上的高压部件包括电机控制器、车载充电机、高压主线缆、快充口、动力电池、驱动电机、慢充口、电动压缩机、电动加热器等，如图 1-1-1 所示。车内高压线缆都用橙黄色波纹管包裹，高压部件上也贴有橙黄色警告标签。为了避免触电伤害，如果车上的电缆裸露或破损，禁止触碰高压部件、高压电缆（橙色）及其连接头，以防触电。同时禁止非专业维护人员随意解除、拆解或改装用电设备，否则触碰到高压电将导致人员烧伤甚至触电死亡等严重后果。

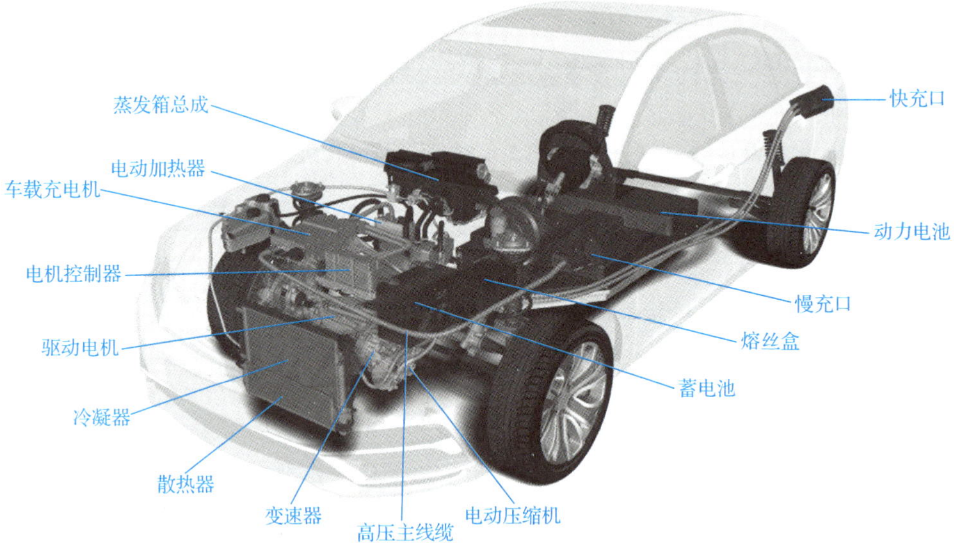

图 1-1-1　吉利帝豪 EV450 上的高压部件

## 2. 安全用电标志

安全标志是指使用招牌、颜色、照明标志、声信号等方式来表明安全信息或指示安全健康的标志。明确统一的标志是保证用电安全的一项重要措施。统计表明，不少电气事故是由于标志不统一而造成的。例如，由于导线的颜色不统一，误将相线连接设备的机壳，而导致机壳带电，酿成触电伤亡事故。

标志分为颜色标志和图形标志。颜色标志常用来区分各种不同性质、不同用途的导线，或用来表示某处的安全程度。图形标志一般用来警告不要接近有危险的场所。为保证安全用电，必须严格按有关标准使用颜色标志和图形标志。我国安全色标采用的标准基本上与国际标准草案相同。一般采用的安全色有以下几种。

1）红色：表示禁止、停止和消防，例如，信号灯、信号旗、机器上的紧急停机按钮等都是用红色来表示"禁止"的信息。

2）黄色：表示注意危险，如"当心触电""注意安全"等。

3）绿色：表示安全无事，如"在此工作""已接地"等。

4）蓝色：表示强制执行，如"必须戴安全帽"等。

除了以上 4 种安全色之外，在安全标志图案中还有黑色和白色两种对比色，与安全色同时使用。黑色用于安全标志的文字、图形符号和警告标志的几何边框，多与黄色配合形成对比。白色则用于安全标志中红、蓝、绿的背景色，也可用于安全标志的文字和图形符号。例如，在电气母线中，A 相为黄色，B 相为绿色，C 相为红色，接地线为黑色。

典型的安全用电标志如图 1-1-2 所示。

| | | | | |
|---|---|---|---|---|
| 必须系安全带 | 必须戴安全帽 | 必须穿工作服 | 必须戴防护眼镜 | 当心坠入溜井 |
| 当心落物 | 当心坠落 | 当心吊物 | 当心触电 | 注意安全 |

图 1-1-2　典型的安全用电标志

### （二）车间环境安全

车间环境直接影响生产安全。新能源汽车维护与保养车间的环境要求比传统燃油汽车维修车间的环境要求高。

### 🔲 知识窗

#### 高压车间场地与设施要求

1）使用面积。车间的面积根据实际要求确定，并符合国家相关规定。

2）采光。明亮的车间可以让维护人员能够更加清楚地观察到周围的部件及物体，避免因视线不好触碰到高压电而发生意外，同时有利于其他人员及时观察到可能存在的隐患。

3）照明。当天然光线不足时，应配置人工照明，人工照明光源应选择接近天然光色温的光源。

4）干燥。当湿度增加时，人体和空气的绝缘电阻就会增加，那么在相同的电压下，人体触电的风险也就增加了，所以车间必须保持干燥，以降低作业人员的触电风险。

5）通风。保持通风有利于排出车间产生的有害物。通风应符合《建筑防火通用规范》（GB 55037—2022）和工业企业通风的有关要求。

6）防火。应符合《建筑防火通用规范》（GB 55037—2022）有关厂房、仓库防火的规定，以及《汽车库、修车库、停车场设计防火规范》（GB 50067—2014）的有关规定。

7）卫生。应符合《工业企业设计卫生标准》（GBZ 1—2010）、《生产过程安全卫生要求总则》（GB/T 12801—2008）的有关要求。

8）安全标志。应符合《安全标志及其使用导则》（GB 2894—2008）、《安全色》（GB 2893—2008）的有关要求。

### 1. 车间油液安全

新能源汽车使用多种油液,如果处理不当,则可能会对人体造成危害并对环境造成污染。例如,溶剂、酸、液压油、冷却液及其他类似物质不应倒入下水道中;溶剂等物质不能倒在土壤上,否则会对土壤造成污染;制冷剂挥发到大气中会造成环境污染。

吉利帝豪 EV450 纯电动汽车使用的油液主要有蓄电池酸液、空调制冷剂、黏结剂/密封剂、制动液、冷却液、润滑油/润滑脂。油液容量及规格如表 1-1-1 所示。

表 1-1-1　油液容量及规格

| 应用 | 油液容量 | 油液规格 |
|---|---|---|
| 减速器润滑油 | 1.7L | Dexron VI |
| 制动液 | (445±20) mL | 符合 DOT4 |
| 驱动电机水箱冷却液 | 7.2L | 符合《乙二醇型和丙二醇型发动机冷却液》(NB/SH/T 0521—2010)要求的驱动电机用乙二醇型驱动电机冷却液(防冻液),冰点≤-40℃ |
| 玻璃清洗剂 | 2.1L | 硬度低于 205g/1000kg 的水或适量商用添加剂的水溶液 |
| 空调制冷剂 | 550g | 四氟乙烷 |
| 前机舱盖和车门铰链、充电口盖铰链、行李舱门铰链 | — | 通用锂基脂 |
| 门窗密封条 | — | 硅基润滑脂 |
| 电池冷却液 | 3.5L | 电池冷却液,冰点≤-40℃ |

(1)蓄电池酸液

充电时所释出的气体具有爆炸性,切勿在充电的蓄电池或者刚充完电的蓄电池附近进行明火操作。

蓄电池酸液对眼睛、喉咙、鼻子与皮肤具有刺激性或侵蚀性,会损坏普通的保护衣物,对人体造成灼伤。为了避免蓄电池酸液溅在衣物、皮肤及眼睛上,需穿戴防护服、防护手套及防护眼镜,避免吸入喷雾。务必在附近配备冲洗设备,如眼部冲洗瓶、脸盆及肥皂等,方便在发生溅泼事故时,及时得到救助。

(2)空调制冷剂

空调制冷剂是一种高度可燃物,因此在储存和操作时要远离阳光暴晒与火源。

制冷剂极易挥发,在挥发时会带走大量的热,皮肤接触制冷剂可能会导致冻伤。如果皮肤或眼睛接触到制冷剂,应立即用水冲洗接触的区域,并用适当的冲洗溶液冲洗眼睛,且不可揉搓,视具体情况需要寻求医疗援助。

使用制冷剂时的注意事项如下。

1)不可在阳光照射处或有热源的地方储存制冷剂。

2）在充填时，不可将制冷剂瓶直立，保持制冷剂的阀门朝下。

3）不可使制冷剂瓶暴露在霜雪中。

4）不可跌落制冷剂瓶。

5）不可在任何情况下，将制冷剂直接排放至大气中。

6）不可混用制冷剂，如混用二氯二氟甲烷（R12）与四氟乙烷（R134a）。

7）应避免吸入制冷剂，接触后制冷剂会刺激眼睛、鼻子和喉咙，因此应在通风良好的区域内作业。

（3）黏结剂/密封胶

黏结剂/密封胶所使用的材料中含有有害物质，长期接触会造成急性和慢性中毒、职业病、皮肤病等疾病。在进行涂胶时，采用通风换气装置，以保持车间的通风；操作时应穿戴防护服、防护手套等，工作完毕后，要认真清洗双手，保持车间清洁、整齐，环境卫生。

使用或处理黏结剂/密封胶时的注意事项如下。

1）应将废胶或溶剂污染的废弃物及时清理干净，不得长期堆积。

2）产品通常保存在禁烟区，使用时应当注意清洁，尽量使用涂抹器或容器进行施工。

3）黏结剂/密封胶在使用前，一定要使施胶部位表面清洁，并使用专用清洗剂进行擦拭，以免影响黏结效果。

4）在汽车维护过程中，要根据部件的材料及功能要求，选用性能相同的黏结剂。

（4）制动液

制动液极易吸湿和吸潮，且有稍微的刺激性。制动液蒸气压力非常低，在常温下吸入制动液蒸气的危险性不高。

使用制动液时的注意事项如下。

1）制动液极易吸湿和吸潮，请勿使用开口容器中可能被污染的制动液。使用不合适或被污染的制动液可能导致系统故障、车辆失控和人身伤害。

2）更换制动管时小心安装和固定，务必使用正确的紧固件，否则可能会导致制动液泄漏，从而造成人身伤害。

3）制动液对皮肤和眼睛有刺激性，应避免与人体的直接接触。一旦制动液直接接触皮肤，应用肥皂和清水清洗皮肤；若制动液不慎进入眼睛，需用清水彻底冲洗眼睛，必要时送医。

（5）冷却液

冷却液含有乙二醇，在受热时可能会产生蒸气，应避免灼伤和吸入。如果误服冷却液应立即催吐并送医院救治。

为避免被烫伤，在驱动电机和散热器未冷却前，不得拆下储液罐盖。如果在驱动电机和散热器未冷却时拆下储液罐盖，冷却系统会释放滚烫的高压液体和蒸气，从而造成烫伤。

（6）润滑油/润滑脂

避免长时间反复地接触润滑油/润滑脂。所有的润滑油/润滑脂都对眼睛与皮肤有刺激，长时间反复地接触它们会引起皮肤天然油脂的丧失，造成皮肤干燥、刺激与皮肤炎。

使用润滑油/润滑脂时的注意事项如下。

1）不能将使用过的齿轮油作为润滑油。

2）应戴防护手套。防护手套必须耐油、结实，确保在工作过程中不破损或开裂。在戴、脱手套时，人体不接触被污染手套的外面。

3）应避免长期且重复地接触润滑油/润滑脂，特别是已经使用过的润滑油/润滑脂。

4）不要将沾有润滑油/润滑脂的擦拭布放入口袋内。

5）避免润滑油/润滑脂污染衣物，特别是贴身衣物。

6）不可穿着被润滑油/润滑脂污染的衣物与鞋子。工作服必须定期清洗并保持清洁。

7）在工作中，尽量将隔离霜涂抹在皮肤上，从而避免皮肤直接与润滑油/润滑脂接触。

8）工作后用肥皂与清水清洗皮肤，除去所有的润滑油/润滑脂，然后涂抹含有羊毛脂的保护剂，以替代皮肤上被除去的天然油脂。

9）如果皮肤发生病变，应立即就医。

10）在工作前，尽可能地除去组件上残留的润滑油/润滑脂。

11）如果润滑油/润滑脂可能与眼睛发生直接接触，应佩戴护目镜，如化学药品护目镜或面罩；此外应该配备冲洗眼睛的设备。

12）使用过的废弃油液，应通过授权或领有执照的废弃物处理商、废油液回收商进行回收处理。

13）禁止将使用过的废弃油液直接倒入土壤、下水道或排水设备中，或倒入水管内。

**2. 车间安全标志**

为保证生产安全，在有危险因素的区域和设施上，应设置安全标志。车间内部的安全标志通常分为安全防护标志、禁止标志、危险警告标志、救援标志、防火标志。

（1）安全防护标志

安全防护标志起到提高工作岗位安全的作用。安全防护标志为蓝白色圆形，如图1-1-3所示。这种标志表示需注意，常作为行为规定的指示性保护措施。因此，必须在标注区域内采取相应保护措施。

图 1-1-3　安全防护标志

（2）禁止标志

禁止标志采用圆形白底标牌，以黑色图形表示禁止内容，带有一个红色斜杠和红色圆形边缘，如图 1-1-4 所示。

（3）危险警告标志

危险警告标志是带有黑色标志、黑色边框和黄底的三角形标牌，危险警告标志表示警告人们注意某些危险，如图 1-1-5 所示。

（4）救援标志

救援标志是带有白色标志的绿底矩形标牌，箭头表示救援设备或设施所在位置，逃生路线和逃生方向通过这些标志标记出来，以便人员在危险情况下迅速安全地离开危险区域，如图 1-1-6 所示。

| | | |
|---|---|---|
| 禁止通行 | 禁止饮用 | 通用禁止符号 |
| 外壳带电禁止触摸 | 禁止明火和吸烟 | 禁止水淋 |
| 禁止用水灭火 | 非工勿入 | 体内植入金属者勿入 | 禁止接通开关 |

图 1-1-4　禁止标志

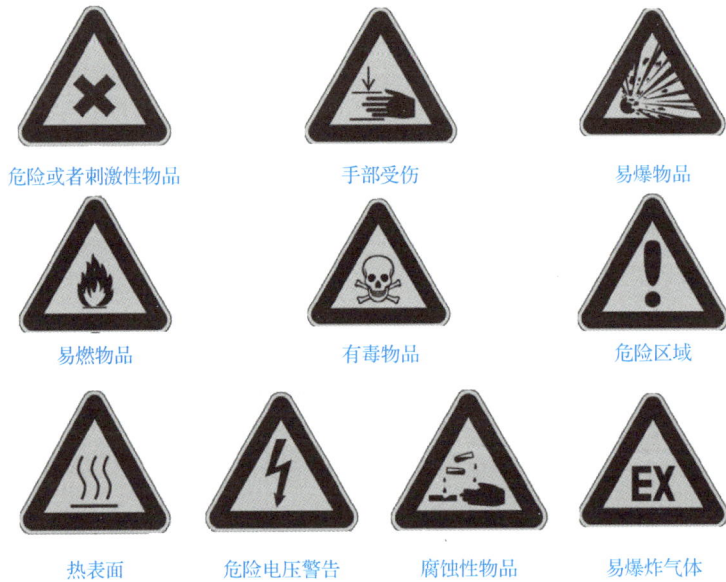

| | | |
|---|---|---|
| 危险或者刺激性物品 | 手部受伤 | 易爆物品 |
| 易燃物品 | 有毒物品 | 危险区域 |
| 热表面 | 危险电压警告 | 腐蚀性物品 | 易爆炸气体 |

图 1-1-5　危险警告标志

| | | |
|---|---|---|
| 集合地点 | 眼睛冲洗装置 | 医务 |
| 急救方向 | 应急淋浴 | 紧急出口 |
| 担架 | 紧急呼救电话 | 急救措施 | 急救减颤器 |

图 1-1-6 救援标志

（5）防火标志

防火标志采用方形红底标牌，以白色图形表示防火内容，如图 1-1-7 所示。

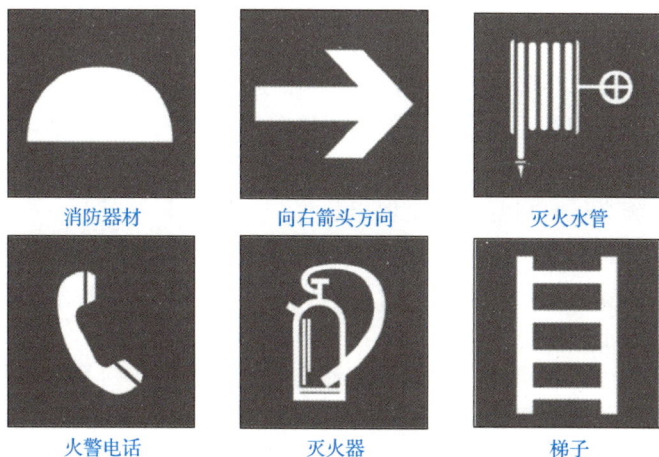

| | | |
|---|---|---|
| 消防器材 | 向右箭头方向 | 灭火水管 |
| 火警电话 | 灭火器 | 梯子 |

图 1-1-7 防火标志

## 3. 车间安全操作规程

1）各工种员工必须正确使用常用/专用工具、量具、设备，禁止违规使用（违反该设备使用说明书的有关规定）。

2）各工种员工必须遵守通用的《安全生产操作规程》及本工种的安全操作规程、规则。

3）各工种员工在进行作业时，禁止使用相同刚性（硬度）的工件进行碰击作业，避免产生的金属屑伤人。

4）严禁对工具、设备及车辆等使用蛮力，如超负荷使用工具、延长加力杆、增加加力杆等。使用叉车、吊车进行作业时，必须遵守该设备的操作规程。

5）机修工、钣金工、漆工禁止同时在同一车间作业。严禁多工种员工同时在同一车辆上进行作业。

6）各工种员工在作业前必须确认该车支撑牢固、安全可靠后，方可进行作业。车轮前后未塞垫块，禁止钻入车底作业。

7）在油箱周边 5m 内进行焊接作业时，必须用石棉被将油箱盖严实。周边 10m 内有易燃易爆物品时，禁止动火、施焊作业。

8）氧气瓶、乙炔瓶等之间的安全距离为 5～8m，少于 5m 属违规作业。储存氧气、乙炔时，空瓶、重瓶各自单独存放、不得混存，分存间距要大于 5m。

9）阳光不得直射（晒）氧气瓶、乙炔瓶，必须露天作业时应对其进行遮光处理。

10）搬运氧气瓶、乙炔瓶时要轻装轻卸，禁止碰撞、禁止混运。禁止非驾驶人在厂内驾驶、挪动机动车。叉车在使用前必须经管理人员批准同意，上路时必须由持证者驾驶。

11）在同一辆车上禁止上、下同时作业。

12）在进行焊、割以及其他驾驶室内外动火作业时，动火前必须备一桶水、一至两块湿毛巾，防止引燃塑料件、橡胶件。

13）各工种员工使用砂轮机、切割机时必须佩戴平光眼镜，焊工进行气割、气焊作业时必须佩戴浅色平光眼镜，各工种员工使用手砂轮机进行除锈抛光作业时必须佩戴平光罩保护眼睛。

14）凡在罐体等封闭环境内作业时，必须保证通风、换气可靠，同时在外应有监护人，需要照明时，事先检查导线是否可靠，绝对不能漏电。

15）车间手持工作灯必须使用低压电（36V），严禁使用 220V 电源。厂区不得有裸露开关，所有用电设施必须有可靠的安全保护装置。

16）电动汽车禁止用充电机随车充电，充电必须在充电车间进行。

17）车间、厂区要配置一定数量的有效灭火器（平均间距 10m 一支），配备灭火沙若干堆，配有消防池若干个。

18）车间、库房内禁止吸烟，吸烟区应设在客户休息室、门卫室内或另设专门的吸烟区，吸烟者应自觉到吸烟区吸烟。

19）各工种员工用完的专用/公用工具、设备应按规定放置整齐。

20）凡是在上班时间，一律按规定穿戴防护用品，工作服必须干净整洁。

21）员工应保持车间、设备整洁，为安全生产创造一个良好的环境。

## 资讯二　新能源汽车维护与保养场地布置

新能源汽车的高压电存在一定的危险性，因此新能源汽车维护与保养场地布置比传统燃油汽车维护与保养场地要求更加严格。

知识窗

## 新能源汽车维护与保养场地要求

1）在维护与保养作业前须采用隔离措施：使用安全隔离警戒线隔离，并设置高压警示牌，以警示不相关人员远离该区域，避免发生安全事故。

2）维护与保养场地指定位置必须配备消防栓，使用清水灭火。

3）在维护高压设备前，将车身用搭铁线连接到新能源汽车专用维修工位的接地线上。

4）安装专用的交流电路（220V、50Hz、16A）和电源插座。如果给电动汽车充电时没有使用专用线路，可能影响线路上其他设备的正常工作。

5）保持工作环境干净整洁且通风良好，远离液体和易燃物。

### （一）场地布置

#### 1. 警示牌和安全隔离警戒线

在维护与保养车间，必须有新能源汽车专用的维护工位。当工位上有高电压车辆进行维护时，要求必须在工位周围布置明显的警示牌，避免他人未经允许进入高电压工位而发生危险。工作区域设置警示牌和安全隔离警戒线，如图1-1-8所示。

#### 2. 绝缘胶垫

在维护新能源汽车的工位上需要垫上绝缘胶垫（俗称绝缘毯、绝缘垫）。绝缘胶垫是具有较大电阻率和耐电击穿性能的胶垫，主要用于新能源汽车维护工位地面的铺设，起到绝缘的作用，如图1-1-9所示。

图1-1-8　工作区域设置警示牌和安全隔离警戒线　　　　图1-1-9　绝缘胶垫

#### 3. 绝缘工具套装

维护人员对带电部件操作时必须使用绝缘工具。绝缘工具套装包括常用的套筒、呆扳手、螺钉旋具、钳子、电工刀等。使用绝缘工具前必须进行检查，保证其无破损、破洞和裂纹，内外表面清洁、干燥。绝缘工具套装如图1-1-10所示。

### 4. 动力电池安全堵盖

动力电池安全堵盖如图 1-1-11 所示。在断开直流母线后必须使用动力电池安全堵盖将直流母线两侧端子堵住。

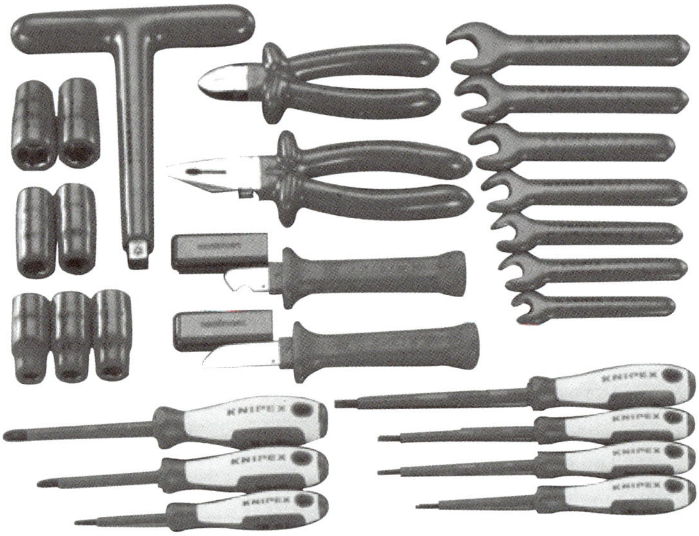

图 1-1-10　绝缘工具套装

图 1-1-11　动力电池安全堵盖

### 5. 动力电池工作台

检修动力电池和电控元件时必须使用带绝缘胶垫的专业工作台，动力电池工作台如图 1-1-12 所示。

### 6. 灭火装置

须在新能源汽车维护工位布置灭火装置（图 1-1-13），万一发生火灾，则可使用灭火装置对车辆进行灭火操作。

图 1-1-12　动力电池工作台

图 1-1-13　灭火装置

---

🔲 **知识窗**

### 灭火器维护与管理

　　灭火器至少每季度检查一次，检查内容包括：责任人维护职责的落实情况，灭火器压力值是否处于正常压力范围，保险销和铅封是否完好，灭火器是否挪作他用，灭火器是否摆放稳固、被埋压，灭火器箱是否上锁，灭火器是否避免日光暴晒和强辐射热，灭火器是否在有效期内等。

　　要将检查灭火器有效状态的情况制作成"灭火器检查记录"，存档以利查证。指定专人定期检查灭火器瓶内的二氧化碳存量，如果二氧化碳的质量减少十分之一，则应补充灌装。

---

### （二）维修人员

　　维修车辆时，必须设置专职监护人一名，监护人和维修人员必须具备国家认可的特种作业操作证（电工）与初级（含）以上电工证。

　　1）监护人的工作职责为监督维修的全过程。

　　2）监护人负责监督维修人员的组成、工具使用、防护用品佩戴、备件安全保护、维修安全警示牌等是否符合要求。

　　3）监护人负责对维修过程中的安全维修操作规程进行检查，要按安全维修操作规程进行检查并指挥操作。维修人员在做完一个操作后要告知监护人，监护人要在作业流程单上做标记。

　　4）禁止未经培训的人员进行高压部分的检修，禁止一切人员进行危险操作，避免发生安全事故。

## 资讯三　异常事故或火灾的处理措施

　　一般新能源汽车发生的异常事故包括触电事故和火灾等。

### （一）触电事故

新能源汽车的电气系统涉及低压用电部分和高压用电部分。低压用电部分的供电电压一般为 12～14V，高压用电部分的供电电压一般为 200～800V，而人体安全电压为不高于 36V，因此在维修过程中可能发生触电事故。

#### 1. 人体触电

按照人体触及带电体的方式和电流通过人体的途径，触电通常分为直接触电和间接触电。

1）直接触电就是指因人体直接接触或过分靠近正常运行的带电体而受到电击。直接触电的形式有单相触电（相与大地）、两相触电和相线中性线触电。

① 当人体直接碰触带电设备其中的一相时，电流通过人体流入大地，这种触电现象称为单相触电。对于高压带电体，人体虽未直接接触，但由于超过了安全距离，高电压对人体放电，造成单相接地而引起的触电，也属于单相触电，如图 1-1-14 所示。

② 人体同时接触带电设备或线路中的两相导体，或在高压系统中，人体同时接近不同相的两相带电导体而发生电弧放电，电流从一根相线通过人体流入另一根相线，构成一个闭合回路，这种触电方式称为两相触电，如图 1-1-15 所示。

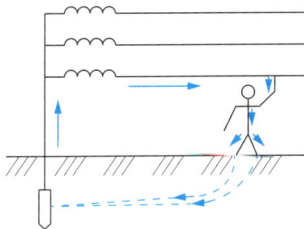

图 1-1-14　单相触电　　　　　　　　　　图 1-1-15　两相触电

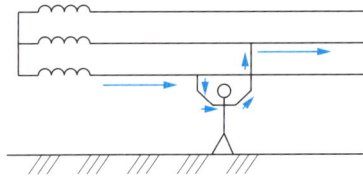

③ 相线中性线触电是指人体同时与一根相线和一根中性线接触，电流通过相线经过人体流至中性线。施加于人体的电压为相电压。

2）在正常运行情况下，由于绝缘物的隔绝，人碰触电器的金属外壳并不危险。但如果绝缘损坏导致绝缘故障，绝缘物失去绝缘作用发生漏电，使本来不带电的物体带电，一旦人体接触到这些物体就导致触电。这种情况称为间接触电，如图 1-1-16 所示。

图 1-1-16　间接触电

此外，静电也会给人体带来一定的危害。人体产生的静电干扰可以改变人体体表的正常电位差，影响心肌正常的电生理过程及心电在无干扰下的正常传导。这种静电能使病人加重病情或诱发心脏早搏等，持久的静电还会使血液的碱性升高，导致血清中的钙含量下降，钙的排泄增加，从而引起皮肤瘙痒、色素沉着，影响人的机体生理平衡，干扰人的情绪等，还会引发心血管疾病。

老年人更容易受静电的影响。

显然在新能源汽车维护与维修过程中，更容易发生间接触电，尤其是当车载高压部件发生故障时，触电风险将增大。如果断电后电容、电感等储能元件放电时间不足、放电不充分，则会造成原本断开的电路依然带电，此时接触电路也可能造成直接触电。

### 2. 触电事故处理

发现有人触电时，首先要使触电者尽快脱离电源，然后判断触电者的受伤情况，最后根据不同的情况采取不同的救治方法。

（1）使触电者脱离电源

一旦发生触电事故，切不可惊慌失措，要设法使触电者脱离电源。使触电者脱离电源的方法及操作见表 1-1-2。

表 1-1-2　使触电者脱离电源的方法及操作

| 方法 | 示意图 | 操作 |
| --- | --- | --- |
| 拉闸<br>立即切断电源 | | 用绝缘工具夹断电线。用刀、斧、锄等带绝缘柄的工具或硬棒，从电源的来电方向将电线砍断或撬断，切断电线时注意人体切不可接触电线裸露部分和触电者。迅速拉开闸刀或拔去电源插头 |
| 拉离<br>让触电者脱离电源 | | 用手拉触电者的干燥衣服，同时注意自身的安全（可踩在干燥的木板上） |
| 挑开<br>用绝缘棒拨开触电者身上的电线 | | 用不导电物体（如干燥的木棍、竹棒或干布等）使伤员尽快脱离电源，急救者切勿直接接触触电伤员，防止自身触电而影响抢救工作的进行 |
| 抛线<br>抛扬接地软线，使电路跳闸 | | 如果触电者在电杆上触电，地面的人无法接触，可先将长度足够的无绝缘层软导线一端良好接地，另一端抛至触电者接触的架空线上，人为造成对地短路，使该电路保护装置跳闸从而切断电路 |

当发现发生高压触电事故时，应及时拨打急救电话，并采用相应的急救措施，也可以在保证抢救者自身安全的前提下，用相应的绝缘工具进行操作。操作时不能采用金属或潮湿的物品作为救援工具，以单手操作为宜；夜间抢救要考虑临时照明；防止触电者脱离电源时的二次伤害，以避免产生新的事故。在现场可因地制宜，灵活运用各种方法，迅速安全地使触电者脱离电源。

**注意：** 在触电者脱离电源后，因其不再受电流刺激，肌肉会立即放松，故有可能自行摔倒，造成新的外伤，特别是当事故现场在高处时，危险性更大。因此，在解脱电源时应辅以相应措施，避免发生二次事故。所以，解脱电源时，除应注意自身安全外，还须注意不可误伤他人。

（2）判断触电者的受伤情况

触电者脱离电源后，迅速将其安放在通风、凉爽、明亮的地方，让其仰卧，松开衣服。观察其被电流伤害的情况，根据不同症状采取不同的救治方法，其症状的判断方法及处理思路见表1-1-3。

表1-1-3　触电者症状的判断方法及处理思路

| 症状 | 判断方法 | 示意图 | 处理思路 |
| --- | --- | --- | --- |
| 呼吸是否存在 | 观察胸、腹部有无起伏动作。如果不明显，可用小纸条靠近触电者鼻孔，根据小纸条是否摆动判断其有无呼吸 | 判断有无呼吸 | 如果有呼吸，但感觉头晕、乏力、心悸、出冷汗甚至呕吐，可让其静卧休息；如果神智断续清醒，出现昏迷，应立即就医；如果呼吸微弱或丧失，应进行口对口人工呼吸 |
| 脉搏是否跳动 | 用耳朵贴近触电者心区，听有无心脏跳动的心音；或者用手指接触颈动脉或股动脉，感知是否有搏动。因颈动脉和股动脉位置表浅，搏动幅度大，容易感知 | 探测颈动脉的搏动 | 对心跳较正常者，可让其静卧休息。如果心跳微弱、不规则或已经停止，在请医生的同时，应用胸外心脏压挤法救治 |
| 瞳孔是否放大 | 瞳孔是受大脑控制的一个自动调节大小的光圈，如果大脑工作正常，瞳孔可根据外界光线的强弱自动调节其大小。处于死亡边缘或已经死亡的人，大脑中枢神经已失去对瞳孔的控制，所以瞳孔会自然放大 | 正常　　　已放大<br>比较瞳孔 | 瞳孔正常、呼吸尚存，可让其静卧休息；如瞳孔已经放大，应用口对口人工呼吸法和胸外心脏压挤法同时进行施救 |

（3）心肺复苏急救

根据触电者的不同症状，可选用人工呼吸法、胸外心脏压挤法，甚至两种方法并用。严重的触电事故还需用到心脏除颤器。

1）人工呼吸呼法（图 1-1-17）。

适用范围：呼吸微弱甚至停止但心跳尚存。

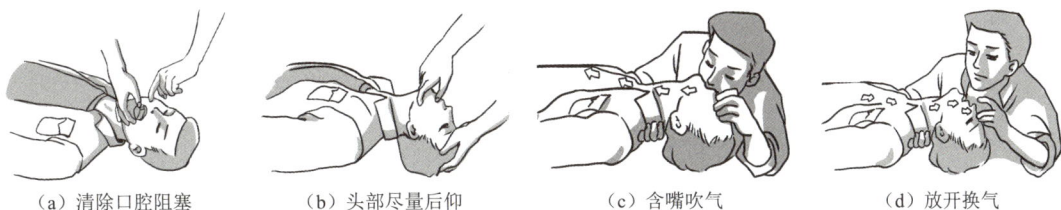

（a）清除口腔阻塞　　　　（b）头部尽量后仰　　　　（c）含嘴吹气　　　　（d）放开换气

图 1-1-17　人工呼吸法

人工呼吸操作步骤如下。

① 预备：撬开牙关，清除口腔内的杂物和假牙，如果舌头后缩应拉出舌头，使头部尽量后仰。

② 吹气：一手捏住鼻孔，以防气流从鼻孔漏出。使触电者头部尽量后仰，救护者站在一侧深呼吸后，贴紧触电者口部（中间也可隔一层纱布）大力吹气，使空气进入肺部，观察其胸部隆起情况。

③ 换气：救护者换气时，应放开触电者口部，松开鼻孔，让其自然排气。

④ 重复：重复②、③步动作，直至触电者呼吸自然恢复。

📖 知识窗

**人工呼吸法关键与要点**

1）掌握好吹气速度和时间：成年 14～16 次/min，约 5s 一个循环，吹气约 2s，换气约 3s。儿童应 18～24 次/min，而且吹气量不能太大，也不捏鼻孔。

2）掌握好吹气压力，刚开始时压力要适当偏大偏快，以后适当减小减慢。

3）如果触电者口腔咬紧，无法打开时，可用口对鼻吹气，但压力应稍大，时间也要稍长。

2）胸外心脏压挤法（图 1-1-18）。

适用范围：心跳微弱、不规则或停止，但呼吸尚存。

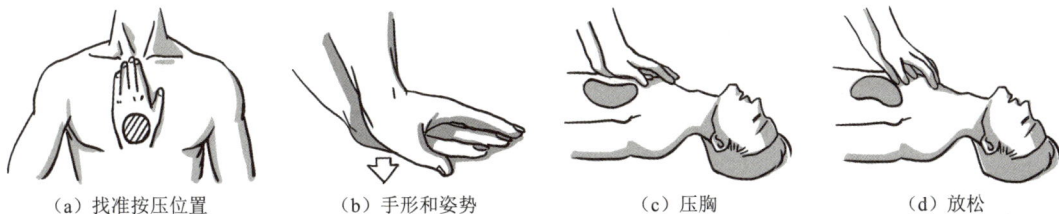

（a）找准按压位置　　　　（b）手形和姿势　　　　（c）压胸　　　　（d）放松

图 1-1-18　胸外心脏压挤法

胸外心脏压挤操作步骤如下。

① 准备：触电者仰卧，救护者跪在其两侧，双手交叠，肘关节伸直，找准压点，掌根按于触电者胸骨以下横向 1/2 处，即两乳头连线中间稍微偏下，中指对准颈部凹膛下边缘。

② 下压：靠体重、肩、臂的压力下压胸骨下段，使胸廓下陷 3~4cm，让心脏受压，心室的血液被挤出并流至全身各部。

③ 放松：双掌突然放松，靠胸廓自身的弹性使胸腔复位，让心脏舒张，在心室形成低压区，全身各部的血液流回心室。

④ 重复：重复②、③步动作，直至触电者心脏恢复自主跳动。

📋 **知识窗**

### 胸外心脏压挤法关键与要点

1）手形必须正确，压挤胸部着力点在手掌根部。

2）向脊柱方向压，要有适当节奏和冲击力，但又不能发出太大爆发力，以免损伤骨骼。

3）压挤时间与放松时间大体一样，每分钟60~70次。

4）对未成年人用单手，每分钟100次左右。

3）人工呼吸法与胸外心脏压挤法两法并用（图 1-1-19）。

适用范围：呼吸微弱或停止，心跳微弱、不规则或停止。

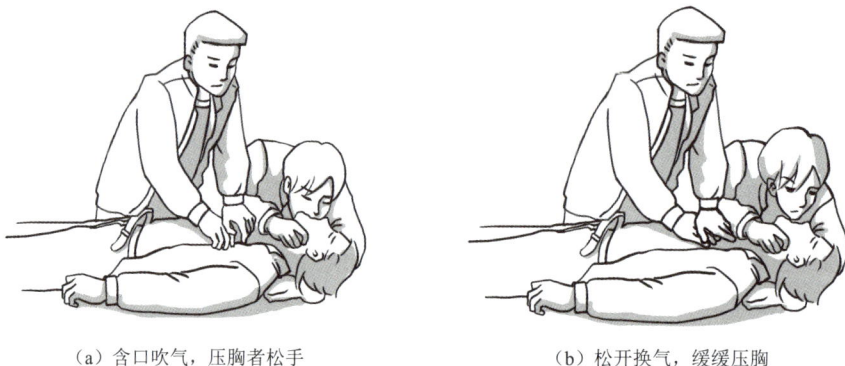

（a）含口吹气，压胸者松手　　　　（b）松开换气，缓缓压胸

图 1-1-19　人工呼吸法与胸外心脏压挤法两法并用

人工呼吸法与胸外心脏压挤法并用时，配合要点如下：做口对口人工呼吸的救护者站立或跪在触电者的一侧，做胸外心脏压挤的救护者跪跨在触电者大腿两侧，各自按照相应的手法和实施要领操作。

**注意**：两人必须配合默契，口对口吹气时，压胸者松手使胸廓弹起，实施口对口呼吸的救护者换气时，压胸者下压胸廓，如此反复进行，直至触电者苏醒。

无论用哪种方法救治，都要不断观察触电者面部动作。如果发现触电者的眼皮、嘴唇会动，喉头有一定的吞咽动作，说明触电者有一定呼吸能力，应暂停几秒钟，观察自主呼吸情况；如果触电者无自主呼吸，则必须继续救治。在触电者呼吸未恢复正常前，无论什么情况，包括送医院途中、雷雨天气或抢救时间长而效果不太明显者，都不能终止这种抢救。在这种抢救实例中，有长达7～10h救活的。

**注意：在触电现场的抢救中，无论怎样严重，都禁止使用强心针！**

4）心脏除颤器的使用。心脏除颤器是在极短暂的时间内给心脏通以强电流，消除心律失常，使心脏恢复窦性心律的一种器械。

出现严重的触电事故须用心脏除颤器对触电者进行抢救，抢救步骤如下。

① 迅速检查心脏除颤器，各部位按键、旋钮、电极板应完好，电能充足。

② 使触电者平卧于硬板床上，开放静脉通道，充分暴露胸壁。

③ 迅速开启心脏除颤器，调试心脏除颤器，并同时开启心电监护，显示触电者心律。

④ 10kg以下的儿童用小儿电极板，其他情况用成人电极板。

⑤ 选择合适的电极板并均匀涂抹导电胶，用生理盐水或清水纱布块清洁触电者除颤部位的皮肤。贴负极处：左腋中线腋下三横指（心尖部）。贴正极处：右锁骨下胸骨右缘（心底部）。

⑥ 充电前嘱咐其他人员不得接触触电者、病床以及与触电者相连接的仪器设备，以免触电，然后按下充电开关，屏幕显示到预定能量即为充满。充电完毕后将两个电极按电极上的图示正确放在触电者皮肤处，并施以适当压力使电极板与触电者的皮肤接触完好，双手的大拇指同时按下电极板上的放电键。

⑦ 除颤完毕立即观察触电者的心电图，确认其是否转复为窦性心律。如果室颤、室扑等持续出现，则复律失败，应重新充电，间隔一定时间后重复上述步骤。

⑧ 操作完成后，将能量开关恢复至零位。

正确并及时地使用心脏除颤器，可以有效提高存活率。据统计，每早1min使用心脏除颤器，事故人员的存活率可以提高大约10%。

### （二）火灾事故

与车辆维护有关的许多材料都是极度易燃的，如果使用或处理不当则容易引起火灾。

### 1. 油液着火

汽车维护车间内部有很多易燃的物品，如空调制冷剂、冷却液、制动液、蓄电池酸液等。在以下情况可能会发生火灾。

1）在储存与处理易燃的材料或溶剂时。

2）在使用电器及焊接设备前，未确认没有发生火灾的隐患。在进行焊接或使用加热设备时，在作业区域周围未配备适当的灭火器。

3）非必要时将燃油或清洗溶剂携带到车间，携带时未使用密封的特制容器。

4）将可燃性废机油和汽油丢弃到阴沟里，导致污水管系统发生火灾。

5）随意丢弃吸满汽油或机油的碎布（有可能自燃）。

6）用汽油擦地，工作中使用的油类、破布棉纱未及时清理。

7）生产场地地面的渗油未及时清除，沾有易燃液的抹布未及时清理。

8）储存易燃物品的库房地面，未采用不易产生火花的材料。

9）储存易燃和可燃物品的库房、货场没有根据防雷的需要，装置避雷设备。

10）能自燃的物品、化学易燃物品与一般物品，以及性质互相抵触的、灭火方法不同的物品，没有分库储存，并未标明储存物品的名称、性质和灭火方法。

11）能自燃的物品和化学易燃物品堆垛没有布置在温度较低、通风良好的场所，且没有专人定时测温。

12）化学易燃物品的包装容器未牢固、密封，发现破损、残缺、变形和物品变质、分解等情况时，没有立即进行安全处理。

13）储存易燃和可燃物品的库房距离指定的用火区域比较近。

14）在处于充电状态的电池附近使用明火或产生火花。

### 2. 电气设备着火

由于电气线路、用电设备、器具及供配电设备出现故障释放热能而引起的火灾，称为电气火灾。例如，高温、电弧、电火花及非故障性原因释放的能量；电热器具的炽热表面，在具备燃烧条件下引燃本体或其他可燃物而造成的火灾。

对于新能源汽车而言，根据新能源汽车发生起火时所处的状态来看，电气设备着火可归纳为充电时起火、碰撞起火、浸水起火和停驶状态下起火4种。

1）在充电时起火是新能源汽车较常见的起火情况之一。新能源汽车在充电时发生过充，正极材料内剩下的锂原子数量过少，导致电池容量形成永久性下降。在负极端，锂原子饱和之后，再充电会使锂金属堆积在负极材料表面，形成树枝状结晶（锂枝晶）。久而久之，锂枝晶会穿破隔膜，造成正负极短路，释放热能。同时，过充时电解液等材料往往会裂解产生气体，氧气堆积在负极表面，导致电池起火。

2）新能源汽车发生碰撞导致汽车变形，从而使电池模组相互挤压变形，最终损伤破裂与短路，造成电池的局部热集聚，燃烧起火。同时，剧烈碰撞本身也可能产生火花，在电解液等可燃物质与氧气接触下极易燃烧。

3）一般新能源汽车用动力电池箱的防水等级在 IP67 及以上级别，在日常生活中的雨天涉水或者短时间浸水等使用场景下没有问题。但是若电池箱的密封性未能达到防水要求或者电池箱长时间浸水，则极易使电池包进水，导致内部电芯短路引起电池着火。

4）新能源汽车停驶时起火可能由两方面原因引起：一方面当汽车停驶时，散热系统停止工作，此时电池热量并未完全散去，热量在局部集聚，从而导致高温，引起燃烧；另一方面可能受环境温度影响，由于动力电池包往往安装在汽车的底部，高温天气下地面辐射的大量热量被电池包吸收，长时间造成动力电池热失控，从而导致动力电池起火。

### 3. 火灾处理办法

当发生火灾时，应尽快远离并拨打消防电话。在确保人员生命安全并佩戴好防护用具的前提下，选择合适的灭火器材，进行灭火操作。

常见的灭火器分类与适用范围如表 1-1-4 所示。

表 1-1-4 常见的灭火器分类与适用范围

| 火灾场所 | 类型 | | | | | | | |
|---|---|---|---|---|---|---|---|---|
| | 水基型灭火器 | | | | 干粉灭火器 | | 洁净气体（含 1211）灭火器 | 二氧化碳灭火器 |
| | 水型灭火器 | | 泡沫灭火器 | | ABC 干粉（硝酸铵盐） | BC 干粉（碳酸氢钠） | | |
| | 清水 | 含可灭 B 类火的添加剂 | 机械泡沫 | 抗溶泡沫 | | | | |
| A 类（固体物质） | 适用 | | 适用 | | 适用 | 不适用 | 适用 | 不适用 |
| B 类（液体或可熔化固体物质） | 不适用 | 适用 | 适用于扑救非极性溶剂和油品火 | 适用于扑救极性溶剂火 | 适用 | | 适用 | 适用 |
| C 类（气体物质） | 不适用 | | 不适用 | | 适用 | | 适用 | 适用 |
| D 类（金属物质） | 不适用 | | | | | | | |
| E 类（电气设备） | 不适用 | | 不适用 | | 适用于扑救带电的 A、B、C 类火 | 适用于扑救带电的 B、C 类火 | 适用于扑救带电的 A、B、C 类火 | 适用于扑救带电的 B、C 类火 |

灭火器的使用方法如下。

1）灭火时，可手提或肩扛灭火器快速奔赴火场，在距燃烧处 5m 左右放下灭火器。如在室外，应选择在上风方向喷射。

2）使用的干粉灭火器若是外挂储压式的，操作者应一只手紧握喷枪，另一只手提起储气瓶上的开启提环。如果储气瓶的开启是手轮式的，则向逆时针方向旋开，并旋到最高位置，随即提起灭火器。

3）当干粉喷出后，迅速对准火焰的根部扫射。使用的干粉灭火器若是内置式储气瓶的或者是储压式的，操作者应先将开启把上的保险销拔下，然后握住喷射软管前端喷嘴部，另一只手将开启把压下，打开灭火器进行灭火。在使用有喷射软管的灭火器或储压式灭火器时，一只手应始终压下开启把，不能放开，否则会中断喷射。

**课堂练习**

选择题

1．新能源汽车专用的维修工位需要设置（ ）。

A．警示牌 B．安全隔离警戒线 C．绝缘胶垫 D．灭火器

2. 吉利帝豪 EV450 上的高压部件包括（　　　）。

A．驱动电机　　　B．动力电池　　　C．空调压缩机　　　D．冷却水泵

### 项目实施

作为吉利品牌新能源汽车刚入职的员工，即将要开展一天的维护工作，现在需要提前准备好新能源汽车维护与保养场地。请在教师提供的模拟实训场地，以小组（两人一组）形式按照下面的任务工单完成新能源汽车维护与保养场地的准备，做好安全风险排查工作。

**新能源汽车维护与保养场地准备任务工单**

班级：_____　　组别：_____　　小组成员：_____

| 工作项目 | 工作内容 | 检查要点 | 实施过程 | 结果记录 |
|---|---|---|---|---|
| 车间安全检查 | 车间用电安全检查 | | | |
| | 安全用电标志检查<br>（仔细检查每一处标志是否正确、规范） | | | |
| | 车间油液安全检查<br>（培养绿色环保意识、安全生产意识） | | | |
| | 车间安全标志检查<br>（仔细检查每一处标志是否正确、规范） | | | |
| | 车间安全操作规程检查 | | | |
| 场地布置 | 警示牌和安全隔离警戒线<br>（注意摆放位置是否正确） | | | |
| | 绝缘胶垫 | | | |
| | 绝缘工具套装 | | | |
| | 动力电池安全堵盖 | | | |
| | 动力电池工作台 | | | |
| | 灭火装置<br>（检查是否在保质期内，压力是否正常） | | | |
| | 维护人员<br>（必须设置专职监护人一名） | | | |
| 整理工作 | 7S 管理 | | | |
| | 废旧部件及油液处理 | | | |
| 备注 | 在检查过程中除了上面列出来的项目，你还发现了哪些安全隐患？（例如，地面线路布设有绊倒风险、设备摆放不合理造成的安全隐患等）你建议如何改进呢？ | | | |

### 考核评价

综合整个学习过程，通过学生的课堂表现、课后习题、任务完成情况等对学生的知识目标、能力目标、思政要素和职业素养目标达成情况进行评价。

## 教学目标达成情况评价表

班级：＿＿＿＿＿＿＿　姓名：＿＿＿＿＿＿＿

| 知识目标达成情况 | | |
| --- | --- | --- |
| 目标描述 | 教师评价 | 学生自评 |
| 知道车间安全及新能源汽车维护与保养场地准备的重要性及工作内容 | | |
| 能列出布置新能源汽车维护与保养场地需要用到的材料 | | |
| 评价结论：知识目标是否达成　□是　□否 | | |
| 能力目标达成情况 | | |
| 目标描述 | 教师评价 | 学生自评 |
| 能够进行新能源汽车维护与保养场地准备工作 | | |
| 能够掌握异常事故或火灾的处理措施 | | |
| 评价结论：能力目标是否达成　□是　□否 | | |
| 思政要素和职业素养目标达成情况 | | |
| 目标描述 | 教师评价 | 学生自评 |
| 树立正确的学习观，坚定技能报国的信念 | | |
| 树立规范意识、安全意识、环保意识 | | |
| 培养职业认同感、责任感、荣誉感 | | |
| 培养团队意识、服务意识，增强沟通能力与协作能力 | | |
| 评价结论：思政要素和职业素养目标是否达成　□是　□否 | | |

# 项目二　新能源汽车维护与保养的工具使用

## 项目描述

　　本项目主要介绍安全防护用具与测量工具的使用方法。通过对本项目的学习，应能正确使用安全防护用具与测量工具。

## 学习目标

| 知识目标 | 能力目标 | 思政要素和职业素养目标 |
| --- | --- | --- |
| 1. 知道安全防护用具的使用方法与注意事项；<br>2. 知道测量工具的使用方法与注意事项 | 1. 能够正确使用安全防护用具；<br>2. 能够正确使用测量工具 | 1. 增强安全意识、规范意识，严格按照安全操作规程作业；<br>2. 培养严谨细致、认真负责的工作态度 |
| 对接 1+X 证书《新能源汽车动力驱动电机电池技术（中级）》工作任务 1——新能源汽车工作安全<br>1.1 维修工具使用注意事项、1.4 高压电安全防护措施、1.6 高压电维修作业注意事项 | | |

## 情境导入

今天一位客户开着吉利帝豪 EV450 来到 4S 店，想给自己的车做一次保养。你作为刚入职的员工，需要按照技术规范提前准备好作业人员佩戴的安全防护用具及可能会用到的测量工具。

## 课前练习

通过课前对 4S 店维修人员的维护作业过程进行观察学习及查找相关资料，明确在进行新能源汽车维护与保养时人员佩戴的防护用具及常用工具。将你所收集到的信息整理在下面的方框中。

## 相关资讯

虽然现在的混合动力汽车和纯电动汽车都具备了很好的防止意外触电的功能，但是事故车辆及高压动力电池组总成是始终存在高压电的。因此，在维护带有高压电的车辆时，维护人员必须做好安全防护，防止被高压电击伤。

### 资讯一　安全防护用具的使用

新能源汽车涉及高压电，在维护过程中维护人员必须做好安全防护。常见的安全防护用具包括绝缘手套、安全鞋、防护眼镜、安全帽、防护服等。

微课：个人安全防护措施

#### 1. 绝缘手套

绝缘手套是指在高压电气设备上进行带电作业时，起电气绝缘作用的一种带电作业用的绝缘手套。

绝缘手套通常由天然橡胶或合成橡胶制成，其形状为立体手模分指式，如图 1-2-1（a）所示。每只手套必须具有明显且持久的标记，包括带电作业标志符号（双三角形）、使用电压等级/类别、制造厂商、制造年月、执行标准等，如图 1-2-1（b）所示。

（a）绝缘手套形状　　　　　　　　　　　　　（b）绝缘手套标记

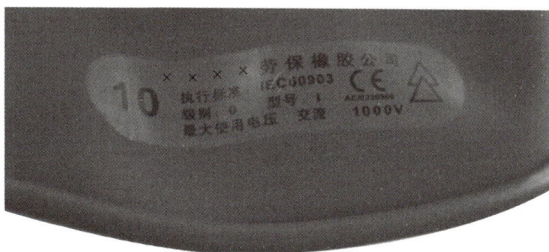

图 1-2-1　绝缘手套

国家标准《带电作业用绝缘手套》（GB/T 17622—2008）中将带电作业用绝缘手套按电气性能分为 5 级：0、1、2、3、4。当采用颜色标记时，应符合 0 级—红色、1 级—白色、2 级—黄色、3 级—绿色、4 级—橙色。适用于不同电压等级的绝缘手套如表 1-2-1 所示。

表 1-2-1　适用于不同电压等级的绝缘手套

| 级别 | 交流电压/V | 颜色 |
| --- | --- | --- |
| 0 | 380 | 红色 |
| 1 | 3 000 | 白色 |
| 2 | 10 000 | 黄色 |
| 3 | 20 000 | 绿色 |
| 4 | 35 000 | 橙色 |

注：在三相系统中电压指的是线电压。

绝缘手套使用中的注意事项如下。

1）使用绝缘手套前先进行外观检查，外表应无磨损、破损、划痕等，然后进行密封性检查。密封性检查流程（图 1-2-2）如下：①将一只绝缘手套侧位放置；②卷起绝缘手套边缘，松开两次或三次；③折叠套口并封住手套开口；④向手套内吹气后，用手捏紧套口放耳边，确认无空气泄漏。用同样的方法检查第二只手套，确保两只手套密封良好。

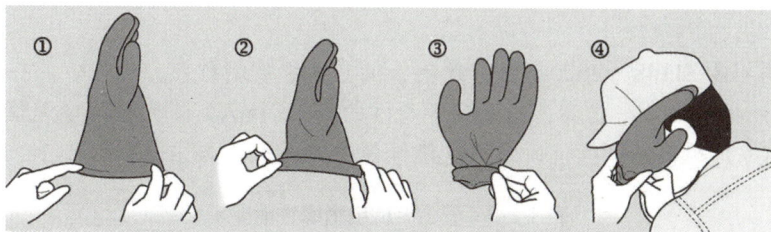

图 1-2-2　绝缘手套密封性检查流程

2）绝缘手套上应贴有统一的试验合格标签，若不在试验合格的有效期内，则不能使用。

3）如果一副手套中的一只存在安全隐患，则这副手套不能使用。

4）使用绝缘手套时，应将衣袖口套入手套筒口内，同时注意防止尖锐物体刺破绝缘手套。

5）绝缘手套的使用温度范围为-25～+55℃。

6）绝缘手套受潮或发生霉变时应禁止使用。如果遭遇雨淋、受潮应及时进行干燥处理，之后可再使用。（干燥处理时应使用专用干燥箱均匀干燥，干燥温度不能超过 65℃。避免使用局部高温设备对绝缘手套进行干燥。）

7）绝缘手套应使用肥皂和水进行清洁，彻底干燥后涂上滑石粉，避免粘连。

8）使用中，绝缘手套每 6 个月进行一次交流耐压试验。

9）不合格的绝缘手套须单独处理，不准与合格的绝缘手套混放。

10）绝缘手套出现以下情况应报废处理：外观检查出现破损、霉变、针孔、裂纹、砂眼、割伤等；定期试验不合格；出厂年限满 5 年。

### 2. 安全鞋

《足部防护　安全鞋》（GB 21148—2020）中定义安全鞋是用于保护穿着者足部免受危险因素或意外事故引起的伤害，及防止其他安全事故发生的个人防护装备。根据需要，安全鞋具有防砸、防刺穿、防静电、绝缘、防热伤害、防寒、防水、防滑等一项或多项防护功能。电绝缘安全鞋如图 1-2-3 所示。

图 1-2-3　电绝缘安全鞋

📑 **知识窗**

#### 安全鞋的电绝缘性能规定

1）根据 GB 21148—2020，鞋不应使用金属材料的部件或配件，帮底结合不应采用上下穿通线缝。

2）根据 GB 21148—2020，以工频电压值施加于被测鞋内、外电极，在规定的测试时间内，测试样品如未被击穿，则毫安表指示的数值（mA）即为泄漏电流值，电压表指示的数值（kV）即为耐电压值。其电绝缘性能应符合以下要求，如表 1-2-2 所示。

表 1-2-2　安全鞋的电绝缘性能要求

| 要求 | I 类 | | | II 类 | | | | | | |
|---|---|---|---|---|---|---|---|---|---|---|
| | 皮鞋 | 布面胶鞋 | | | | | | | | |
| 测试电压（工频）/kV | 6 | 5 | 15 | 6 | 10 | 15 | 20 | 25 | 30 | 35 |
| 泄漏电流/mA | ≤1.8 | ≤1.5 | ≤4.5 | ≤2.4 | ≤4 | ≤6 | ≤8 | ≤9 | ≤10 | ≤14 |

在使用电绝缘安全鞋时，应注意以下情况。

1）鞋在首次使用前和持续使用间隙应存放在一个适宜的盒子或容器中，不宜受压、折叠或靠近热源存放，不宜长时间暴露在阳光、人造光或其他臭氧源环境中，建议存放在（20±15）℃的环境中。

2）每次使用前应仔细检查，如果发现机械或化学损伤，鞋不宜穿用。如有疑问，必须对鞋进行耐压测试。

3）鞋帮必须干燥。

4）穿着者应检查鞋的耐压级别是否能提供足够保护。

5）鞋不宜在有切割、穿刺危险、可能降低绝缘性能的机械或化学侵犯的场所使用。

6）在潮湿条件下穿用应特别注意。

7）如果鞋变脏或被污染，特别是鞋帮，需要按照制造商推荐的方法清洁和干燥。

8）为确保使用安全，应定期依据 GB 21148—2020 的"6.4.3 电绝缘性能"检测鞋的电性能。如果没有相关规定，建议半年进行一次。

9）对于存放超过 24 个月（自生产日期起计算）的鞋，须逐只进行电性能检验，只有符合 GB 21148—2020 的"6.4.3 电绝缘性能"的鞋，方可继续使用。

### 3. 防护眼镜

防护眼镜（图 1-2-4）的作用是防止汽车维护作业过程中产生的电火花对眼睛造成伤害，也可以防止电池液的飞溅对眼睛造成伤害。在进行新能源汽车维护作业时，维护人员都必须正确佩戴相应标准的带侧护板的防护眼镜。

### 4. 安全帽

电绝缘安全帽（图 1-2-5）的主要作用是防止头部触电或发生磕碰。在新能源汽车举升工位下方进行作业时，维修人员必须佩戴相应标准的电绝缘安全帽。

图 1-2-4　防护眼镜　　　　　　图 1-2-5　电绝缘安全帽

安全帽的使用方法及注意事项如下。

1）戴安全帽前，应将帽后调整带按自己的头形调整到适合的位置，并将帽内弹性带系牢。

2）要定期检查安全帽有无龟裂、下凹、裂痕、磨损等情况，发现异常现象要立即更换，不能再继续使用。任何受过重击、有裂痕的安全帽无论有无损坏现象均应报废。

3）安全帽不宜长时间在阳光下暴晒。

4）新的安全帽使用前应检查有无生产许可及产品合格证，有无破损、薄厚不均，缓冲层及调整带和帽内弹性带是否齐全有效，如不符合规定要求则应立即调换。

5）平时使用安全帽时应保持其整洁，不能接触火源，不要任意涂刷油漆等。

### 5. 防护服

维修高电压系统时，必须穿非化纤类的防护服（图 1-2-6）。化纤类的防护服会产生静电，并且在高温环境下会粘连人体皮肤，导致维护人员受到严重伤害。

图 1-2-6　防护服

## 资讯二　测量工具的使用

### 1. 数字万用表

汽车电子技术普遍应用以后，如果没有特殊提示，汽车电路的测量要求使用数字万用表。数字万用表如图 1-2-7 所示。

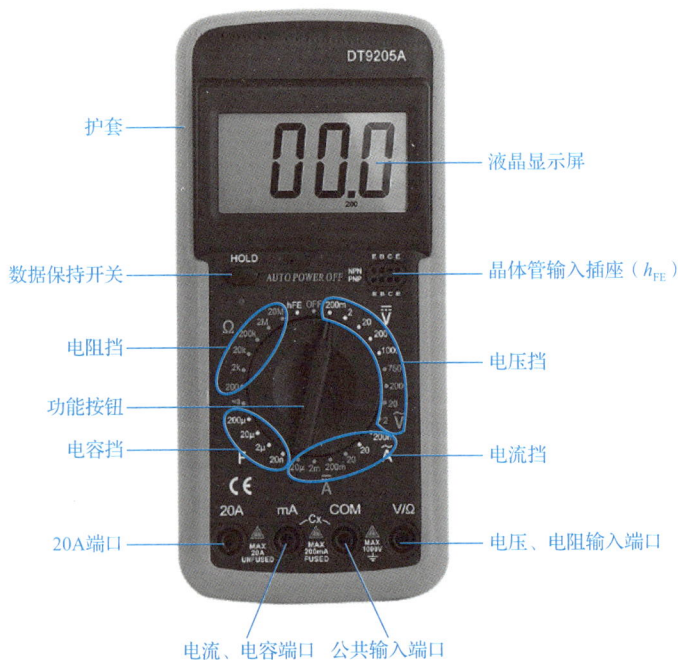

图 1-2-7　数字万用表

微课：数字万用表的使用

数字万用表常用的挡位主要包括电阻挡、电压挡、电流挡等。

（1）电阻挡

电阻挡可用来测量线路通断、负载的电阻值、传感器的电阻值以及线圈、继电器、喷油器等器件的电阻值。测量电阻通常在电路断开的情况下进行，不允许通电测量。

使用数字万用表测量电阻的方法如下。

1）关掉电路电源。

2）选择电阻挡（Ω）。

3）将黑表笔插入 COM（公共）输入端口，红表笔插入电阻输入端口。

4）将表笔前端跨接在器件两端，或测电阻的那部分电路两端。

5）查看读数，确认测量单位为欧姆（Ω）、千欧（kΩ）或兆欧（MΩ）。

（2）电压挡

电压挡可用来测量线路电源电压、电压降，测量时要选择交流电压挡或直流电压挡，如果不知道所测电压的高低则应由高向低选择挡位。

使用数字万用表测量电压的方法如下。

1）将黑表笔插入 COM 输入端口，红表笔插入电压输入端口。

2）将功能旋钮旋至 $\widetilde{V}$（交流）或 $\overline{\overline{V}}$（直流），并选择合适的量程。

3）将红表笔接触被测线路正端，黑表笔接地或接负端，即与被测线路并联。

4）读出液晶显示屏显示的数字。

（3）电流挡

电流挡通常用来测量异常耗电、漏电等，这时候都是将数字万用表串联到电路中测量。

1）使用方法。使用数字万用表测量电流的方法如下。

① 断开电路。

② 将黑表笔插入 COM 输入端口，红表笔插入 mA 端口或 20A 端口。

③ 将功能旋钮旋至 $\widetilde{A}$（交流）或 $\overline{\overline{A}}$（直流），并选择合适的量程。

④ 断开被测线路，将数字万用表串联到被测线路中，被测线路中的电流从一端流入红表笔，经数字万用表黑表笔流出，再流入被测线路中。

⑤ 接通电路。

⑥ 读出液晶显示屏显示的数字。

2）注意事项。电流测量要注意以下 3 个方面。

① 数字万用表的量程选择。在不知道被测线路的电流大小时，通常先使用大电流挡位测量，再根据测量值选择适合的挡位精确测量。

② 注意测量表笔是串联在电路中的，红表笔接电流流入端，黑表笔输出电流。

③ 当转换数字万用表的量程时，注意万用表的红表笔也要转换接口。

### 2. 电流钳

电流钳（又称钳形电流表、钳流式万用表）使用非常方便，无须断开电源和线路即可直接测量运行中电力设备的工作电流，便于及时了解设备的工作电流及设备的运行状况。进行新能源汽车维护时，在不破坏和拆装线束的情况下，通常使用钳形电流表对高压线束电流进行检测。钳形电流表的结构如图 1-2-8 所示。

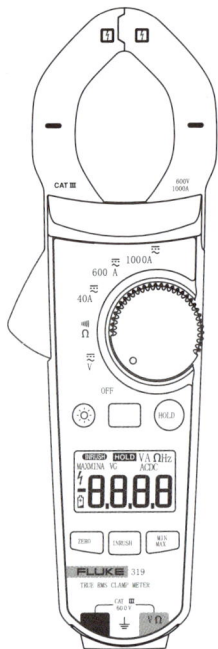

图 1-2-8　钳形电流表的结构　　　　　　　　微课：钳形电流表的使用

在使用钳形电流表时，根据电流的种类、电压等级正确选择钳形电流表，被测线路的电压要低于钳形电流表的额定电压。当测量高压线路的电流时，应选用与其电压等级相符的高压钳形电流表。

（1）使用方法

使用钳形电流表测试电流的步骤如下。

1）使用时应按紧钳头扳机，使钳口张开。

2）将被测导线放入钳口中央。

3）松开钳头扳机并使钳口闭合紧密。

4）读数后，将钳口张开，将被测导线退出，将挡位置于电流最高挡或 OFF 挡。

（2）注意事项

钳形电流表的使用注意事项如下。

1）钳口的接合面如有杂声，应重新开合一次；若重新开合后仍有杂声，则应处理接合面，以使读数准确。

2）不可同时钳住两根导线测量电流。图 1-2-9 所示为使用钳形电流表测量交流电时的正确方法和错误方法。

（a）正确方法　　　　　　　　（b）错误方法

图 1-2-9　使用钳形电流表测量交流电时的正确方法和错误方法

3）因为钳形电流表要接触被测线路，所以钳形电流表不能测量裸导体的电流。

4）用高压钳形电流表测量时，应由两人操作，测量时应戴绝缘手套，站在绝缘胶垫上，不得触及其他设备，以防止短路或搭铁。

5）测量时应注意身体与带电体保持安全距离。当测量高压电缆各相电流时，电缆头线间距离应在 300mm 以上，且绝缘良好。观测读数时，要特别注意保持头部与带电部分的安全距离，人体任何部分与带电体的距离不得小于钳形电流表的整个长度。

6）查看钳形电流表的外观情况，一定要仔细检查表的绝缘性能是否良好、绝缘层有无破损，手柄应清洁干燥。

### 3. 绝缘测试仪

为了消除高压电对车辆和驾乘人员人身的潜在威胁，保证新能源汽车电气系统的安全，在进行新能源汽车维护时需要用到绝缘测试仪检测绝缘电阻。

绝缘测试仪主要分为指针式和数字式两种。常用的数字式绝缘测试仪如图 1-2-10 所示。

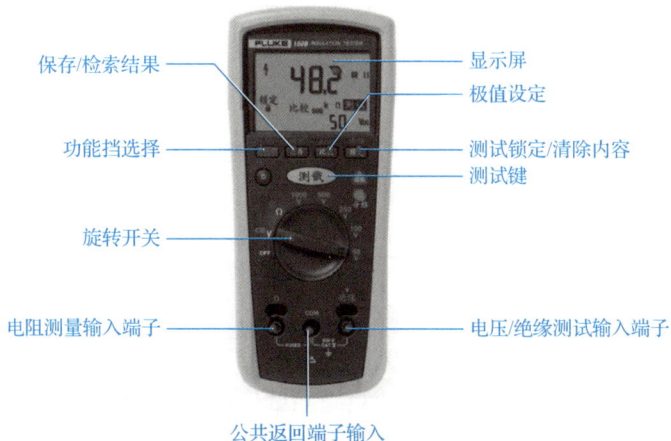

图 1-2-10　数字式绝缘测试仪的按键及说明

（1）使用方法

使用绝缘测试仪测量绝缘高压线束绝缘性能的方法（图 1-2-11）如下。

1）将测试探头分别插入绝缘测试仪 V 和 COM 输入端子。

2）将旋转开关旋至所需要的测试电阻挡。

3）将两个测试探头短接，按住测试键开始测试，其电阻应为 0Ω。

4）将旋转开关旋至所需要的测试电压。

5）将探头分别接高压线束的端子和绝缘层，按下测试键。

辅显示位置显示被测线路上所施加的测试电压。主显示位置显示高压符号（Z）并以 MΩ 或 GΩ 为单位显示电阻，显示屏的下端出现测试图标，直到释放测试键。当电阻值超过最大显示量程时，测试仪显示 ">" 符号及当前量程的最大电阻。

6）继续将探头留在测试点上，然后释放测试键。被测线路即开始通过绝缘测试仪放电。根据欧洲经济委员会 ECE-R100 的标准，绝缘电阻必须至少为 500Ω/V。

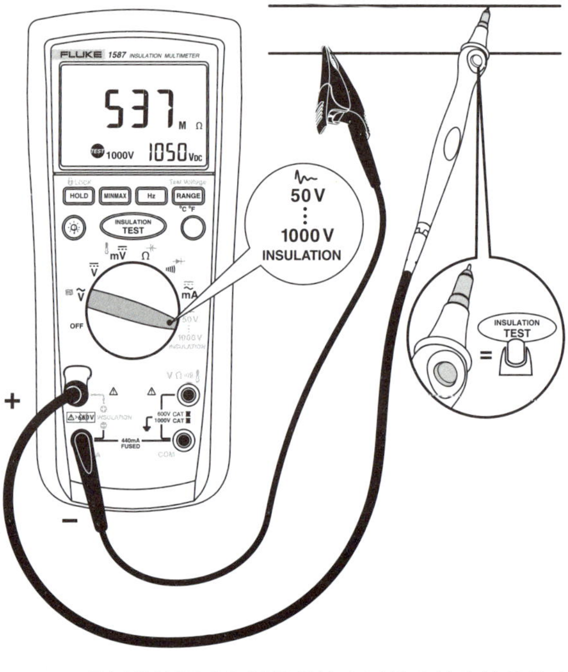

图 1-2-11　使用绝缘测试仪测量绝缘高压线束绝缘性能的方法

（2）注意事项

绝缘测试仪的使用注意事项如下。

1）严格按照绝缘测试仪手册的规定使用，否则可能会破坏绝缘测试仪提供的保护措施。

2）在将绝缘测试仪与被测线路连接之前，始终记住选用正确的端子、开关位置和量程挡。

3）用绝缘测试仪测量已知电压来验证绝缘测试仪操作是否正常。

4）在端子之间或任何一个端子与搭铁点之间施加的电压不能超过绝缘测试仪上标明的额定值。

5）当测量电压达到 AC 42V 峰值或 DC 60V 以上时应格外小心，这些电压有造成触电的危险。

6）当出现电池低电量指示符时应尽快更换电池。

7）在测试电阻、导通性、二极管或电容以前，必须先切断电源，并将所有的高压电容器放电。

8）切勿在爆炸性的气体或蒸汽附近使用绝缘测试仪。

9）当使用测试导线时，手指应保持在保护装置的后面。

### 4. 接地电阻测试仪

接地电阻测试仪是一种电阻测量装置，用于电力、邮电、铁路、通信、矿山等部门测量各种装置的接地电阻及测量低电阻的导体电阻值，还可以测量土壤电阻率及地电压。

（1）工作原理

接地电阻测试仪的工作原理：由机内 DC/AC 转换器将直流变为交流的低频恒流，经过辅助接地极 C 和被测物 E 组成回路，被测物上产生交流压降，经辅助接地极 P 送入交流放大器放大，再经过检波送入表头显示。借助倍率开关，可得到 3 个不同的量限：$0\sim2\Omega$、$0\sim20\Omega$ 和 $0\sim200\Omega$。接地电阻测试仪如图 1-2-12 所示。

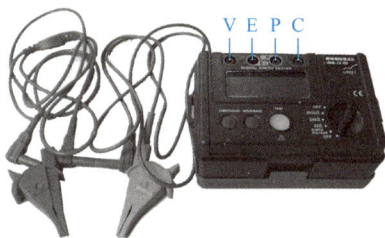

图 1-2-12　接地电阻测试仪

（2）使用方法

1）将红色测试导线插入 C、P 两个孔位，将绿色导线插入 E 孔位。

2）戴上绝缘手套，将接地电阻测试仪调至 $20\Omega$ 挡位，进行校零测试。若电阻小于 $1\Omega$，则正常，否则不正常。

3）将两根测试导线分别夹在被测物体壳体与搭铁线，按下测试键，测得电阻小于 $1\Omega$，说明正常。

4）测试完毕，收好设备。

### 课堂练习

*判断题*

1. 常见的安全防护用具包括绝缘手套、安全鞋、防护眼镜、安全帽、防护服等。

　　　　　　　　　　　　　　　　　　　　　　　　　　　　（　　）

2. 绝缘手套通常由天然橡胶或合成橡胶制成。　　　　　　　　（　　）

3. 当采用颜色标记绝缘手套电压等级时，应符合 0 级—橙色、1 级—白色、2 级—黄色、3 级—绿色、4 级—红色。 （　　）

4. 电气作业时戴了绝缘手套，就不用穿安全鞋了。 （　　）

## 项目实施

作为一名新能源汽车维护人员，需要学会常用工具的正确使用方法。请在教师指导下，以小组（两人一组）形式按照下面的任务工单对新能源汽车相关电路进行检测，在测量过程中学会新能源汽车维护与保养常用工具的使用。

**注意：** 测量前需要在教师确保安全防护工作都完成后才可以作业；测量前应严格按照工具使用规范进行校准；测量时应多次测量，减小误差，做到精益求精。

### 新能源汽车维护与保养工具的使用任务工单

班级：_____　　组别：_____　　小组成员：_____

| 工作项目 | 工作内容 | 检查要点/工具选择 | 实施过程 | 结果记录 |
|---|---|---|---|---|
| 安全防护用具 | 绝缘手套<br>（注意检查绝缘电压等级） | | | |
| | 安全鞋 | | | |
| | 防护眼镜 | | | |
| | 安全帽 | | | |
| | 防护服 | | | |
| 测量工具 | 万用表电阻挡的使用（检测照明系统灯泡、开关、电机等部件的电阻） | | | 测量结果：<br>_____ |
| | 万用表电压挡的使用<br>（检测车辆蓄电池电压） | | | 测量结果：<br>_____ |
| | 钳形电流表的使用<br>（检测车辆蓄电池正极端线路电流） | | | 测量结果：<br>_____ |
| | 绝缘测试仪的使用，对高压线缆的绝缘性能进行检测（注意做好个人安全防护，佩戴绝缘手套，培养安全意识） | | | 测量结果：<br>_____ |
| 整理工作 | 7S 管理 | | | |
| | 废旧部件及油液处理 | | | |

## 考核评价

综合整个学习过程，通过学生的课堂表现、课后习题、任务完成情况等对学生的知识目标、能力目标、思政要素和职业素养目标达成情况进行评价。

**教学目标达成情况评价表**

班级：＿＿＿＿＿＿＿＿　　姓名：＿＿＿＿＿＿＿＿

| 知识目标达成情况 | | |
|---|---|---|
| 目标描述 | 教师评价 | 学生自评 |
| 能说出安全防护用具的使用方法及注意事项 | | |
| 能说出测量工具的使用方法及注意事项 | | |
| 评价结论：知识目标是否达成　　□是　　　□否 | | |
| 能力目标达成情况 | | |
| 目标描述 | 教师评价 | 学生自评 |
| 能够正确使用安全防护用具 | | |
| 能够正确使用测量工具 | | |
| 评价结论：能力目标是否达成　　□是　　　□否 | | |
| 思政要素和职业素养目标达成情况 | | |
| 目标描述 | 教师评价 | 学生自评 |
| 增强安全意识、规范意识，严格按照安全操作规程作业 | | |
| 培养严谨细致、认真负责的工作态度 | | |
| 评价结论：思政要素和职业素养目标是否达成　　□是　　　□否 | | |

# 项目三　新能源汽车高压安全防护

## 项目描述

　　本项目主要介绍新能源汽车高压部件、高压安全措施及高压安全操作规程。通过对本项目的学习，应能够识别新能源汽车高压部件，掌握高压部件维护与保养中的相关安全操作规范。

## 学习目标

| 知识目标 | 能力目标 | 思政要素和职业素养目标 |
|---|---|---|
| 1. 知道新能源汽车高压部件及其功用；<br>2. 知道新能源汽车设计的高压安全措施；<br>3. 能说出高压安全操作规范 | 1. 能够识别新能源汽车高压部件；<br>2. 能够在新能源汽车上找到高压安全设计的位置；<br>3. 能够执行高压安全操作规程 | 1. 强化安全意识、规范意识，遵规守纪，安全操作；<br>2. 培养爱国精神，坚定文化自信，增强民族自豪感 |
| 对接 1+X 证书《新能源汽车动力驱动电机电池技术（中级）》工作任务 1——新能源汽车工作安全<br>1.4 高压电安全防护措施、1.5 高压电作业安全规范、1.6 高压电维修作业注意事项 | | |

### 情境导入

下周公司将对新招聘的一批新能源汽车员工进行新能源汽车高压安全防护的知识与技能培训，技术人员小张负责讲授新能源汽车上有哪些高压安全防护措施。请你帮助小张准备讲授内容。

### 课前练习

通过课前对新能源汽车的认识，查找相关资料，明确新能源汽车上有哪些高压部件，它们分别起什么作用。将你所收集到的信息整理在下面的方框中。

### 相关资讯

电动汽车的动力电池电压一般为 250～650V，车身电气电压一般为 12V，根据国家标准的划分，属于低压范围（对地电压 1000V 以下），但是为了和传统燃油车辆 12V 或 24V 电源进行区别，我们通常将在电动汽车上使用的 60V 以上的直流电和 25V 以上的交流电都称为高压。

## 资讯一　新能源汽车高压部件认知

电动汽车是在传统燃油汽车的基础上发展起来的，以电力驱动作为汽车的动力。电力驱动是纯电动汽车唯一的驱动方式。纯电动汽车以车载电源为动力电源，提供给驱动电机电能，驱动电机驱动车辆行驶，并在电机控制系统的控制下，实时控制驱动电机的功率和转速。

| 微课：认识高压部件 | 微课：高压部件的维护与保养（一） | 微课：高压部件的维护与保养（二） | 微课：高压部件绝缘检测 |
|---|---|---|---|

纯电动汽车的高压部件包括动力电池、驱动电机、电机控制器、DC/DC 转换器、电动压缩机、PTC（positive temperature coefficient，正温度系数）电加热器、车载充电机、高压配电箱。吉利帝豪 EV450 车型高压部件的安装位置如图 1-3-1 所示。

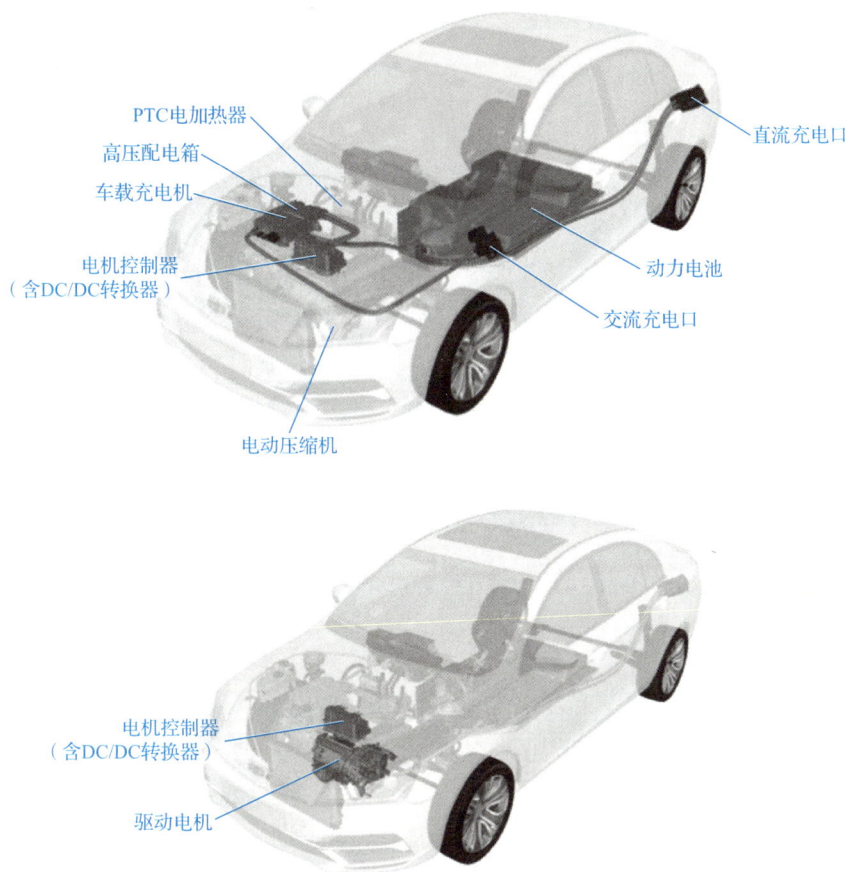

图 1-3-1　吉利帝豪 EV450 车型高压部件的安装位置

## （一）动力电池

动力电池是纯电动汽车的动力电源，也是纯电动汽车的主要能源，它除了供给汽车驱动行驶所需的电能，也是供应汽车上辅助电源（低压电池）和各种辅助装置的工作电源。吉利帝豪 EV450动力电池如图 1-3-2 所示。

## （二）驱动电机

驱动电机在纯电动汽车中承担着电动机和发电机的双重功能，即在正常行驶时发挥其主要的电动机功能，将电能转化为机械能并旋转驱动车辆行驶；而在减速和下坡滑行时又起到发电作用，将汽车的惯性动能转换为电能，存储在动力电池中。

电动汽车常用的电机有直流电机（DC Motor）、交流感应电机（AC induction motor，ACIM）、永磁无刷直流电机（brushless DC motor，BDCM）和开关磁阻电机（switched reluctance motor，SRM）等，纯电动汽车上常见的是三相异步电机和永磁同步电机。吉利帝豪 EV450 驱动电机采用永磁同步电机，如图 1-3-3 所示。

微课：驱动电机的认知

微课：驱动电机性能检测

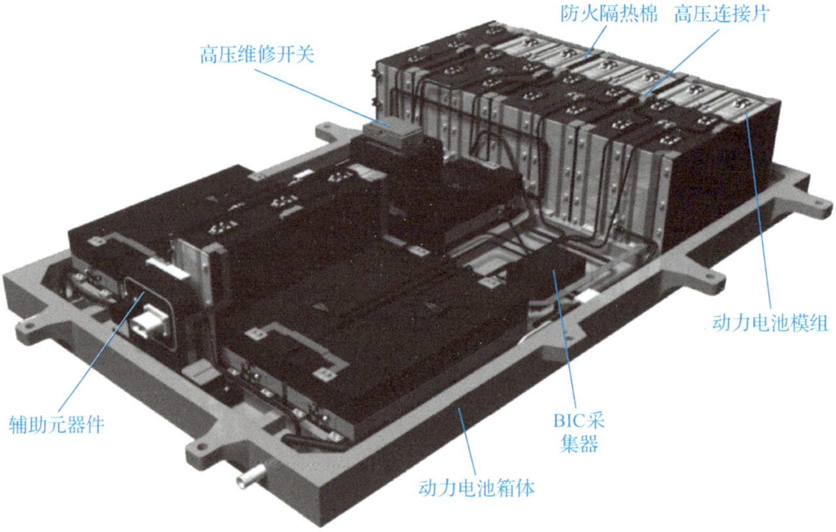

图 1-3-2　吉利帝豪 EV450 动力电池

图 1-3-3　吉利帝豪 EV450 驱动电机　　　　　　　　微课：电机维护与保养

（三）电机控制器

电机控制器是一个既能将动力电池中的直流电转换为交流电以驱动电机，同时具备将车轮旋转的动能转换为电能（交流电转换为直流电）给动力电池充电的设备。在车辆制动或滑行阶段，电机作为发电机应用，完成由车轮旋转的动能到电能的转换，给电池充电。

电机控制器安装在前机舱内，采用 CAN（controller area network，控制器局域网络）总线通信控制，控制着动力电池模组到电机之间能量的传输，同时采集电机位置信号和三相电流检测信号，精确地控制驱动电机运行。吉利帝豪 EV450 电机控制器如图 1-3-4 所示。

图 1-3-4　吉利帝豪 EV450 电机控制器

## （四）DC/DC 转换器

DC/DC 转换器的功能是在车辆起动后将动力电池的高压直流电转换成低压直流电（14V 左右），向低压蓄电池充电并为整车低压系统供电，保证行车时低压用电设备正常工作，以及车辆在充电过程中输出低压电为低压蓄电池充电。吉利帝豪 EV450 汽车中 DC/DC 转换器集成在电机控制器内部。吉利帝豪 EV450 DC/DC 转换器如图 1-3-5 所示。

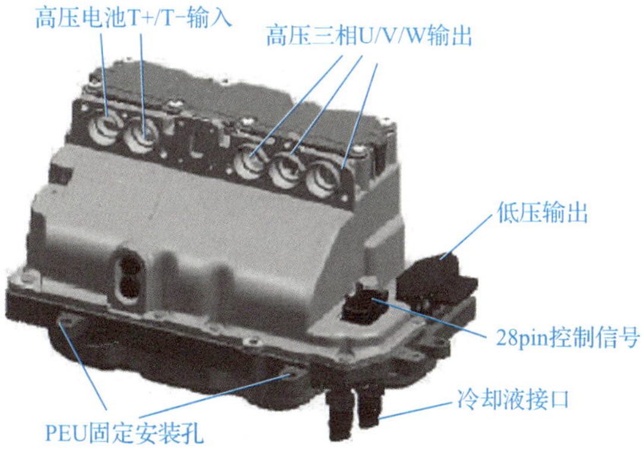

图 1-3-5　吉利帝豪 EV450 DC/DC 转换器

注：PEU，英文全称为 power electronic unit，中文译为电力电子单元。

## （五）电动压缩机

电动汽车的制冷系统与传统燃油汽车的制冷系统基本一致，最大的区别在于压缩机。由于没有发动机给压缩机提供动力，电动汽车的压缩机采用了电动压缩机。电动压缩机通过高压直流电驱动，将压缩后高温高压的制冷剂（俗称冷媒）输送到冷凝器保证制冷循环的正常工作。

电动汽车的电动压缩机采用电力驱动和悬浮涡旋转子压缩等方式来提高效率。吉利帝豪 EV450 汽车采用电动涡旋式压缩机，其工作电压为 200～400V，压缩机控制器与压缩机集成一体，通过电机自身的旋转带动涡旋盘压缩，完成制冷剂的吸入和排出，为制冷循环提供动力。吉利帝豪 EV450 电动压缩机如图 1-3-6 所示。

图 1-3-6　吉利帝豪 EV450 电动压缩机

### （六）PTC 电加热器

电动汽车的暖风系统与传统燃油汽车的暖风系统的最大不同是热源的来源，传统燃油汽车的热源来源于发动机的热量，而在电动汽车上需要独立设计电加热系统，以电加热液体为介质，再通过暖风水箱加热车内空气。

PTC 电加热器由电阻膜和散热元件组成，在一定高压电压范围内，加热的功率随电流的变化而变化，电阻膜的电阻受温度变化的影响较小，因此 PTC 电加热器可输出稳定的功率，从而为制热系统提供稳定的热源。PTC 电加热器如图 1-3-7 所示。

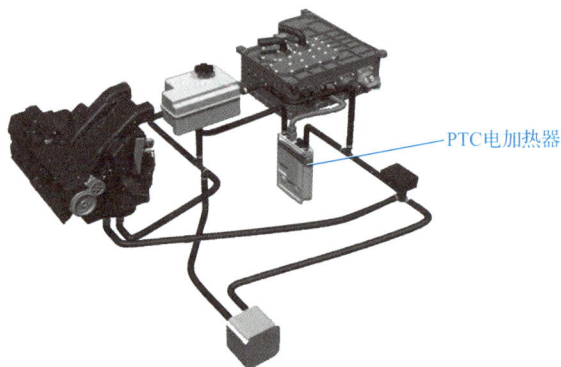

图 1-3-7　PTC 电加热器

### （七）车载充电机

电动汽车都配有车载充电机，用于对动力电池充电。车载充电机连接车辆的交流充电口（慢充口）。车载充电机一般具有通信功能，收到允许充电信号后，将输入的 220V 交流电经过滤波整流后，通过升压电路和降压电路输出合适的电压、电流给动力电池进行充电。图 1-3-8 所示为吉利帝豪 EV450 车载充电机。

微课：车载充电机认知

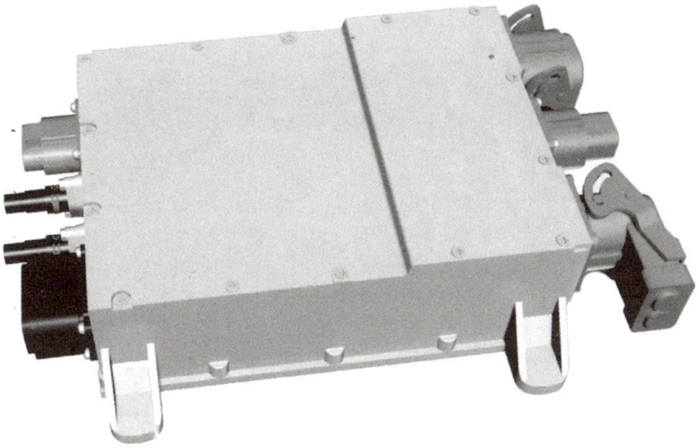

图 1-3-8　吉利帝豪 EV450 车载充电机

（八）高压配电箱

高压配电箱的作用是完成动力电池电源的输出及分配，实现对支路用电器的保护及熔断。从动力电池包输出的供电，第一个要达到的最主要的高压部件就是高压配电箱，通俗地理解，电动汽车的高压配电箱类似大楼的电源配电箱和输入各房间的"总闸"，内置 PTC 电加热器、电机控制器、空调压缩机和车载充电机高压部件的输出和熔断。吉利帝豪 EV450 车型中车载充电机与高压配电箱合成一体，如图 1-3-9 所示。

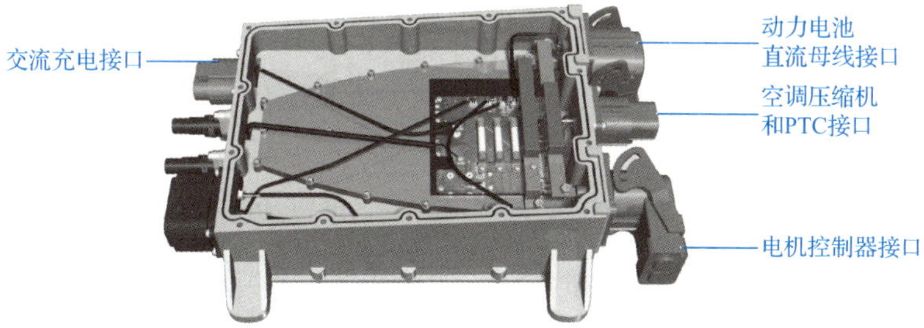

图 1-3-9　吉利帝豪 EV450 高压配电箱

## 资讯二　新能源汽车高压安全设计

相对于传统燃油汽车而言，电动汽车的一个重要特点就是车内装有能保证足够动力性能的高压系统，而高达 300V 以上的电压及 30A 以上的电流随时考验着车载高压用电器的使用安全。因此对于电击防护来说，仅仅采取基于设备自身的防护措施是远远不够充分的，车辆自身也设计了高压电气系统上的防护措施。

（一）安全警示标志

电动汽车上高压元器件较多，为了保障人员安全，在高压器件上都标有高压警示标志，高压警示标志的底色为黄色，边框和箭头为黑色，同时高压电路中的电缆和线束的外皮也要使用橙色加以区分，如图 1-3-10 所示。

图 1-3-10　高压警示标志和高压线束

## （二）接地保护

对于电动汽车的高压部分，电气网络结构决定了从供电器（如动力电池）到用电器（如电机）的电能传输路径。图 1-3-11 所示为一般的电气网络结构类型。第一个字母 T 表示车身连接已连接，I 表示未连接。第二个字母 N 表示壳体与车身未连接，第二个字母 T 表示以电位补偿方式（等电位）连接。

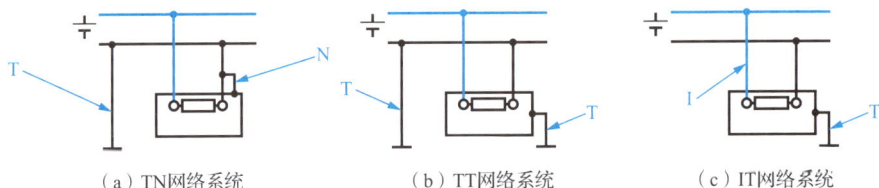

（a）TN网络系统　　　　（b）TT网络系统　　　　（c）IT网络系统

图 1-3-11　一般的电气网络结构类型

电动汽车中所用的高压网络就是一种 IT 网络系统。对于 IT 网络系统，由于高压电有单独的回路，与壳体绝缘，所以就不会有电流流经车身，而是流向动力电池负极。IT 网络系统的优点是如果从正极到壳体的导线出现故障，IT 网络系统不会断电，如图 1-3-12 所示。

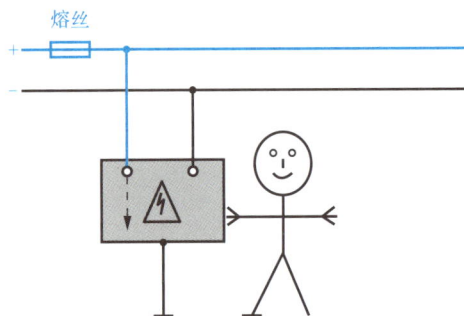

图 1-3-12　IT 网络系统从正极到壳体的导线出现故障

IT 网络系统出现等电位连接故障如图 1-3-13 所示。第一个故障在车上出现时，系统仍能工作，有报警信息。第二个故障出现时，电池管理系统（battery management system，BMS）会将高压系统切断（断电），同时系统内会短路，功率电子装置和维修开关内的熔丝会爆开，组合仪表上会有报警信息，高压系统无法工作，也无法重新启动。

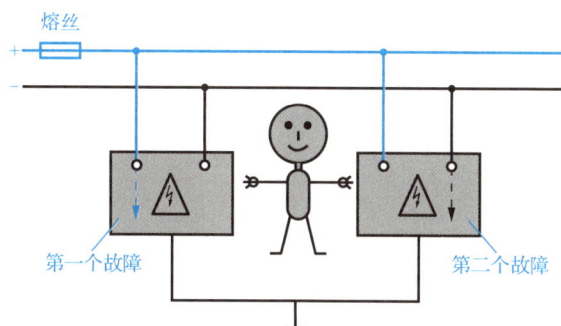

图 1-3-13　IT 网络系统出现等电位连接故障

等电位（电位均衡）保护要求所有接触面应洁净且无油脂。导线截面不可因电缆断裂而减小。接触电阻大或电缆断裂时，电阻增加，在出现故障时，等电位就可能失去保护作用。

IT 网络系统出现非等电位连接故障（图 1-3-14）。第一个故障无安全风险，第二个故障电流可能会流经全身。电流的路径为：正极电路→第一个用电器壳体→人体→第二个用电器壳体→负极电路。

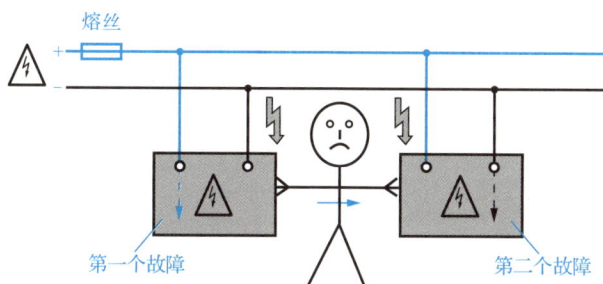

图 1-3-14　IT 网络系统出现非等电位连接故障

## （三）维修开关

在电动汽车的装配、维护和维修操作中，有时需要手动断开电气回路，以保证在操作过程中人员免受电击伤害。一般在车辆的动力电池系统中设置维修开关作为手动断开装置。进行高压维护前断开维修开关，可使高压输出端不带危险电压，从而防止维修人员误接触导致触电。手动断开装置对维修人员应该是绝缘的。某车型动力电池内部的维修开关及其拆卸步骤如图 1-3-15 所示。

微课：电池系统形成过程

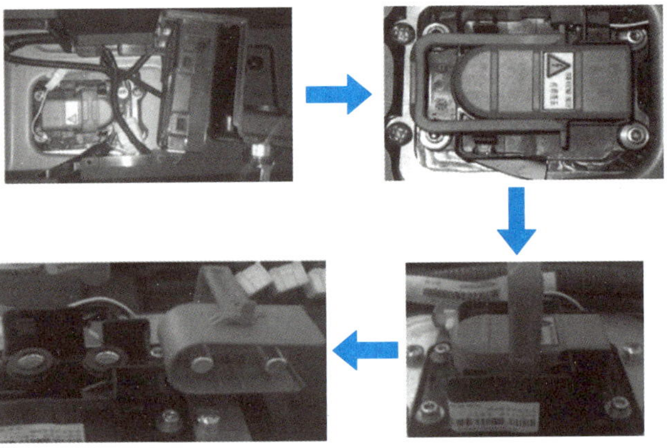

图 1-3-15　某车型动力电池内部的维修开关及其拆卸步骤

### （四）DC/DC 转换器内的安全防护

电气分离装置会将 DC/DC 转换器的初级线圈和次级线圈分离开。与车身搭铁的连接仍接在 12V 车载供电网络上。因此，初级线圈和次级线圈之间就不会有电压了。某车型 DC/DC转换器内的安全防护原理如图 1-3-16 所示。

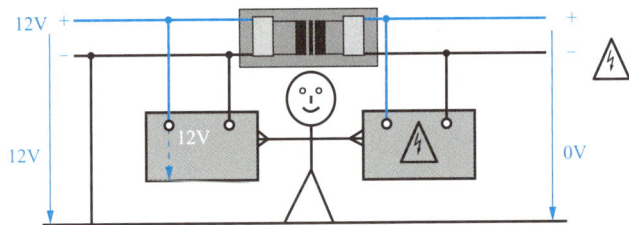

图 1-3-16　某车型 DC/DC 转换器内的安全防护原理

### （五）高压互锁回路

高压互锁回路（high voltage interlock loop，HVIL）也称危险电压互锁回路，是指通过使用低压信号来检查电动汽车上所有与高压母线相连的各分路，包括整个电池系统、导线、插接器、DC/DC 转换器、电机控制器、高压盒及保护盖等系统回路的电气连接完整性（连续性），当识别到回路异常断开时，及时断开高压电。

高压互锁回路采用低压 12V 信号电压进行监控，当高压系统线路连接良好时，整车控制器的互锁信号端输出低电平信号，整车控制器判定高压系统线路连接正常，动力电池包正、负极接触器闭合，动力电池包正常工作。当高压系统线路连接异常时，如某个高压部件接插件松开或断开，整车控制器的互锁信号端输出高电平信号，整车控制器判定高压系统线路连接异常，BMS 立即切断动力电池包的电流输出。某车型高压互锁回路如图 1-3-17所示。

总而言之，高压互锁回路从整车控制器输出信号，将所有高压部件串联在一起，只要有一个高压部件的插接件松开或者断开，从整车控制器输出的信号就不能形成完整的回路，整车控制器就会启动安全防护，断开动力电池的高压电，从而保证高压电安全，避免造成事故或人员伤害。

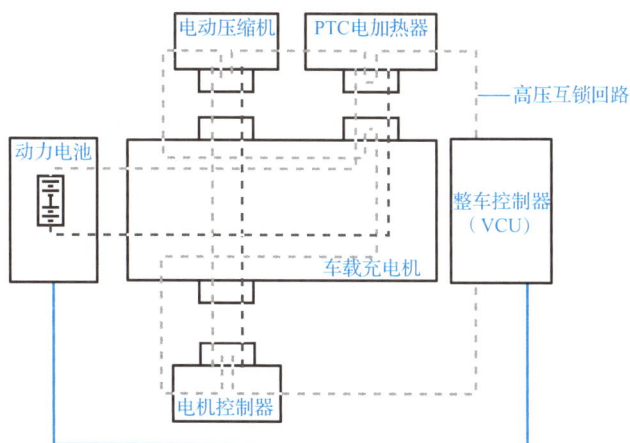

图 1-3-17　某车型高压互锁回路

电动汽车上设计高压互锁回路的主要作用如下。

1）整车在高压加电前确保整个高压系统的完整性，使高压系统在一个封闭的环境下工作，提高安全性。

2）当整车在运行过程中高压互锁回路断开或者完整性受到破坏时，需要启动安全防护。

3）防止带电插拔高压插接器给高压端子造成拉弧损坏，甚至造成人身伤害。

车上带有高压互锁功能的高压插接器的特点是有一个双线的小插头和插座，如图 1-3-18 所示。

图 1-3-18　高压互锁的插座

高压插接器里互锁插头连接机构的工作原理：由于高压插接器中高压电源的正负极端子和中间互锁端子的物理长度不一样，当要连接高压插头时，高压插头的电源正负极端子先于中间互锁端子连接好；当要断开高压插头时，高压插头的中间互锁端子先于高压插头中的电源正负极端子脱开。这样的设计也避免了拉弧的产生。互锁插头连接机构的结构及工作原理如图1-3-19所示。

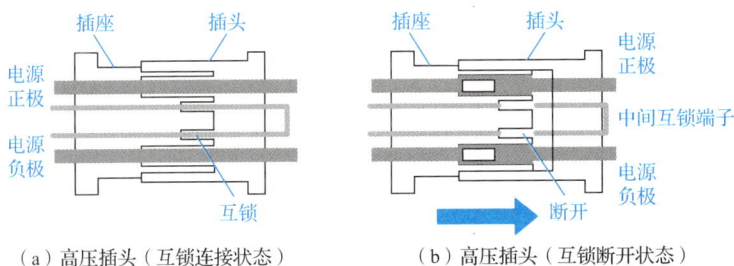

（a）高压插头（互锁连接状态）　　　（b）高压插头（互锁断开状态）

图1-3-19　互锁插头连接机构的结构及工作原理

高压互锁回路内还包括用于监测高压部件盖板是否可靠关闭的行程开关（开盖保护开关）。信号线将所有高压器件上的监测点全部串联起来，组成一条监测信号回路，即互锁信号回路。高压互锁回路内某个部位没有连接好，互锁信号就送入整车控制器内，整车控制器断开动力电池对外供电。

高压互锁回路中还包括车辆碰撞和翻转信号。当整车发生碰撞（侧翻）时，安全气囊碰撞（侧翻）传感器发出信号，触发断电信号，整车控制器使高压电源在毫秒级时间内断开，并利用高压系统余电放电电路将汽车高压部件电容端的电压在很短时间内放掉，避免火灾或漏电事故引起人员触电事故的发生，以保障安全。

## （六）电容器放电

在电机控制器或功率电子装置内安装有电容器，电容器具有放电作用，如图1-3-20所示。通过放电可以消除功率电子装置内电容器上的残余电压。主动放电是由电动汽车的管理系统来操控的，每次切断高压系统或者中断控制线，都会发生主动放电。主动放电是为了保证在高压部件被拆卸的情况下消除残余电压。为了可靠消除残余电压，在拔下维修开关后需要等待一段时间，然后才可以开始高压部件的检修工作。

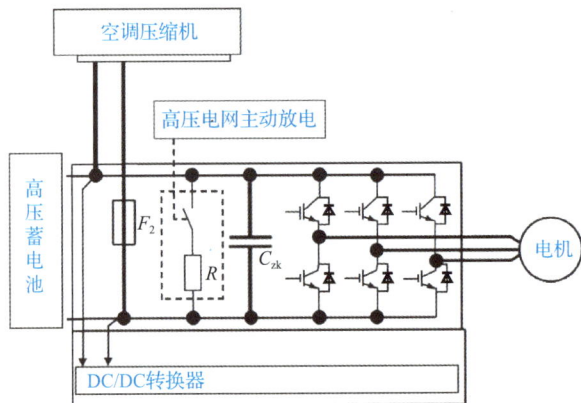

图1-3-20　电容器放电原理图

## （七）熔断

熔断功能通常使用熔断器来完成，也是一种电气系统过电流及短路保护的手段。熔断主要是为了保证电动汽车高压电气系统安全运行而采用的一种防护措施。各分路用电器分别串联快速熔断器，用电器发生过电流或短路时，快速熔断器自动分断。动力电池分组串联，每组配有熔断器，发生意外短路时可切断电池之间的连接。

## 资讯三　新能源汽车高压安全操作规程

电动汽车的维修人员需具备一定的资质，遵守一定的安全操作规程。

### （一）高压车辆维修人员资质

电动汽车的维修人员必须参加过厂家的电气培训，经过授权才可以检修有高压系统的车辆，以及给车辆做标识和对工作场所进行防护。维修人员需获得国家安全生产监督管理局电工作业资格，参加过电动汽车（纯电动汽车、混合动力汽车、燃料电池车）高压系统维修的资格培训，经销商内部认可后可以执行车辆高压系统维修工作。

### （二）高压技术人员的主要工作

高压技术人员的主要工作有：断开高压系统供电并检查是否已绝缘；严防高压系统重新合闸；将高压系统接通重新投入使用；对高压系统上的所有作业负责；培训和指导经销商内部所有与高压系统车辆相关人员，使这些人员在监督下能执行高压工作。

### （三）设置车辆标识和工作区安全

在维修车间内必须为配备有高压装置的车辆设置标识。该类型车辆维修、维护工位周围应设置专用的警示牌和警示锥形桶（图 1-3-21），以避免他人未经允许进入而发生危险；同时，要避免与其他车辆维修工位过近。工位的环境必须保持清洁、干燥和良好的通风，不会接触到飞溅的火星等。

图 1-3-21　设置车辆维护专用警示牌和工作区警示锥形桶

### （四）做好个人防护

维修带有高压的车辆时，维护人员必须做好防止被高压电击伤的安全防护。防止触电的个人防护用具主要有绝缘手套、防护眼镜、安全鞋，以及非化纤材质的防护服等，如图 1-3-22 所示。

图 1-3-22　主要个人防护用具

### （五）断电操作

1）关闭点火开关。

2）断开高压维修开关（在关闭点火开关 5min 后进行操作）。

3）维修时必须在高压开关断开 5min 后进行。

4）使用绝缘工具和符合要求的量具。

① 选择能够承受 1000V 以上的工作电压的拆装工具进行维修拆装。

② 选择符合 CATIII 安全级别要求的检测工具进行检测。

---

📖 **知识窗**

---

#### 吉利帝豪 EV450 车型简介

吉利汽车品牌建于 1986 年，1997 年进入汽车领域。2008 年吉利汽车集团有限公司（下称吉利公司）成功收购了世界第二大自动变速器制造商——澳大利亚的 DSI。2010 年吉利公司完成了对沃尔沃轿车的收购。吉利汽车品牌从创立开始，一直以超常规的速度发展，不仅成功挑战了外资品牌与合资品牌在我国汽车市场的地位，而且用实力证明了我国自主汽车品牌同样可以获得出色的发展业绩。从某种程度上来讲，吉利的整个发展历程就是中国汽车工业从挑战到突破的缩影，而吉利的梦想就是我国汽车工业朝着自主方向发展的梦想。吉利汽车品牌标志如图 1-3-23 所示。

图 1-3-23　吉利汽车品牌标志

在新能源汽车领域，吉利公司也不断深耕技术研发，推出了吉利 EV 系列。近年来上市的全新帝豪 EV450 车型成为典型代表，受到了消费者的广泛青睐。帝豪 EV450 车型在泰安上市，共推出进取型、精英型、尊贵型 3 个配置版本。其外观如图 1-3-24 所示。

图 1-3-24　吉利帝豪 EV450 车型外观

动力方面，帝豪 EV450 搭载了一台吉利新能源与精进电机合作开发的永磁同步电机，最大功率达到 120kW，最大转矩提升至 250N·m，0～100km/h 可以在 9.3s 内完成，而 0～50km/h 也只需 4.1s。新车配备了来自宁德时代提供电芯的 52kWh 三元锂电池组，能量密度提升至 142Wh/kg。综合工况，续驶里程 400km，在 80km/h 等速最大续驶里程超过 450km。

充电方面，帝豪 EV450 支持快充，30min 可充电至 80%。如果采用慢充，则需要 9h 充满。

电池技术方面，帝豪 EV450 不仅采用了全新升级的三元锂电池组，同时帝豪 EV450 集成了 2.0 版本的 ITCS 电池智能温控管理系统：配备了更轻、更强的铸铝电池托盘集成液冷结构，电池包周围布置了冷却液水道，无论是充电还是行进过程中均能为电池加温或降温，保证电池的工作温度，确保车辆在-20℃可以快速充电，-30℃仍可正常使用，从而帝豪 EV450 能更有效地应对季节变换，减少了冬季里程衰减，也提高了夏季用车安全性。就吉利而言，帝豪 EV450 是吉利布局新能源的重要产品。

## 课堂练习

### 填空题

1. 纯电动汽车以车载电源为动力电源，提供给_____电能，驱动车辆行驶。
2. 车辆高压安全设计包括_____。

3．纯电动汽车高压部件包括_____。

4．高压安全操作规程包括_____。

## 项目实施

新能源汽车与传统燃油汽车最大的不同之一就在于汽车上多了高压系统，因此对于作业的安全防护要求更加严格。作为一名刚入职的吉利品牌新能源汽车维修保养技师，必须掌握高压作业安全防护措施。请在教师指导下，以小组（两人一组）形式按照下面的任务工单在新能源汽车实车上完成高压断电操作与高压部件识别。

### 新能源汽车高压安全防护任务工单

班级：_____　　组别：_____　　小组成员：_____

| 工作项目 | 工作内容 | 外观检查/操作要点 | 实施过程 | 结果记录 |
|---|---|---|---|---|
| 准备工作 | 场地准备<br>□警示牌　□警戒带　□绝缘胶垫<br>□灭火器　□绝缘钩　□其他 | | | |
| | 个人安全防护准备<br>□安全帽　□防护眼镜<br>□绝缘手套　□安全鞋　□防护服 | | | |
| 高压断电<br>操作步骤 | 关闭点火开关 | | | |
| | 断开蓄电池负极 | | | |
| | 断开高压维修开关 | | | |
| | 等待 5～10min 后操作 | | | |
| 高压部件<br>及相关安全<br>设计认识 | 动力电池<br>（记录动力电池参数） | | | |
| | 驱动电机<br>（记录驱动电机参数） | | | |
| | 电机控制器 | | | |
| | DC/DC 转换器 | | | |
| | 电动压缩机 | | | |
| | PTC 电加热器 | | | |
| | 车载充电机 | | | |
| | 高压配电箱 | | | |
| | 安全警示标志<br>（注意检查标识、线缆颜色） | | | |
| | 接地保护 | | | |
| | 维修开关<br>（拔插时佩戴绝缘手套） | | | |
| | DC/DC 转换器内的安全防护 | | | |
| | 高压互锁 | | | |
| 整理工作 | 7S 管理 | | | |
| | 废旧部件及油液处理 | | | |

## 考核评价

综合整个学习过程，通过学生的课堂表现、课后习题、任务完成情况等对学生的知识目标、能力目标、思政要素与职业素养目标达成情况进行评价。

### 教学目标达成情况评价表

班级：_____ 姓名：_____

| 知识目标达成情况 | | |
|---|---|---|
| 目标描述 | 教师评价 | 学生自评 |
| 认识车辆高压部件并能说出对应部件的功用 | | |
| 知道车辆高压防护措施 | | |
| 能说出高压安全操作规程 | | |
| 评价结论：知识目标是否达成　　□是　　□否 | | |
| 能力目标达成情况 | | |
| 目标描述 | 教师评价 | 学生自评 |
| 能识别车辆高压部件 | | |
| 能够在车辆上找到高压防护设计的位置 | | |
| 能够执行高压安全操作规程 | | |
| 评价结论：能力目标是否达成　　□是　　□否 | | |
| 思政要素和职业素养目标达成情况 | | |
| 目标描述 | 教师评价 | 学生自评 |
| 强化安全意识、规范意识，遵规守纪，安全操作 | | |
| 培养爱国精神，坚定文化自信，增强民族自豪感 | | |
| 评价结论：思政要素和职业素养目标是否达成　　□是　　□否 | | |

# 模块二
# 新能源汽车维护与保养作业

## 项目一　新能源汽车动力电池系统的维护与保养

### 项目描述

本项目主要介绍纯电动汽车动力电池的安装位置、各标识位置、插接件位置，以及动力电池的维护与保养。通过对本项目的学习，学生应掌握新能源汽车动力电池的维护与保养。

### 学习目标

| 知识目标 | 能力目标 | 思政要素和职业素养目标 |
|---|---|---|
| 1. 知道纯电动汽车动力电池的安装位置、各标识位置、插接件位置；<br>2. 知道纯电动汽车动力电池的维护保养流程与注意事项 | 1. 能够完成动力电池检查前的准备工作；<br>2. 能够正确对纯电动汽车充电系统进行检查作业；<br>3. 能够正确对纯电动汽车进行充电作业；<br>4. 能够对纯电动汽车动力电池进行维护作业 | 1. 增强安全意识、规范意识、团队意识、环保意识；<br>2. 坚定"中国制造"自信，激发爱国情怀与民族自豪感；<br>3. 传承与发扬严谨细致、吃苦耐劳的传统美德 |

对接 1+X 证书《新能源汽车动力驱动电机电池技术（中级）》工作任务 5——动力电池系统检测维修
1.1 动力电池检测维修、1.2 电池管理器检测维修、1.3 车载充电系统检测维修、1.4 逆变器检测维修

### 情境导入

你在某 4S 店实习，需要对某品牌纯电动汽车的动力电池进行维护作业，你需要掌握纯电动汽车动力电池的维护内容和维护时的注意事项。

### 课前练习

通过课前对 4S 店维修人员的维护作业过程进行观察学习及查找相关资料，明确新能源汽车动力电池的维护与保养工作包括哪些方面。将你所收集到的信息整理在下面的方框中。

### 相关资讯

动力电池是纯电动汽车中成本最高的，占整车成本的 25%～60%。目前大多数动力电池的使用寿命为 3～7 年，小于整车的使用寿命（10～15 年）。合理的维护可以最大限度地延长动力电池的使用寿命，从而达到降低汽车使用成本的目的。

## 资讯一　动力电池认知

电动汽车中为车辆提供动力源的电池称为动力电池，动力电池的作用是接收和存储由快充装置、慢充装置、能量回收装置提供的高压直流电，并且为整车提供高压直流电。

### （一）纯电动汽车对动力电池的参数要求

#### 1．比能量高

动力电池的比能量有体积比能量（W·h/L，是指电池单位体积所能输出的电能）及质量比能量（W·h/kg，是指电池单位质量所能输出的电能）。想要纯电动汽车续航里程足够长，就需要尽可能地让动力电池多存储能量，但动力电池的质量不能太大，因为安装电池的空间有限，所以要求动力电池有高的比能量。

微课：动力电池结构
和主要性能指标

#### 2．比功率高

比功率是描述电池在瞬间能放出能量的能力，质量比功率为 W/kg、体积比功率为 W/L。比能量高的动力电池就像龟兔赛跑里的乌龟，耐力好，可以长时间工作，续航里程长；而比功率高的动力电池就像龟兔赛跑里的兔子，速度快，可以提供很高的瞬间电流，以保证汽车的加速性能、爬坡和负载行驶。通常来说，一种电池不能同时具备高比能量和高比功率。

微课：动力电池的
安全设计

#### 3．循环寿命长

电池标准循环寿命是指在一定的充放电制度下，电池容量衰减到某一规定值之前，电池能经受的充电与放电循环次数。循环寿命越长，则电池在正常使用周期内支撑电动汽车

行驶的里程数就越大，这有助于降低车辆在使用周期内的运行成本，增加车辆使用可靠性。

### 4. 一致性好

动力电池单体电压只有几伏，而整车动力电池包有几百伏的工作电压，需要采用合适的成组技术满足工作需求，现在大多数动力电池包是由电池单体通过串联、并联等成组方式组成的。电池单体的差异性会影响整个电池包的特性参数，因为电池荷电状态（state of charge，SoC）计算以最高单体不能充电为 100%，最低单体不能放电为 0%。某动力电池 305km 续航动力电池成组结构如图 2-1-1 所示。

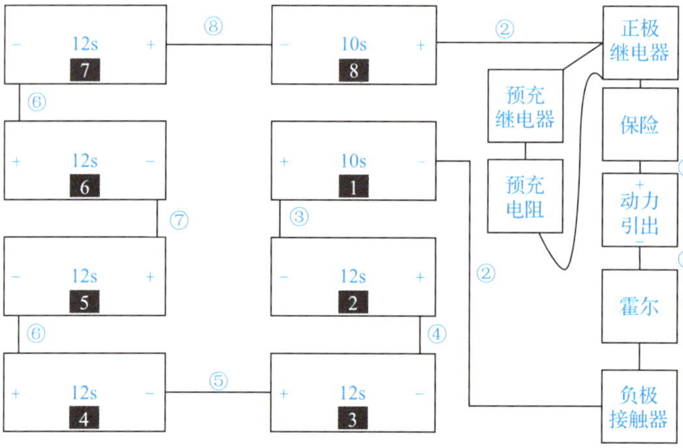

图 2-1-1  某动力电池 305km 续航动力电池成组结构

📖 **知识窗**

## 我国动力电池技术介绍

近年来，中国新能源汽车产业高速发展。截至 2023 年 6 月底，全国机动车保有量达 4.26 亿辆，其中汽车 3.28 亿辆，新能源汽车达到 1620 万辆，占汽车总量的 3.8%。中国汽车工业协会预测，2023 年我国新能源汽车产销量有望达到 900 万辆。受新能源汽车的产销拉动，我国电动汽车相关技术及配套基础设施建设也取得了一定发展，尤其是电池技术方面。

我国动力电池技术路线分为锂电池和燃料电池两种，目前主要以锂电池为主。与国外相比，国内开发的锂离子电池单体的技术水平与国外基本处于同一水平，我国动力电池出货量已经跻身国际领先行列，无论是正极材料、磷酸铁锂、三元、高电锰等材料都处于优势地位。根据 2022 年四川省成都市召开的世界动力电池大会新闻发布会数据，2021 年我国动力电池装车量累计 154.5GW·h，同比增长 142.8%，占全球总装车量的 52.1%；2022 年 1—5 月，我国动力电池产业继续呈现高速增长态势，装车量累计 83.1GW·h，同比增长 100.8%。目前，累计 170 余家汽车生产和梯次利用企业已在全国建设 1 万余个回收服务网点。

　　在政策支持上，国家相关部门也表现出了对动力电池领域发展的重视，范围涵盖动力电池行业规范、动力电池产业发展、动力电池标准、动力电池回收利用等多个层面。在 2020 年我国提出的"新基建"发展方向中，充电桩产业作为"新基建"的七大产业之一，不仅支持新能源汽车产业升级，更为无线充电、储能、微电网和新能源消纳等新兴产业提供发展空间。同年国务院发布《新能源汽车产业发展规划（2021—2035 年）》，明确提出"十四五"目标，形成适度超前、布局均衡、智能高效的充电基础设施体系，能够满足超过 2000 万辆电动汽车充电需求。近年来，在"双碳"目标的战略背景下，我国陆续出台了一系列政策支持和动力电池行业的发展，如《新能源汽车废旧动力蓄电池综合利用行业规范条件》《2030 年前碳达峰行动方案》《新型储能项目管理规范（暂行）》等。

　　从行业格局来看，我国锂电池行业的市场集中度较高，且在逐年攀升。从企业锂电池业务的竞争力来看，宁德时代和比亚迪的竞争力排名较靠前，其次是中创新航和国轩高科。2022 年全球动力电池装机排名中，宁德时代一家企业的装机量占比达到了 37%，排名第一；比亚迪达到了 13.6%，位列第二。

## （二）纯电动汽车电能补给

　　纯电动汽车能量补给有充电和换电两种方式，充电方式又分无线充电和有线充电，如图 2-1-2 所示。其中，换电方式是指通过集中型充电站对大量电池集中存储、集中充电、统一配送，并在集中型充电站内对电动汽车进行电池更换，或者集电池的充电、物流调配及换电服务于一体。这种换电方式降低了消费者的成本，提高了能量补给的效率，但换电过程需要使用大量机械设备，要求电池标准统一，因此对基本建设要求较高。

（a）无线充电

（b）有线充电

（c）换电方式

图 2-1-2　纯电动汽车不同的能量补给方式

微课：纯电动汽车充电技术

　　充电方式中的无线充电，通过埋于地面下的供电导轨以高频交变磁场的形式将电能传输给运行在地面上一定范围内的车辆接收端电能拾取机构，进而给车载储能设备供电，这种能量补给方式安全、便捷。

### 1. 交流充电

纯电动汽车的交流充电方式是以较低的交流电对电动汽车进行充电，一般充电时间较长，也就是所谓的慢充。

使用慢充方式，充电电流从充电口经过车载充电器到高压配电盒进行了 AC/DC 转换和调压，再到动力电池。

慢充充电方式的额定电压：单相交流 220V/三相交流 380V。额定电流：10A/16A/32A/63A。允许电压波动范围：220×（1±10%）V，38×（1±10%）V；频率：（50±1）Hz。随车便携式慢充枪和慢充充电桩如图 2-1-3 所示。

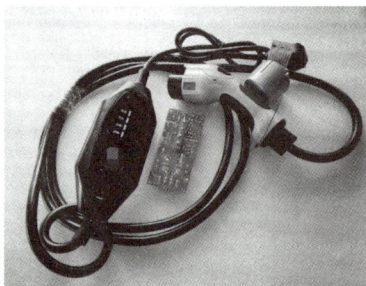

（a）随车便携式慢充枪 　　　　　　（b）慢充充电桩

图 2-1-3　慢充

微课：直流、交流充电口拆卸与安装

在慢充充电过程中，充电枪与充电座连接好后，CC 与 PE 触头之间的 RC 电阻电路接通，该电阻根据国家标准进行设置，车辆控制装置通过测量检测点 CC 与 PE 之间的电阻值确认当前充电连接装置（电缆）的额定电流[参照国家标准《电动汽车传导充电用连接装置　第 1 部分：通用要求》（GB/T 20234.1—2015）、《电动汽车传导充电用连接装置　第 2 部分：交流充电接口》（GB/T 20234.2—2015）]。

慢充枪和慢充充电座如图 2-1-4 所示。

### 📖 知识窗

#### 慢充口触头定义

CC：车辆控制装置连接确认。CP：充电桩连接确认。PE：接地（搭铁）。L：三相交流电"U"。N：三相交流电"中性"。NC1：三相交流电"V"。NC2：三相交流电"W"。

通常是单相充电，这种情况下 NC1 与 NC2 是空的，L、N 接的是家用 220V 的两根线。如果是三相充电，NC1 与 NC2 才会有触头[如比亚迪 E6 纯电动汽车款的 VTOG（vehicle togrid，车端对电网）双向逆变充电系统为三相充电]。

| RC | 充电电缆<br>额定容量/A |
|---|---|
| 1.5kΩ/0.5W | 10 |
| 680Ω/0.5W | 16 |
| 220Ω/0.5W | 32 |
| 1000Ω/0.5W | 63 |

图 2-1-4  慢充枪和慢充充电座

## 2. 直流充电

直流充电方式以较高的充电电流在短时间内为蓄电池充电，充电时间短，也就是所谓的快充。快充充电方式充电装置的安装成本相对较高，对动力电池模组的耐压性和保护提出更高要求；充电电流大，是常规充电电流的 10 倍甚至几十倍，对动力电池模组产生巨大电流冲击，会降低动力电池模组的循环寿命。快充充电示意图如图 2-1-5 所示。

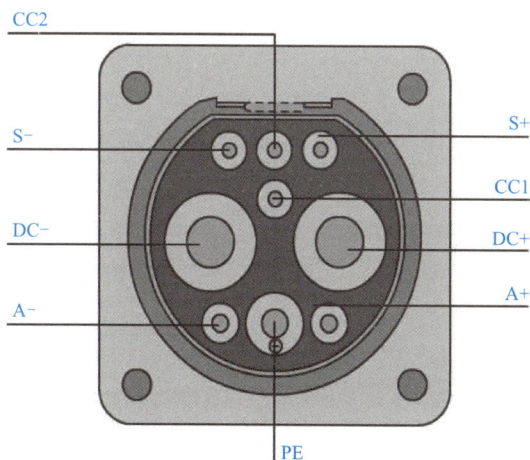

图 2-1-5  快充充电示意图

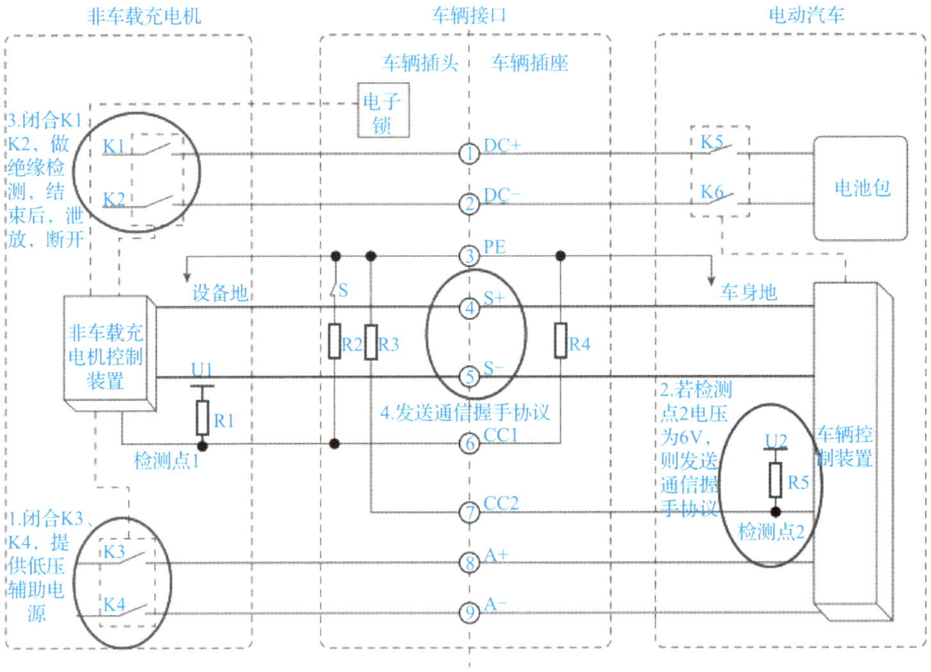

图 2-1-5（续）

## 知识窗

### 快充口触头定义

快充口触头定义如表 2-1-1 所示。

表 2-1-1　快充口触头定义

| 触头编号/标识 | 功能定义 |
|---|---|
| DC+ | 高压直流电源正，连接充电桩直流电源（正）与动力电池正极 |
| DC− | 高压直流电源负，连接充电桩直流电源（负）与动力电池负极 |
| PE | 保护接地线，连接供电设备（充电桩）接地线和车辆接地线 |
| S+ | 充电通信 CAN-H，连接非车载充电机与电动汽车的通信线 |
| S− | 充电通信 CAN-L，连接非车载充电机与电动汽车的通信线 |
| CC1 | 充电连接确认 |
| CC2 | 充电连接确认 |
| A+ | 低压辅助电源（正），连接非车载充电机为电动汽车提供低压辅助电源 |
| A− | 低压辅助电源（负），连接非车载充电机为电动汽车提供低压辅助电源 |

## 资讯二　吉利帝豪 EV350/450 纯电动汽车动力电池系统及充电系统

### （一）吉利帝豪 EV350/450 动力电池系统的工作原理

吉利帝豪 EV350/450 动力电池系统采用三元锂离子电池（lithium-ion battery）：以钴酸锂、锰酸锂或镍酸锂等化合物为正极，以可嵌入锂离子的碳材料为负极，使用有机电解质。动力电池总成安装在车体下部。动力电池的组成部件包括各模组总成、电池单体监测采集系统（cell supervision circuit，CSC）、电池管理单元（battery management unit，BMU）、电池高压分配单元（B-BOX）等部件。BMS 能够对动力电池模组总电压、总电流、每个测点温度和电池单体的电压参数进行实时监控，并进行故障诊断、SoC 计算、短路保护、漏电监测、报警显示、充放电模式选择等。BMS 可以将动力电池的相关参数上报整车控制器，由整车控制器控制动力电池的充电和放电功率。当动力电池温度低于-20℃时，动力电池无法充电。此时需通过交流充电的方法使空调工作并对动力电池进行加热，当动力电池温度达到-20℃～+55℃的正常工作温度时，系统切换到正常交流充电流程。动力电池规格如表 2-1-2 所示。

表 2-1-2　动力电池规格（动力电池 126Ah）

| 项目 | 型式与参数 | 单位 |
| --- | --- | --- |
| 电池类型 | 三元材料 | — |
| 电池组额定电压 | 346 | V |
| 峰值功率 | 150，持续 10s | kW |
| 额定功率 | 50 | kW |
| 电池组工作电压范围 | 266～408.5 | V |
| 电池容量 | 128（1C） | Ah |

注：1C 表示电池放电倍率，是放电快慢的一种量度。表中的"128（1C）"是指额定容量为 128Ah 的电池，用 128A 电流放电，其放电倍率为 1C。

吉利帝豪 EV350/450 动力电池系统的工作原理如图 2-1-6 所示。

图 2-1-6　吉利帝豪 EV350/450 动力电池系统的工作原理

吉利帝豪 EV350/450 整车构架如图 2-1-7 所示。

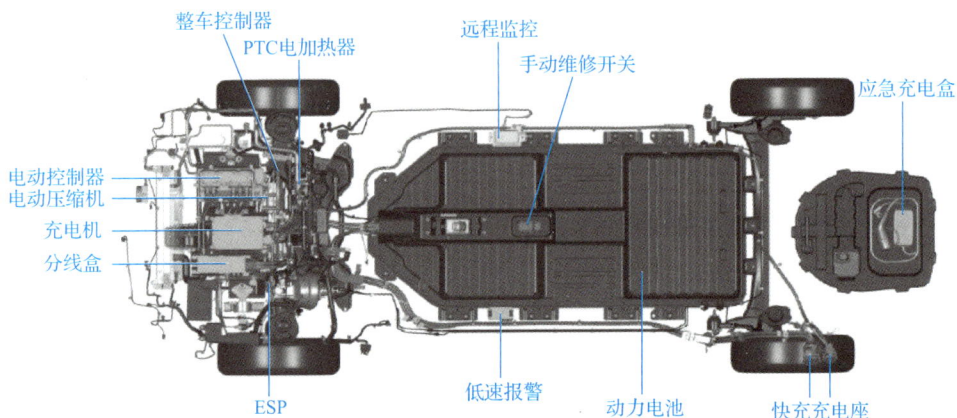

图 2-1-7　吉利帝豪 EV350/450 整车构架

注：ESP 英文全称为 electronic stability program，中文翻译为电子稳定程序、车身电子稳定系统。

### 1. 电池单体（cell）

电池单体是指直接将化学能转换为电能的基本装置和基本单元，是构成电池的基本元件，包括电极、隔膜、电解质、外壳和端子。

### 2. 电池模组（Module）

电池模组是指将一个以上电池单体按照串联、并联或串并联方式组合，并作为电源使用的组合体。

### 3. 电池单体监测采集系统（CSC）

每个电池单元有多个 CSC，以监测其中每个电池单体电压和电池模组温度信息。CSC 将相关信息上报给 BMS，并根据 BMS 的指令对单体电压进行均衡控制。

### 4. BMS

BMS 俗称电池保姆或电池管家，主要是监控电池的状态，智能化管理及维护各个电池单元，防止电池出现过充电和过放电，延长电池的使用寿命。BMS 单元包括 BMS、控制模组、显示模组、无线通信模组、电气设备、用于为电气设备供电的电池组，以及用于采集电池组电池信息的采集模组。BMS 负责采集电池单体温度、电压，对单体电压进行均衡控制，对电池单体进行过电压、欠电压、过温保护；采集电池系统总电流、总电压，计算绝缘阻值、判断电池系统继电器粘连状态；估算 SoC；实时对电池系统进行主动保护及充放电控制；传递电池信息至整车控制单元、显示单元、远程监控单元进行显示及后台数据处理。

### 5. 电池高压分配单元

电池高压分配单元安装在动力电池总成的正负极输出端，由高压正极继电器、高压负极继电器、预充继电器、电流传感器和预充电阻等组成。

### 6. 直流母线

直流母线位于前面车架上部。在高压零部件检查和维护前，断开直流母线可以确保切断高压。具体方法如下：断开 12V 蓄电池正、负电缆，等待 5min 后，举升车辆，拔下直流母线连接充电机端插件。

**注意：** 在断开直流母线时，首先确保电池对外无电流输出，并且佩戴绝缘防护装备。

### （二）吉利帝豪 EV350/450 纯电动汽车的充电系统

吉利帝豪 EV350/450 纯电动汽车充电系统如图 2-1-8 所示，包括慢充和快充两种方式。慢充时，电流从供电设备（慢充充电桩或随车便携式慢充枪）通过慢充线、交流充电口将交流电提供给车载充电机，车载充电机将其变成高压、直流之后，送入高压控制盒，然后给动力电池进行充电。快充时，电流从供电设备（一般为快充充电桩）通过快充线、直流充电口将高压直流电提供给高压控制盒，然后给动力电池充电。

微课：充电系统

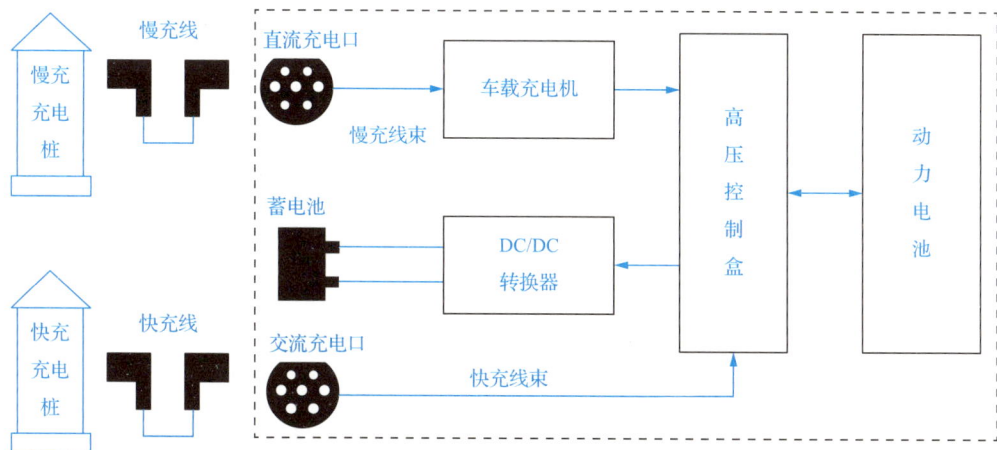

图 2-1-8　吉利帝豪 EV350/450 纯电动汽车充电系统

低压蓄电池充电系统是动力电池通过 DC/DC 转换器给 12V 铅酸蓄电池充电或者给低压用电设备供电的系统。吉利帝豪 EV350/450 高压配电系统如图 2-1-9 所示。

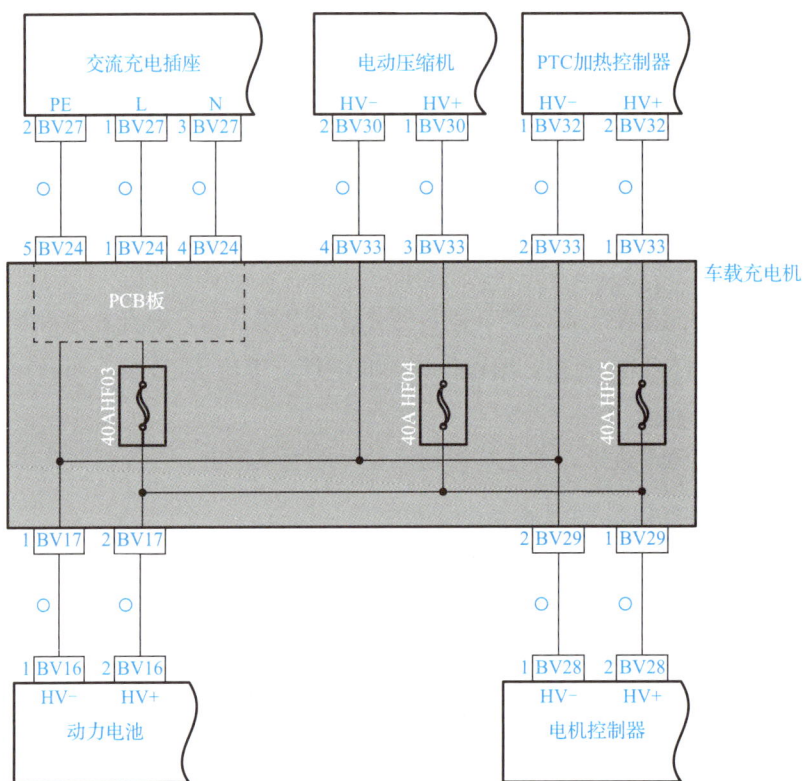

图 2-1-9　吉利帝豪 EV350/450 高压配电系统

## 资讯三　动力电池的维护与保养

（一）动力电池使用注意事项

（1）动力电池使用重要注意事项

1）勿将车辆停靠在温度超过 45℃的环境中超过 1 天。

2）动力电池加热装置仅在充电线缆连接的情况下开启，因此当未连接充电线缆时，勿将车辆停靠在温度低于−20℃的环境中超过 3 天。

（2）充电的重要注意事项

1）先关闭车辆充电插座防护盖，再关闭充电口盖。

2）避免充电插头遭受碰撞。

3）避免充电线缆受到挤压。

4）不要拉扯或缠绕充电线缆。

5）不要将充电线缆靠近加热器或其他热源。

6）充电结束后应确保关闭充电插座防护盖和充电口盖。

7）起动车辆前应确认充电插头已从充电口拔出。

8）车辆具有充电线缆防盗功能。

9）充电线缆连接后，应按下遥控钥匙闭锁按钮，开启充电线缆防盗功能；如要拔出充电插头，务必先按下遥控钥匙解锁按钮。

（3）慢充方式的重要注意事项

1）建议充电时使用符合国家标准的充电设备，否则可能影响动力电池正常充电。

2）停车后即充电，避免电量耗尽后才充电。

3）在环境温度 0～40℃ 下充电。

4）气温在 0℃ 以下时，为缩短充电时间，停车后应立即充电。

5）车辆长时间（1 个月以上）放置时，应保证动力电池电量为 50%～60%，同时断开 12V 铅酸蓄电池负极。

（4）快充方式的重要注意事项

1）由于快充插头较重，应尽可能小心地垂直插拔，防止引起车辆或充电设备损坏。

2）快充时，如果误触碰快充插头按钮，可能导致停止充电，须拔出充电插头，重新充电。

### （二）动力电池维护与保养分类

为确保电池模组能正常运行，必须对电池模组进行日常维护与保养。为了保证电池模组的使用性能和寿命，除了日常维护与保养，还必须定期对运行车辆进行检修，并依照相应表单做好维护保养记录。

维护与保养按维护时间主要分为 3 类：日常保养、一级保养、重点维护，如表 2-1-3～表 2-1-5 所示。

**表 2-1-3 日常保养**

| 序号 | 保养内容 | 操作方法 | 注意事项 |
| --- | --- | --- | --- |
| 1 | 对正、负极接线柱螺钉进行检查，确定是否有松动现象 | 戴上绝缘手套，手握动力线绝缘胶套轻轻摇动 | 检查电池正、负极接线柱螺钉等高压部分时，应先戴上绝缘手套，防止触电，同时不能用力太大 |
| 2 | 检查有无故障报警 | 查看车上显示屏故障码 | 有故障码要及时处理，不能让车辆"带病"工作 |
| 3 | 检查总电压是否正常 | 总电压不得高于 126V，不得低于 90V | 有故障码要及时处理，不能让车辆"带病"工作 |
| 4 | 电池模组信息排查 | 通过车上显示屏进入电池管理界面，查看电池电压、温度、电流、SoC 信息是否正常并记录下来 | 发现有电压、温度、电流、SoC 等存在故障时必须及时处理，不能让车辆"带病"工作 |

**表 2-1-4 一级保养**

| 序号 | 保养内容 | 操作方法 | 注意事项 |
| --- | --- | --- | --- |
| 1 | 电池箱体外观检查及修复 | 目测电池包是否完好，有无损坏或腐蚀；各紧固件螺栓、螺母是否松动 | 有损坏或者紧固件状态异常要及时处理 |
| 2 | 高压线检查 | 目测插头是否完好，电池包之间连接线是否松动，高压线束有无损坏擦伤 | 发现线束损坏松动，应及时更换维修 |

续表

| 序号 | 保养内容 | 操作方法 | 注意事项 |
|---|---|---|---|
| 3 | 电池箱体输入端绝缘性 | 总正端子对地，总负端子对地，绝缘内阻大于20MΩ | 有故障码应及时处理，不能让车辆"带病"工作 |
| 4 | 电池模组信息排查 | 断开高压开关检测，整包内阻大于20MΩ，压降小于10mV | 发现绝缘不良，为防止触电，应及时上报处理 |
| 5 | BMS检查 | 模块插件无松动，BMS数据显示无异常 | 发现数据异常，应及时找出原因 |

表2-1-5　重点维护

| 序号 | 保养内容 | 操作方法 | 注意事项 |
|---|---|---|---|
| 1 | 检查电池包的防护等级 | 无积水，无电解液 | 确保电池与底盘的绝缘 |
| 2 | 检查电池包内各层级绝缘层 | 用数字电压表测量各电池包总正、总负端子对车身的电压是否小于10V | 如果发现电压偏高，直接寻找漏电点，更换绝缘部件，消除安全隐患 |
| 3 | 检查电池SoC、总电压及单体电压的一致性 | SoC、总电压与单体电压一致 | 发现有电压、温度、电流、SoC等存在故障时必须及时处理，不能让车辆"带病"工作 |
| 4 | 检查电池包内线束、插件 | 使用扭力扳手进行校正，要求无松动 | 注意身体不要和车身接触，以免触电 |
| 5 | 检查电池外观整洁程度 | 目视无腐蚀、氧化、生锈等现象 | 发现有腐蚀、氧化、生锈处，使用酒精清洁表面 |
| 6 | 检测电池外观 | 目测电池外观无破损、损坏、漏液、严重变形 | 发现有电池损坏，不得再继续使用 |

动力电池报警阈值如表2-1-6所示。

表2-1-6　动力电池报警阈值

| 序号 | 项目 | 设定 | 说明 | 处理方式 | 备注 |
|---|---|---|---|---|---|
| 1 | 电池温度过高 | 55℃ | | 断总正继电器 | 仪表显示 |
| 2 | 电池温度过低 | -10℃ | | 允许放电，禁止充电 | 仪表显示 |
| 3 | | -20℃ | | 断总正继电器 | 仪表显示 |
| 4 | 单体电压过高 | | 一级故障 | 报警 | 仪表显示 |
| 5 | | | 二级故障 | 关断充电机，断充电继电器 | 仪表显示 |
| 6 | 单体电压过低 | | 一级故障 | 报警 | 仪表显示 |
| 7 | | | 二级故障 | 持续10s，断总正继电器 | 仪表显示 |
| 8 | 电池总电压过电压 | 126V | | 报警，断总正继电器 | 仪表显示 |
| 9 | 电池总电压欠电压 | 90V | | 报警，断总正继电器 | 仪表显示 |
| 10 | 电压不均衡报警 | ≥200mV | | 报警 | 仪表显示 |
| 11 | 通信故障（丢失） | ≥8s | | 报警 | 仪表显示 |
| 12 | 均衡启动电压 | 压差≥50mV | | | BMS控制 |
| 13 | SoC过低 | 30% | | 参照通信协议 | 仪表显示 |
| 14 | | 10% | | 参照通信协议 | 仪表显示 |
| 15 | 放电电流过大 | 330A | 报警 | 参照通信协议中的处理方式 | 仪表显示 |

## （三）动力电池维护与保养的主要内容

吉利帝豪 EV350/450 动力电池的标识和标识位置如图 2-1-10 所示。

（a）动力电池标识

（b）标识位置

图 2-1-10　吉利帝豪 EV350/450 动力电池的安装位置和标识位置

微课：动力电池的拆卸

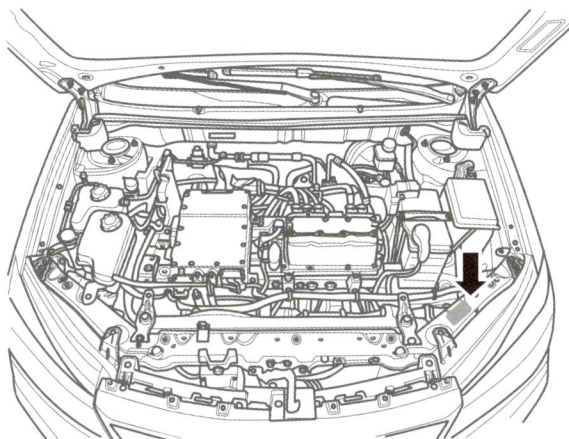

微课：动力电池的安装

### 1. 吉利帝豪 EV350/450 动力电池的拆装

（1）拆卸过程

1）打开吉利 EV350/450 纯电动汽车前机舱盖。

2）低压下电。断开蓄电池负极电缆，负极电缆接头用绝缘胶布包好，蓄电池负极柱头用盖子盖好或用绝缘胶布包好。

3）高压下电。穿戴好防护用品，先断开动力电池低压线束，再断开高压线束（母线）。

4）支撑动力电池总成，如图 2-1-11 所示。

① 将车辆用举升机升起。

**注意**：举升时确保举升机的支撑点不要支撑在动力电池上。

② 置入举升平台车，使用举升平台车支撑动力电池总成。

5）拆卸动力电池总成。

① 断开动力电池出水管与水泵（电池）的连接。

② 断开动力电池进水管与电池膨胀水箱的连接。

动力电池进水管、出水管的接头位置如图 2-1-12 所示。

图 2-1-11　支撑动力电池总成

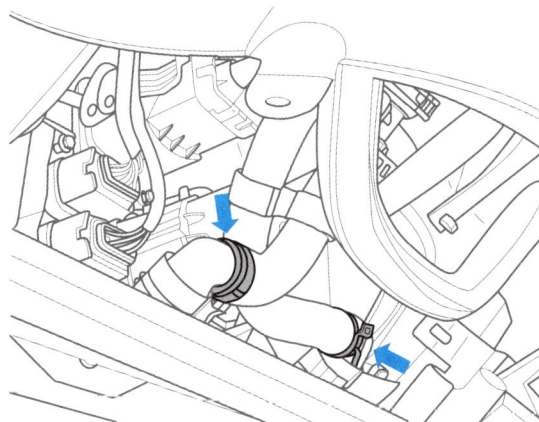

图 2-1-12　动力电池进、出水管的接头位置

③ 断开动力电池的 2 个高压线束插接器，位置如图 2-1-13 所示。

④ 断开动力电池与前机舱线束的 2 个低压线束插接器，位置如图 2-1-13 所示。

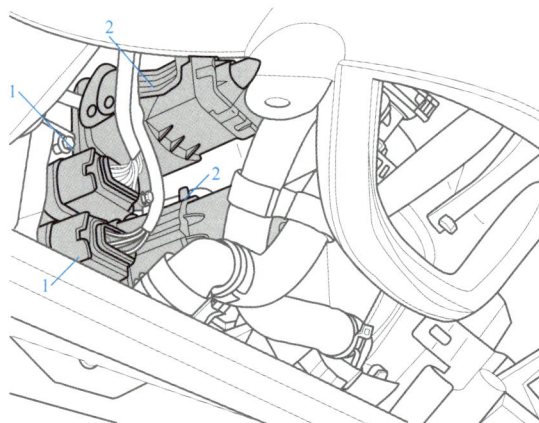

1—低压线束插接器；2—高压线束插接器

图 2-1-13　动力电池的低压及高压线束插接器位置

⑤ 拆卸动力电池搭铁线固定螺栓，位置如图 2-1-14 所示。

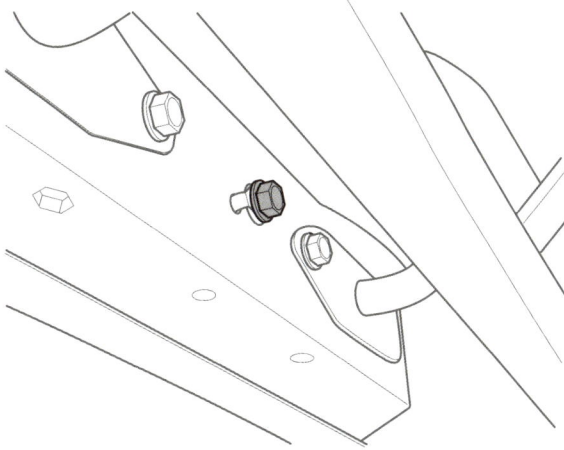

图 2-1-14 动力电池搭铁线固定螺栓位置

⑥ 拆卸动力电池防撞梁 4 个固定螺栓，位置如图 2-1-15 所示。

图 2-1-15 动力电池防撞梁固定螺栓位置

⑦ 拆卸动力电池总成后部 3 个固定螺栓，位置如图 2-1-16 所示。
⑧ 拆卸动力电池总成前部 2 个固定螺栓，位置如图 2-1-17 所示。
⑨ 拆卸动力电池总成左右各 7 个固定螺栓，位置如图 2-1-17 所示。
⑩ 缓慢下降举升平台车，取出动力电池总成。

**注意：** 在动力电池下降过程中，应使举升平台车缓慢向前移动，以避免动力电池与后悬架的干涉。

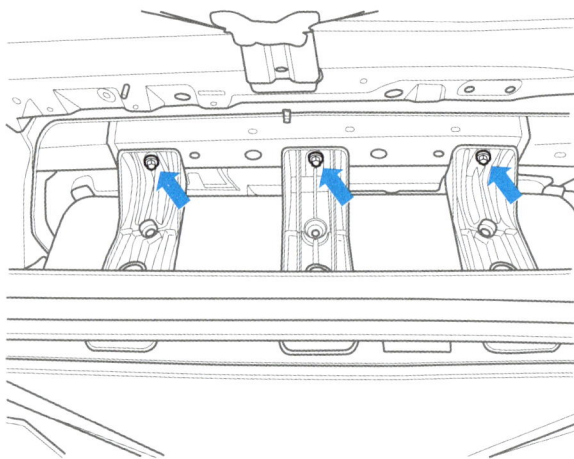

图 2-1-16　动力电池总成后部固定螺栓位置

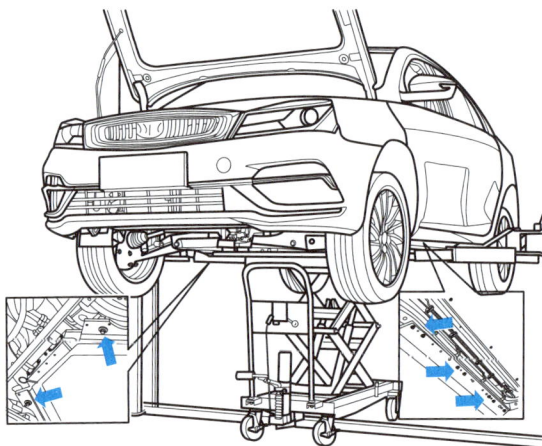

图 2-1-17　拆卸动力电池总成固定螺栓

（2）安装程序

1）安装动力电池总成。

①　缓慢上升举升平台车，调整举升平台车位置，使动力电池总成上的安装孔与车身对齐。

注意：在动力电池上升过程中，应使举升平台车缓慢向后移动，以避免动力电池与车身的干涉。

②　安装并紧固动力电池总成后部 3 个固定螺栓。力矩为 78N·m。

③　安装并紧固动力电池总成前部 2 个固定螺栓。力矩为 78N·m。

④　安装并紧固动力电池总成左右各 7 个固定螺栓。力矩为 78N·m。

⑤　连接动力电池与前机舱线束的 2 个线束插接器。

⑥　连接动力电池的 2 个高压线束插接器。

注意：插接时注意"一插、二响、三确认"。

⑦ 安装动力电池搭铁线固定螺栓。力矩为 9N·m。

⑧ 连接动力电池出水管与水泵（电池）。

⑨ 连接动力电池进水管与电池膨胀水箱。

2）连接直流母线和充电机端插件。

3）连接蓄电池负极电缆。

4）关闭机舱盖。

### 2. 动力电池的外观检查

1）举升车辆，目测动力电池底部有无磕碰、划伤、损坏的现象。若有，则应及时予以修理或更换。

2）检查动力电池的低压插接件、高压插接件有无变形、松脱、密封及损坏等情况。若有，应及时予以修理或更换。

3）检查动力电池的铭牌有无脱落，高压标志有无脱落。

4）检查动力电池的固定螺栓力矩，吉利帝豪 EV450 动力电池的固定螺栓力矩为 78N·m。

### 3. 动力电池箱内部维护

1）检查模组连接件。用绝缘的扭力扳手紧固螺栓至规定力矩。

2）检查电压采集线束。将电压采集线束从板插接件拔下、安装一次。

3）检查熔断器。使用万用表测量熔断器的通断。

4）检查电箱的密封性。目测密封条是否完好，若有破损，则进行更换。

5）检查高低压插接件的可靠性。检查是否有松动、破损、腐蚀等情况。

6）检查动力电池箱安装点。目测每个安装点焊接处是否有裂纹。

7）检查保温情况。目测电池箱内部边缘保温棉是否脱落、破损。

8）检查动力电池高低压线缆。检查动力电池箱内高低压线缆是否破损，是否受挤压变形。

9）检测电池单体电压、内阻的一致性。

注意：①在检修动力电池时，为了防止电解液泄漏造成人员伤害，维修人员必须佩戴耐电池电解液酸碱腐蚀的绝缘手套和防护眼镜，以防止电解液腐蚀皮肤和溅入眼中。②断开直流母线只是切断了从动力电池到高压用电设备的电源，动力电池仍然是有电的，当需要检修动力电池时，应使用绝缘胶带包好裸露出的高压部件，以免触电。③搬运动力电池至电池维修专业工作台时，应用动力电池专用吊架，严禁直接用手抬动力电池。

### 4. 动力电池绝缘阻值检测

1）操作启动开关至 OFF 挡。

2）断开蓄电池负极电缆。

3）断开直流母线。

4）拆卸动力电池高压线束插接器 BV16。

5）将高压绝缘检测仪的挡位调至 1000V。

6）用高压绝缘检测仪测量动力电池高压线束插接器 BV16 的 1 号端子与车身接地之间的电阻。标准电阻值大于或等于 20MΩ。

7）用高压绝缘检测仪测量动力电池高压线束插接器 BV16 的 2 号端子与车身接地之间的电阻。标准电阻值大于或等于 20MΩ。

8）判断测量值是否符合标准。

### 5. 动力电池充电线路绝缘阻值检测

1）操作启动开关至 OFF 挡。

2）断开蓄电池负极电缆。

3）断开直流母线。

4）拆卸动力电池高压线束插接器 BV23。

5）将高压绝缘检测仪的挡位调至 1000V。

6）用高压绝缘检测仪测量动力电池高压线束插接器 BV23 的 1 号端子与车身接地之间的电阻。标准电阻值大于或等于 20MΩ。

7）用高压绝缘检测仪测量动力电池高压线束插接器 BV23 的 2 号端子与车身接地之间的电阻。标准电阻值大于或等于 20MΩ。

8）判断测量值是否符合标准。

### 6. 充电口绝缘阻值测量

充电口绝缘阻值的测量程序如下。

1）断开蓄电池负极。

2）断开车载充电器处直流母线。

3）检测充电口的绝缘电阻。

① 检测交流慢充口 L、N 分别对 PE 的绝缘电阻，要求绝缘电阻值大于 20MΩ。

② 检测直流快充口 DC-、DC+ 分别对 PE 的绝缘电阻，要求绝缘电阻值大于 20MΩ。

4）检测车载充电机的绝缘电阻。检查车载充电机输入端及输出端对充电机壳体的绝缘电阻，要求绝缘电阻值大于 20MΩ。

### 7. 动力电池冷却液液位检查

1）查看储液罐液面，液面位置应该保持在 F 和 L 之间，如图 2-1-18 所示。

2）拧开加注口盖，查看冷却液是否浑浊。

**注意**：缓慢旋开冷却液加注口盖，散热时切勿揭开，以免烫伤。如果冷却液液位不在规定范围内，则应进行添加；如果冷却液浑浊，则应更换。

### 8. 动力电池冷却液的更换

（1）冷却液的排放程序

1）停车冷机后，打开冷却液膨胀水箱总成盖，如图 2-1-19 所示。

2）断开散热器出水管，如图 2-1-20 所示，用回收容器接收放出的冷却液。

图 2-1-18　检查动力电池冷却液位

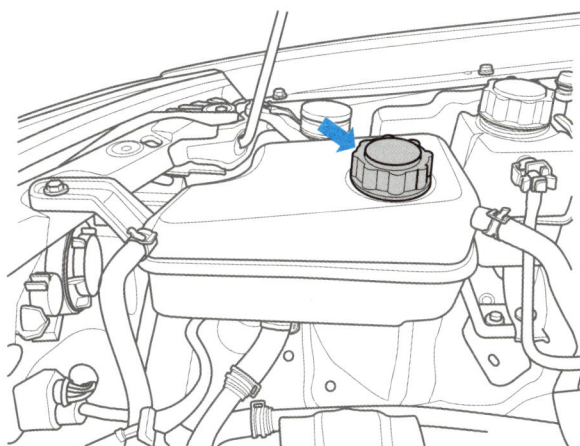

图 2-1-19　打开冷却液膨胀水箱总成盖

图 2-1-20　断开散热器出水管

**注意：** 集中回收处理高压电池冷却液，等待报废或再生利用，不要将旧高压电池冷却液排入下水管道，以免污染环境。

（2）冷却液的加注程序

1）连接散热器出水管。

2）管路检查。检查并确保冷却管路连接完整。

3）使车辆处于加注初始化状态。将车辆启动开关置于 ON 挡且使车辆处于非充电状态，连接故障诊断仪，选择 FE-3ZA 车型→手工选择系统→空调控制器（AC）→特殊功能，选择加注初始化。

4）拧开膨胀水箱盖，缓慢加注冷却液，如图 2-1-21 所示，直至膨胀水箱内的冷却液量达到 80%左右，且液位不再下降。

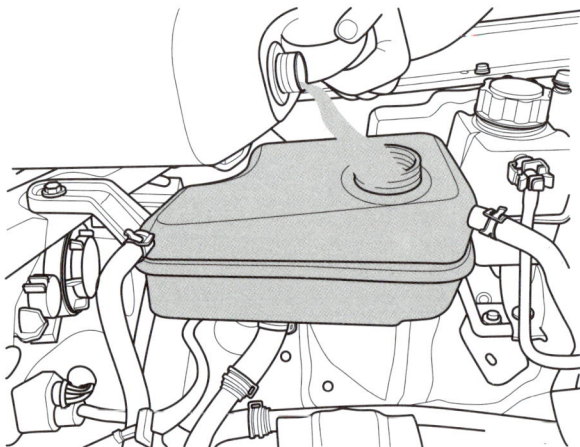

图 2-1-21　拧开膨胀水箱盖，加注冷却液

**注意：** 动力电池的冷却液须选用冰点小于等于-40℃的。

5）系统排气。控制故障诊断仪，选择动力电池冷却内循环控制，使车辆处于排气状态。如果液位下降，应及时补充冷却液。排气过程时长不小于 10min。

6）停机，观察膨胀水箱内冷却液的下降情况，及时补充冷却液，保持冷却液液位处于 MAX 线和 MIN 线之间。

7）加注完成。拧紧膨胀水箱盖，控制故障诊断仪，使车辆恢复默认模式。

### 9. 动力电池回路故障检查

动力电池回路故障检查流程如下。

（1）使用故障诊断仪读取故障码

1）操作启动开关至 ON 挡。

2）连接故障诊断仪，读取系统故障码。

3）确认系统是否存在其他故障码。优先排除其他故障码指示的故障。

（2）检查回路绝缘故障

1）操作启动开关至 OFF 挡。

2）断开蓄电池负极电缆。

3）断开直流母线线束插接器 BV16。

4）用绝缘电阻表测量直流母线线束插接器 BV16 端子 1 和分线盒壳体之间的电阻。标准电阻值大于或等于 20MΩ。

5）用绝缘电阻表测量直流母线线束插接器 BV16 端子 2 和分线盒壳体之间的电阻。标准电阻值大于或等于 20MΩ。

6）判断测量值是否符合标准。如果测量值不符合标准，则修理或更换线束；如果测量值符合标准，则继续下一步。

（3）检查回路断路故障

1）操作启动开关至 OFF 挡。

2）断开蓄电池负极电缆。

3）断开直流母线线束插接器 BV16。

4）断开电机控制器线束插接器 BV28。

5）用万用表测量直流母线线束插接器 BV16 端子 1 和电机控制器线束插接器 BV28 端子 1 之间的电阻。标准电阻值小于 1Ω。

6）用万用表测量直流母线线束插接器 BV16 端子 2 和电机控制器线束插接器 BV28 端子 2 之间的电阻。标准电阻值小于 1Ω。

7）判断测量值是否符合标准。如果测量值不符合标准，则修理或更换线束；如果测量值符合标准，则继续下一步。

（4）检查回路短路故障

1）操作启动开关至 OFF 挡。

2）断开蓄电池负极电缆。

3）断开直流母线线束插接器 BV16。

4）断开分线盒其他所有高压线束插接器。

5）用万用表测量直流母线线束插接器 BV16 端子 2 与端子 1 之间的电阻。标准电阻值大于或等于 20MΩ。

6）判断测量值是否符合标准。如果测量值不符合标准，则修理或更换线束；如果测量值符合标准，则继续下一步。

（5）更换车载充电机

1）操作启动开关至 OFF 挡。

2）断开蓄电池负极电缆。

3）断开直流母线。

4）更换车载充电机。

5）确认故障排除。

至此，诊断结束。

## 课堂练习

### 选择题

1. 电源控制管理器线路的检查测量工具是（　　）。

    A．故障诊断仪　　B．示波器　　　　　　C．万用表　　　　　　D．钳形电流表

2. 纯电动汽车的电源管理控制器发生故障，会导致高压系统接触器不工作，使车辆失去动力不能行驶，同时，位于仪表盘的（　　）故障指示灯会点亮。

    A．动力系统　　B．水温　　　　　　C．电池　　　　　　D．安全气囊

## 项目实施

动力电池系统是新能源汽车"三电系统"的其中一个重要部分。作为一名吉利品牌新能源汽车维修保养技师，必须能够对动力电池系统进行维护与保养作业。请在教师指导下，按照下面的任务工单在新能源汽车实车上完成对动力电池系统的维护与保养。

**注意：**在进行相关数据的测量时应规范操作，按照标准校准测量工具，反复多次测量，精益求精，减小误差。

**新能源汽车动力电池系统的维护与保养任务工单**

班级：_____ 　组别：_____ 　小组成员：_____

| 工作项目 | 工作内容 | 工具选择 | 实施过程 | 结果记录 |
|---|---|---|---|---|
| 准备工作 | 场地准备<br>□警示牌 □警戒带 □绝缘胶垫<br>□灭火器 □绝缘钩 □其他 |  |  |  |
|  | 个人安全防护准备<br>□安全帽 □防护眼镜 □绝缘手套<br>□安全鞋 □防护服 |  |  |  |
| 动力电池检查 | 动力电池拆装 |  |  |  |
|  | 动力电池基本检查 |  |  |  |
|  | 动力电池箱内部检查 |  |  |  |
|  | 动力电池绝缘电阻检测<br>（注意高压安全防护，戴绝缘手套） |  |  | 第1次测量：<br>_____<br>第2次测量：<br>_____<br>第3次测量：<br>_____ |

续表

| 工作项目 | 工作内容 | 工具选择 | 实施过程 | 结果记录 |
|---|---|---|---|---|
| 动力电池检查 | 读取动力电池故障码及数据流 | | | 结果记录：<br>_____ |
| | 回路断路检查 | | | |
| | 回路短路检查 | | | |
| | 动力电池冷却系统检查 | | | |
| 充电系统检查 | 充电系统拆装 | | | |
| | 充电系统线路绝缘检测<br>（注意绝缘检测时要断电） | | | 第1次测量：<br>_____<br>第2次测量：<br>_____<br>第3次测量：<br>_____ |
| | 充电系统充电口绝缘检测<br>（注意绝缘检测时要断电） | | | 第1次测量：<br>_____<br>第2次测量：<br>_____<br>第3次测量：<br>_____ |
| | 车载充电机绝缘检测<br>（注意绝缘检测时要断电） | | | 第1次测量：<br>_____<br>第2次测量：<br>_____<br>第3次测量：<br>_____ |
| 整理工作 | 7S 管理 | | | |
| | 废旧部件及油液处理 | | | |

## 考核评价

综合整个学习过程，通过学生的课堂表现、课后习题、任务完成情况等对学生的知识目标、能力目标、思政要素和职业素养目标达成情况进行评价。

### 教学目标达成情况评价表

班级：_____　　姓名：_____

| 知识目标达成情况 | | |
|---|---|---|
| 目标描述 | 教师评价 | 学生自评 |
| 知道纯电动汽车动力电池的安装位置、各标志位置、插接件位置 | | |
| 能描述纯电动汽车动力电池的维护保养原则与注意事项 | | |
| 评价结论：知识目标是否达成　　□是　　□否 | | |

续表

| 能力目标达成情况 | | |
|---|---|---|
| 目标描述 | 教师评价 | 学生自评 |
| 能够完成动力电池检查前的准备工作 | | |
| 能够正确对纯电动汽车充电系统进行检查作业 | | |
| 能够正确对纯电动汽车进行充电作业 | | |
| 能够对纯电动汽车动力电池进行维护作业 | | |
| 评价结论：能力目标是否达成　　□是　　　□否 | | |
| 思政要素和职业素养目标达成情况 | | |
| 目标描述 | 教师评价 | 学生自评 |
| 增强安全意识、规范意识、团队意识、环保意识 | | |
| 坚定"中国制造"自信，激发爱国情怀与民族自豪感 | | |
| 传承与发扬严谨细致、吃苦耐劳的传统美德 | | |
| 评价结论：思政要素和职业素养目标是否达成　　□是　　　□否 | | |

# 项目二　新能源汽车驱动电机系统的维护与保养

## 项目描述

本项目主要介绍新能源汽车驱动电机系统的组成、类型，以及核心部件的维护与保养。通过对本项目的学习，应具备对新能源汽车驱动电机系统进行维护与保养的工作能力。

## 学习目标

| 知识目标 | 能力目标 | 思政要素和职业素养目标 |
|---|---|---|
| 1. 知道驱动系统各零部件的安装位置、高低压线束及插接件的位置；<br>2. 知道驱动电机维护与保养的方式与流程；<br>3. 知道电机控制器维护与保养的方式与流程 | 1. 根据实训条件，能够对驱动电机进行维护与保养；<br>2. 根据实训条件，能够对电机控制器进行维护与保养；<br>3. 能够对驱动桥进行换油操作；<br>4. 能够正确地检测、更换冷却液 | 1. 增强文化自信，增强职业的认同感、责任感、使命感和荣誉感；<br>2. 培养勤于思考、善于总结、勇于探索的科学精神；<br>3. 发扬专注执着、精益求精的工匠精神 |

对接 1+X 证书《新能源汽车动力驱动电机电池技术（中级）》工作任务 4——驱动电机系统检测维修

1.1 驱动电机检测维修、1.2 驱动电机控制器检测维修、1.3 驱动电机减速机构检测维修、1.4 驱动电机冷却系统检测维修

## 情境导入

小明在某 4S 店实习，需要对某品牌新能源汽车驱动电机系统进行维护作业。请你帮助他了解新能源汽车驱动电机系统的维护内容和维护时的注意事项。

## 课前练习

通过课前对 4S 店维修人员的维护作业过程进行观察学习及查找相关资料，明确新能源

汽车驱动电机系统保养工作包括哪些方面。将你所收集到的信息整理在下面的方框中。

<br>
<br>
<br>
<br>
<br>

### 相关资讯

新能源汽车的动力驱动主要分为纯电动、混合动力和燃料电池三类。下面以纯电动汽车为例进行介绍。纯电动汽车驱动系统主要由驱动电机、驱动电机控制器、各种传感装置（加速踏板位置传感器、制动踏板信号开关、电机温度传感器、旋转变压器）、传动装置（变速器和差速器）、高低压线束、冷却管路组成。驱动电机通过 U、V、W 三相高压电缆与电机做电气连接；通过输出轴与减速器做机械连接，将电能转换为机械能驱动车辆行驶；通过温度传感器、旋转变压器采集自身工作信号，然后通过低压线束传送给电机控制器。电机控制器主要由逆变器和控制板组成，逆变器将高压直流电转换为电压、频率可调的三相交流电，供驱动电机使用；控制板对所有的输入信号进行处理，通过 CAN 发送给整车控制器，适时调整驱动电机输出，以实现整车的怠速、前行、倒车、停车、能量回收及驻坡等功能。电流传感器、电压传感器、温度传感器实时进行状态监测和故障检测，保证驱动电机系统和整车的安全可靠运行。例如，吉利帝豪 EV450 驱动系统电气原理如图 2-2-1 所示。

微课：电机温度传感器工作原理

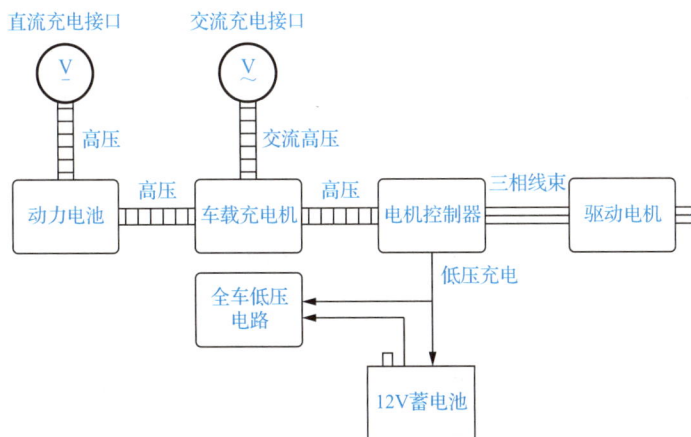

图 2-2-1 吉利帝豪 EV450 驱动系统电气原理

## 资讯一　纯电动汽车驱动系统的分类

纯电动汽车驱动系统按照其传动方式不同，可以分为带变速器-离合器的传动系统（常规传动系统）、无离合器-固定速比变速器传动系统、单电机-变速器-差速器一体化结构传动系统、双电机-固定速比变速器一体化结构传动系统、双电机-固定速比变速器一体化轮边驱动传动系统、轮毂电机驱动系统，如图 2-2-2 所示。

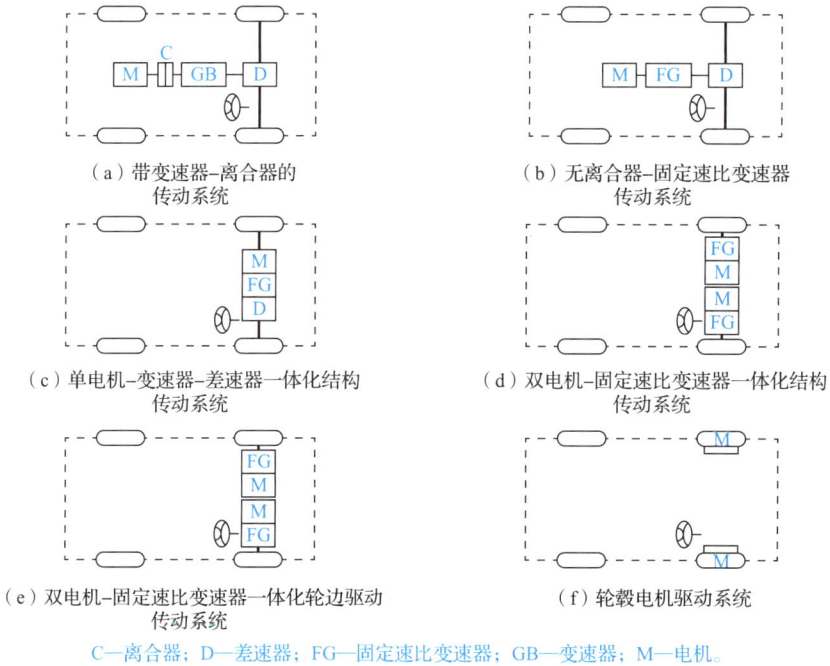

（a）带变速器-离合器的
传动系统

（b）无离合器-固定速比变速器
传动系统

（c）单电机-变速器-差速器一体化结构
传动系统

（d）双电机-固定速比变速器一体化结构
传动系统

（e）双电机-固定速比变速器一体化轮边驱动
传动系统

（f）轮毂电机驱动系统

C—离合器；D—差速器；FG—固定速比变速器；GB—变速器；M—电机。

图 2-2-2　纯电动汽车驱动系统的 6 种传动方式

在电动汽车发展的早期，大部分电动汽车采用直流电机作为驱动电机。直流电机技术较为成熟，具有控制方式容易、调速优良的特点，曾经在调速电机领域有着最为广泛的应用。但是，直流电机有着复杂的机械结构，这导致它的瞬时过载能力和电机转速的进一步提高受到限制，而且在长时间工作的情况下，电机的机械结构会产生损耗，增加维护成本。此外，电机运转时电刷冒出的火花使转子发热，会造成高频电磁干扰，影响整车其他电器的性能。由于直流电机有着以上缺点，目前的电动汽车行业已经基本将直流电机淘汰。

在新能源汽车领域，永磁同步电机应用广泛。与其他类型的电机相比，永磁同步电机的最大优点是具有较高的功率密度与转矩密度，在相同质量与体积下，永磁同步电机能够为新能源汽车提供最大的动力输出与加速度。这也是在对空间与自重要求极高的新能源汽车行业，广大汽车制造商首选永磁同步电机的主要原因。但是，永磁同步电机也有自身的缺点：转子上的永磁材料在高温、振动和过电流的条件下会产生磁性衰退的现象，所以在相对复杂的工作条件下，电机容易发生损坏；而且永磁材料价格较高，因此整个电机及其控制系统成本较高。

相比于永磁同步电机，异步电机的优点是成本低、工艺简单、运行可靠耐用、维修方便，而且能忍受大幅的工作温度变化。

直流电机、永磁同步电机和异步电机的性能对比如表 2-2-1 所示。

表 2-2-1　不同类型的驱动电机性能对比

| 类型 | 直流电机 | 永磁同步电机 | 异步电机 |
|---|---|---|---|
| 转速范围（/r/min） | 4 000～6 000 | 4 000～10 000 | 12 000～20 000 |
| 功率密度 | 低 | 高 | 中 |
| 质量 | 大 | 小 | 中 |
| 体积 | 大 | 小 | 中 |
| 可靠性 | 差 | 一般 | 好 |
| 结构坚固性 | 差 | 好 | 好 |
| 控制器成本 | 低 | 高 | 高 |

## 资讯二　吉利帝豪 EV350/450 纯电动汽车驱动系统

### （一）驱动电机

吉利帝豪 EV350/450 电机驱动系统的布置结构如图 2-2-3 所示。

图 2-2-3　帝豪 EV350/450 电机驱动系统布置结构

### 1. 系统功能

与传统汽油机不同，驱动电机没有怠速，即使是车辆由静止到起步的临界状态，电机也可产生最大驱动转矩，保证提供给车辆较好的加速度。驱动电机的转矩与转速特性曲线如图 2-2-4 所示。

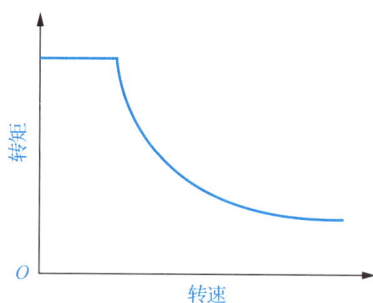

图 2-2-4　驱动电机的转矩与转速特性曲线

### 2. 系统工作原理

吉利帝豪 EV350/450 采用三相交流永磁同步电机驱动，如图 2-2-5 所示，当三相交流电被接入定子线圈中后，即产生旋转的磁场，这个旋转的磁场牵引转子内部的永磁体，产生和旋转磁场同步的旋转转矩。使用旋转变压器检测转子的位置，使用电流传感器检测线圈的电流，从而控制驱动电机的转矩输出。

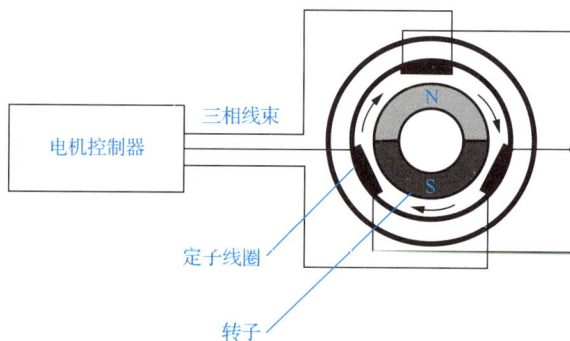

图 2-2-5　驱动电机工作原理

驱动电机型号由驱动电机类型代号、尺寸规格代号、信号反馈元件代号、冷却方式代号、预留代号 5 个部分组成。

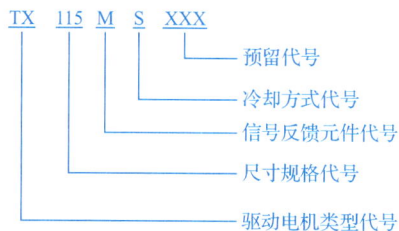

1）驱动电机类型代号：

KC——开关磁阻电机。

TF——方波控制型永磁同步电机。

TX——正弦控制型永磁同步电机。

YR——异步电机（绕线型）。

YS——异步电机（笼型）。

ZL——直流电机。

2）尺寸规格代号：一般采用定子铁心的外径表示，对于外转子电机，采用外转子铁心外径表示。

3）信息反馈元件代号：

M——光电编码器。

X——旋转变压器。

H——霍尔元件。

无传感器不必标注。

4）冷却方式代号：

S——水冷方式。

Y——油冷方式。

F——强迫风冷方式。

非强迫冷却方式（自然冷却）不必标注。

5）预留代号：用英文大写字母或阿拉伯数字组合，其含义由制造商自行确定。

驱动电机铭牌如图 2-2-6 所示。

| 企业标志 | GEELY | 精进电动科技股份有限公司 | | |
|---|---|---|---|---|
| | | 额定功率 | 42 kW | 额定电压 | 336 V |
| 产品型号 | TZ220 XS503 | 额定转矩 | 105 Nm | 峰值功率 | 120 kW |
| | | 峰值转速 | 12000 rpm | 峰值转矩 | 250 Nm |
| 供应商代码 | 100802 | 绝缘等级 | H | 冷却方式 | 水冷 |
| 零件号 | 06633663 | 相　数 | 3相 | 重　量 | 55 kg |
| | | 防护等级 | IP67 | 工作制 | S9 |
| | | 出厂编号 | | | |
| | | 永磁同步电机 | | | |

图 2-2-6 驱动电机铭牌

### （二）电机控制器

电机控制器内部包含 1 个 DC/AC 逆变器（高压直流和高压交流的逆变）和 1 个 DC/DC 直流转换器（高压直流到低压直流的转换）。DC/AC 逆变器由 IGBT（insulated gate bipolar transistor，绝缘栅双极型晶体管）、直流母线电容、驱动和控制电路板等组成，实现直流（可变的电压、电流）与交流（可变的电压、电流、频率）之间的转变。DC/DC 直流转换器由高低压功率器件、变压器、电感、驱动和控制电路板等组成，实现直流高压向直流低压的能量传递。电机控制器还包含冷却器（通过冷却液给电子功率器件散热）。

电机控制器工作需要采集的信号如图 2-2-7 所示。

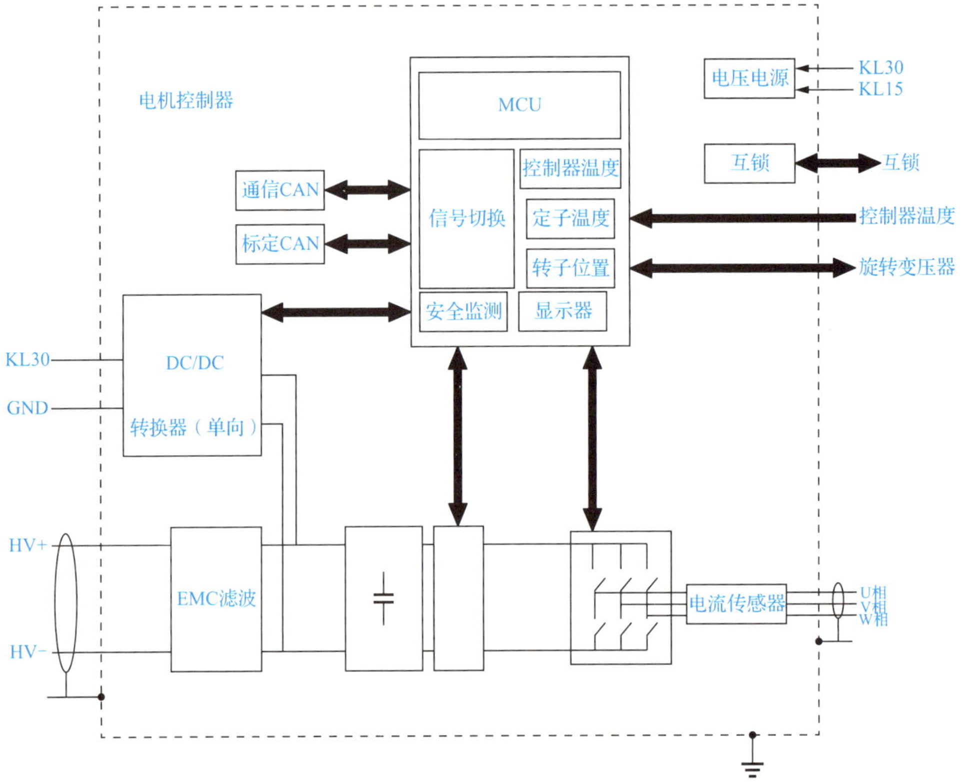

图 2-2-7　电机控制器工作需要采集的信号

### （三）驱动系统的传感器

#### 1. 旋转变压器

旋转变压器（俗称旋变）是一种安装在驱动电机内部的位置传感器（图 2-2-8），用于监测驱动电机的转子位置、转速和旋转方向，并将数据信息发送给电机控制器。电机控制器对转子当前的转速、位置以及电枢的电流（由电流传感器采集）进行精确识别，确保驱动电机定子的旋转磁场转速与转子的转速实现"同步"。

图 2-2-8　旋转变压器的安装位置

（1）旋转变压器的结构

旋转变压器本质上是一个变压器，主要由转子和定子构成，如图 2-2-9 所示。转子呈椭圆形，与驱动电机的转轴安装在一起，和电机轴同步转动。定子包括定子铁心和缠绕在定子铁心上的定子绕组组成。定子绕组分为励磁线圈 A、正弦线圈 S、余弦线圈 C。励磁线圈 A 为输入绕组，正弦线圈 S、余弦线圈 C 为输出绕组。

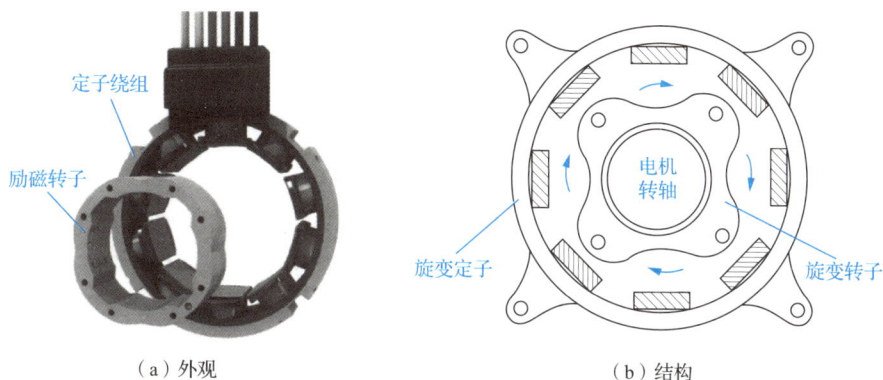

（a）外观　　　　　　　　（b）结构

图 2-2-9　旋转变压器的外观与结构图

（2）旋转变压器的工作原理

旋转变压器的转子为椭圆形，当驱动电机旋转时，旋转变压器的定子与转子间的距离会随转子的旋转而变化，致使正弦线圈 S 和余弦线圈 C 上的感应电压发生变化。电机控制器给励磁线圈 A 输入恒定频率和幅值的正弦交流电，根据互感定律，正弦线圈 S、余弦线圈 C 会输出同频的正弦波。电机控制器根据正弦线圈 S 和余弦线圈 C 输出值间的差异检测转子磁极绝对位置。同时，电机控制器也可根据规定时间内位置的变化量计算电机转速。正弦线圈 S 的+S 和-S 组错开 90°，余弦线圈 C 的+C 和-C 组也以同样的方式错开，正弦线圈 S 和余弦线圈 C 错开 45°。吉利帝豪 EV350/450 旋转变压器的工作原理如图 2-2-10 所示。

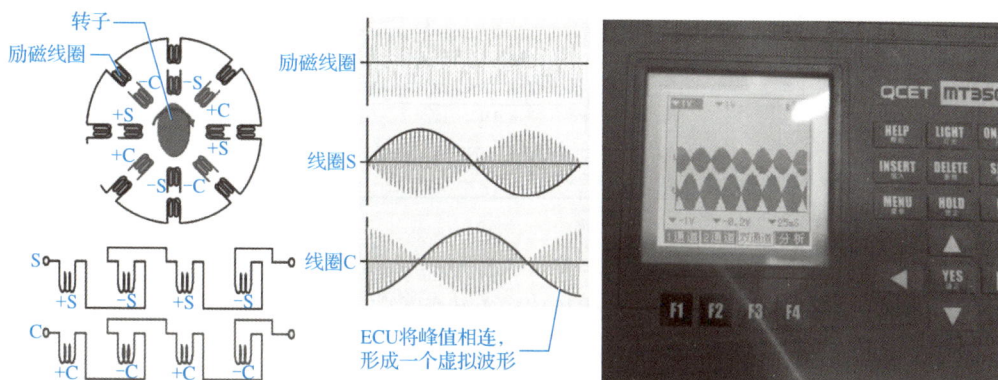

图 2-2-10　吉利帝豪 EV350/450 旋转变压器的工作原理

（3）旋转变压器的故障检测

旋转变压器的故障检测可以分为静态检测与动态检测。静态检测主要通过测量旋转变压器内部励磁、正弦、余弦绕组的电阻值是否符合厂家的标准值，来判断三个绕组到电机控制器的线路连接是否正常。动态检测主要测量车辆旋转电压器三个绕组输出的正弦波形是否正常，波形是否发生畸变，幅值变化是否在正常的范围内，频率是否符合标准。以吉利帝豪 EV450 为例，旋变传感器正常数据如下：励磁线圈电阻标准值为（9.5±1.5）Ω；正弦线圈电阻标准值为（14.5±1.5）Ω；余弦线圈电阻标准值为（13.5±1.5）Ω。

利用解码仪读取故障码，当读取到以下故障描述——角度跳变故障、信号失配错误、配置错误、奇偶校检错误、锁相错误、传感器所测频率与计算频率之差绝对值大于阈值，则说明旋变信号异常。检测步骤如下：操作启动开关至 OFF 挡，测量 BV13 插头 11 号和 12 号针脚间的电阻，将该实测值与标准值对比［励磁线圈电阻标准值：（9.5±1.5）Ω］；测量 BV13 插头 9 号和 10 号针脚间的电阻，将该实测值与标准值对比［正弦电阻标准值：（14.5±1.5）Ω］；测量 BV13 插头 9 号和 10 号针脚间的电阻，将该实测值与标准值对比［余弦电阻标准值：（13.5±1.5）Ω］，由此可以判断出旋转变压器本身是否正常。再用倒查法，操作启动开关至 ON 挡，测量 BV13 插头针脚对地电压，将该实测值与标准值对比，如果此处对地电压不准，则需要用万用表校线（BV11 插头的 16 号、23 号、17 号、24 号与 BV13 插头的 7 号、8 号、9 号、10 号针脚之间的连接线电阻小于 1Ω）；如果校线没问题，那故障范围将锁定在电机控制器。吉利帝豪 EV350/450 旋转变压器的电路图和插接头如图 2-2-11 所示。

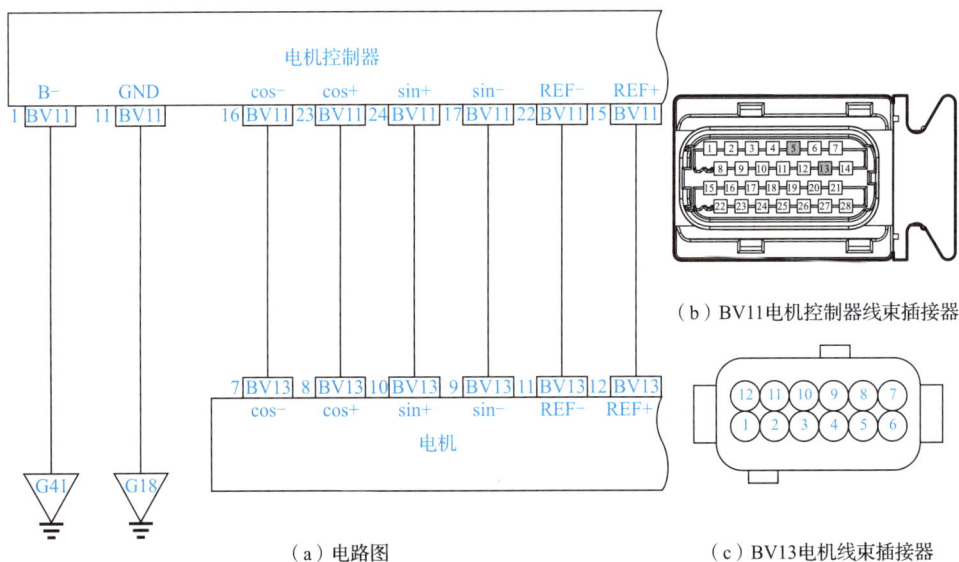

（a）电路图    （b）BV11电机控制器线束插接器    （c）BV13电机线束插接器

图 2-2-11　吉利帝豪 EV350/450 旋转变压器的电路图和插接头

## 2. 冷却液温度传感器

吉利帝豪 EV350/450 采用乙二醇型驱动电机冷却液（防冻液，50%水+50%乙二醇，冰点小于等于-40℃）。冷却液温度传感器用于检测驱动电机的温度，电机控制器用它的信号保护驱动电机，避免过热。吉利帝豪 EV350/450 驱动电机冷却液温度传感器电路简图如图 2-2-12 所示。

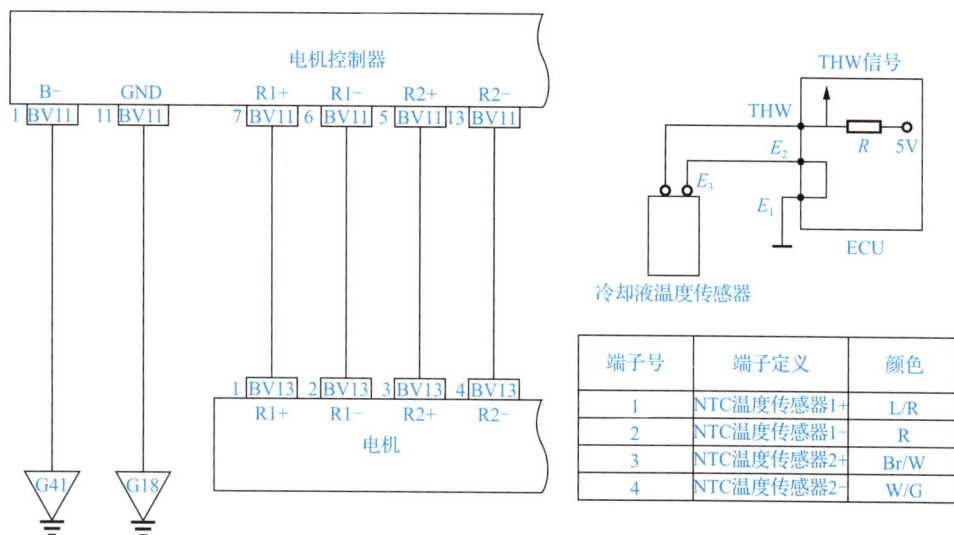

图 2-2-12　吉利帝豪 EV350/450 驱动电机冷却液温度传感器电路简图

## 资讯三　驱动电机的维护与保养

驱动系统的维护与保养项目如表 2-2-2 所示。

表 2-2-2　驱动系统的维护与保养项目

| 部位 | 项目 | 操作 |
|---|---|---|
| 驱动电机 | 外壳 | 清洁电机外壳体，保证无水渍、泥垢 |
| | 电机水冷系统 | 检查管路有无老化、渗漏 |
| | | 检查水泵是否有冷却液渗漏 |
| | 电机机械连接紧固 | 检测螺栓上的漆标，若漆标位置有移动，则对螺栓进行紧固；若无，则不做要求 |
| | 接地线连接 | 电机接地线部位的接地电阻值不大于 $0.1\Omega$ |
| 冷却系统 | 冷却液 | 检查或更换 |
| 减速器 | 齿轮油 | 检查或更换 |
| 车载充电机 | 一般检查 | 清洁 |
| | | 高低压插接件表面完好无损、牢固 |
| | | 接地线圈无松动 |
| | | 充电机安装牢固、无松动 |
| | | 充电机诊断测试 |
| | 绝缘、接地、检测 | 绝缘电阻大于等于 $100M\Omega$；接地电阻小于等于 $100M\Omega$ |
| 驱动电机控制器 | | 不可维修件，无须保养 |
| 分线盒 | | 无须保养 |

### （一）驱动电机冷却系统维护与保养

吉利帝豪 EV350/450 冷却系统简图如图 2-2-13 所示。

微课：驱动电机冷却系统维护与保养（一）　　微课：驱动电机冷却系统维护与保养（二）

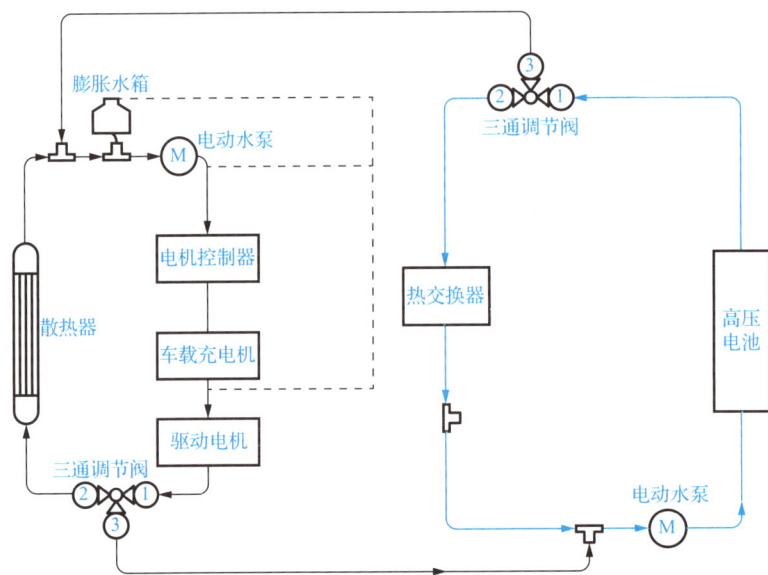

图 2-2-13　吉利帝豪 EV350/450 冷却系统简图

### 1. 冷却系统的作用

冷却系统的作用是通过冷却液循环散热为驱动电机、车载充电机（如配备）、电机控制器这三大部件进行散热。

1）驱动电机的转子高速旋转会产生高温，热量通过机体传递，如果不加以降温，驱动电机则无法正常工作，所以驱动电机机体内设置有冷却液道，通过冷却液的循环与外界进行热交换。这样能将驱动电机的工作温度保持在一定范围内，防止驱动电机过热。

2）车载充电机工作时将高压交流电转换成高压直流电，其转换过程中会产生大量的热量，因此车载充电机内部也有冷却液道，通过冷却液的循环降低车载充电机的工作温度。

3）电机控制器不但控制驱动电机的高压三相供电，还要将动力电池的高压直流电转换成低压直流电为铅酸蓄电池充电。此过程会产生热量，需要通过冷却液循环散热。

### 2. 冷却系统的维护与保养

1）应注意检查驱动电机冷却液，如果驱动电机冷却液过脏或驱动电机冷却系统生锈，应排放脏的冷却液、冲洗驱动电机冷却系统并重新加注新的驱动电机冷却液。

2）保持适当的驱动电机冷却液浓度，以保证正确的防冻、防沸、耐蚀性能及驱动电机运行温度。

3）检查软管，更换开裂、膨胀或老化的软管。

4）紧固卡箍，清洁散热器和空调系统冷凝器外部，清洗加注口盖和加注口管颈。

5）对冷却系统和盖进行压力测试，以便确保系统运行正常。

## （二）驱动电机线束插接器与壳体间绝缘阻值检测

### 1. 确认切断高压回路

1）操作启动开关至 OFF 挡。

2）断开蓄电池负极电缆。

3）断开直流母线。

4）断开电机控制器高压线束插接器 BV18（电机控制器侧），电路简图如图 2-2-14 所示。

5）等待 5min。

6）用万用表检测电机控制器正负极电压。标准电压小于等于 5V，等待电机电压下降。

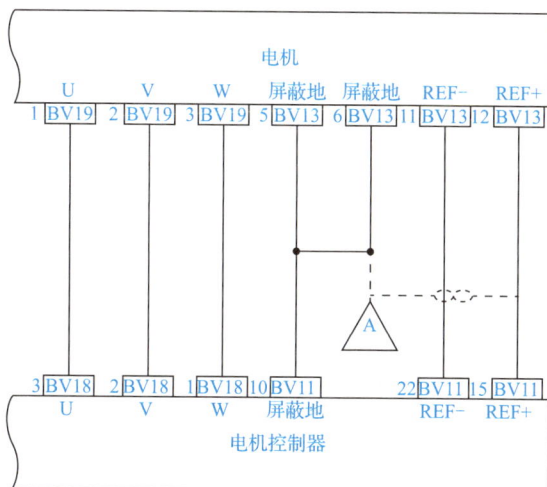

图 2-2-14　电路简图

### 2. 检测电机绝缘阻值

1）将高压绝缘检测仪的挡位调至 1000V。

2）用高压绝缘检测仪测量三相线束插接器 BV18 的 1 号端子（图 2-2-15）与电机壳体之间的电阻。标准电阻值大于或等于 20MΩ。

3）用高压绝缘检测仪测量三相线束插接器 BV18 的 2 号端子（图 2-2-15）与电机壳体之间的电阻。标准电阻值大于或等于 20MΩ。

4）用高压绝缘检测仪测量三相线束插接器 BV18 的 3 号端子（图 2-2-15）与电机壳体之间的电阻。标准电阻值大于或等于 20MΩ。

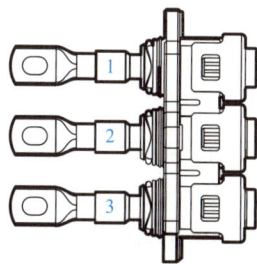

图 2-2-15　三相线束插接器 BV18

5）确认测量值是否符合标准。如果不符合标准，则修理或更换线束。

### （三）驱动电机旋变信号故障检测

#### 1. 检测电机旋变的正弦、余弦、励磁电阻值

电机旋变的正弦、余弦、励磁电阻正常值：正弦电阻值为（14.5±1.5）Ω，余弦电阻值为（13.5±1.5）Ω，励磁电阻值为（9.5±1.5）Ω。

#### 2. 检测驱动电机旋变信号屏蔽线路

1）操作启动开关至 OFF 挡。
2）断开车载充电机直流母线。
3）操作启动开关至 ON 挡。
4）断开电机控制器线束插接器 BV11。
5）用万用表测量电机控制器线束插接器 BV11 的 1 号、11 号端子与车身接地之间的电阻。电阻标准值小于 1Ω。
6）确认测量值是否符合标准。如果不符合标准，则修理或更换线束。

#### 3. 检测驱动电机余弦旋变信号线路

1）操作启动开关至 OFF 挡。
2）操作启动开关至 ON 挡。
3）断开驱动电机线束插接器 BV13。
4）断开电机控制器线束插接器 BV11。
5）用万用表测量电阻。
6）确认测量值是否符合标准。如果不符合标准，则修理或更换线束。

### （四）更换驱动电机三相线束总成

#### 1. 拆卸程序

驱动电机三相线束总成的拆卸顺序如下。
1）打开前机舱盖。
2）断开蓄电池负极电缆。
3）车辆断电。
4）拆卸三相线束与电机控制器线束插接器。
5）拆卸三相线束。
① 拆卸三相线束的 3 个固定卡扣，如图 2-2-16（a）所示。
② 拆卸三相线束插接器的 3 个固定螺栓 1。
③ 拆卸电机线束盖板的 10 个固定螺栓 2，取下电机线束盖板及密封垫，如图 2-2-16（b）所示。
④ 拆卸三相线束 3 个端子的固定螺栓，取下三相线束，如图 2-2-16（c）所示。

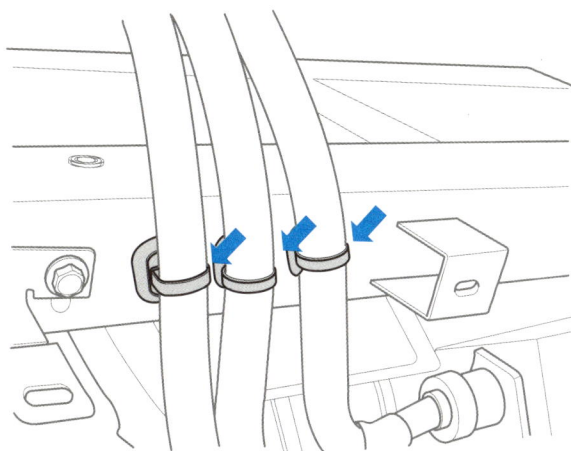

（a）拆卸3个固定卡扣

（b）拆卸固定螺栓

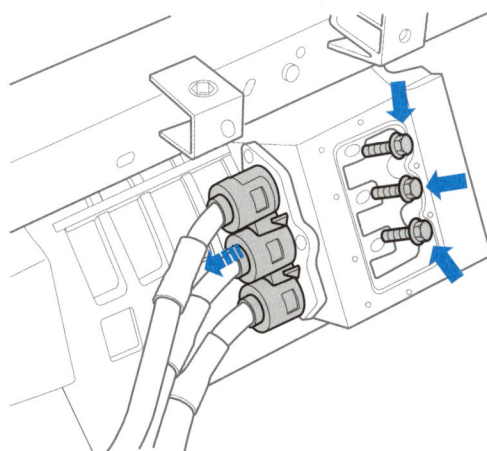

（c）拆卸固定螺栓后取下三相线束

图2-2-16　驱动电机三相线束总成的拆卸顺序

## 2. 安装程序

1）安装三相线束。

① 放置三相线束，紧固 3 个端子固定螺栓。力矩为 23N·m。

② 紧固三相线束插接器 3 个固定螺栓。力矩为 9N·m。

③ 放置电机线束盖板及密封垫，紧固电机线束盖板 10 个固定螺栓。力矩为 9N·m。

**注意：** 电机线束盖板合盖时，注意螺栓的拆装顺序，密封良好。

④ 安装三相线束 3 个固定卡扣。

⑤ 安装三相线束与电机控制器连接端子。

⑥ 连接直流母线与车载充电机插接器。

2）连接三相线束与电机控制器线束插接器。

3）连接蓄电池负极电缆。

4）关闭前机舱盖。

## （五）更换驱动电机

### 1. 拆卸程序

1）打开前机舱盖。

2）断开蓄电池负极电缆。

3）断开车载充电机处直流母线。

4）操作空调制冷剂的回收程序。

5）拆卸左、右前轮轮胎。

6）拆卸机舱底部护板总成。

7）拆卸车载充电器。

8）拆卸电机控制器。

9）拆卸制冷空调管。

10）拆卸驱动轴。

11）拆卸压缩机。

12）拆卸电动真空泵。

13）拆卸冷却水泵。

14）拆卸驱动电机，步骤如下。

① 断开 TCU 控制器插头 1。

② 断开减速器电机插头 2。

③ 拆卸线束卡扣 3，如图 2-2-17 所示。

④ 断开驱动电机线束插头 1。

⑤ 拆卸线束卡扣 2，如图 2-2-18 所示。

⑥ 拆卸线束搭铁线，如图 2-2-19 所示。

⑦ 拆卸电机进出水管环箍，脱开电机冷却水管，如图 2-2-20 所示。

**注意：** 水管脱开前在车辆底部放置容器，接住冷却液，以免污染地面。拆卸或安装水管环箍时都应使用专用的环箍钳。

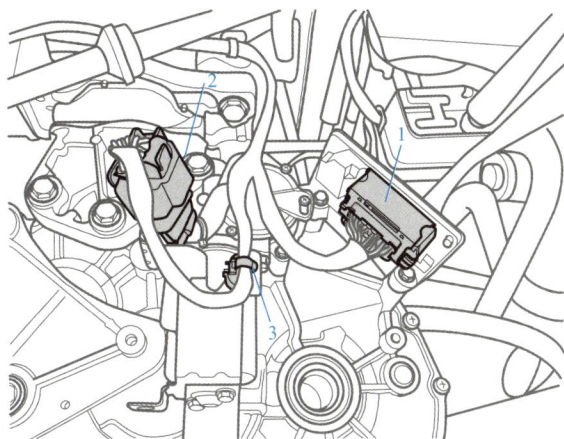

图 2-2-17　断开 TCU 控制器插头 1，断开减速器电机插头 2，拆卸线束卡扣 3

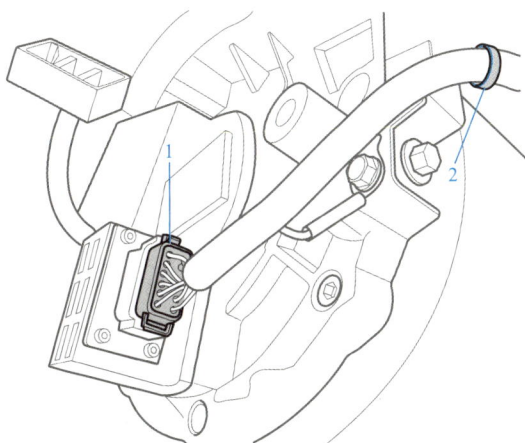

图 2-2-18　断开驱动电机线束插头 1，拆卸线束卡扣 2

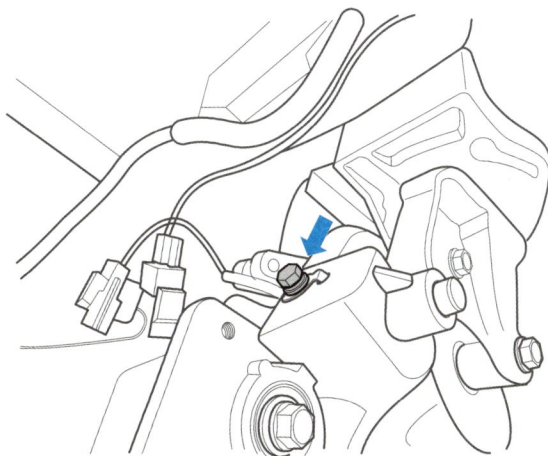

图 2-2-19　拆卸线束搭铁线

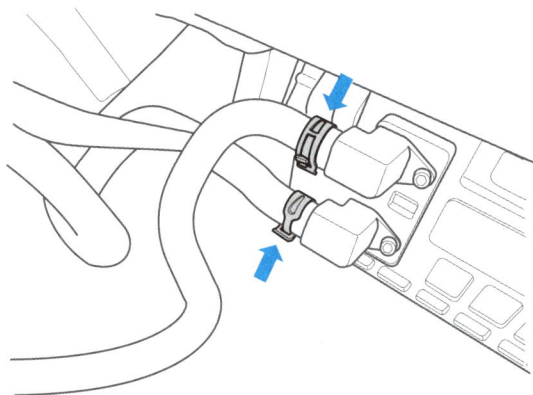

图 2-2-20　拆卸电机进出水管环箍，脱开电机冷却水管

⑧ 拆卸后悬置。

⑨ 放置举升平台车，如图 2-2-21 所示。

⑩ 拆卸动力总成的 2 个固定螺母，如图 2-2-22 所示。

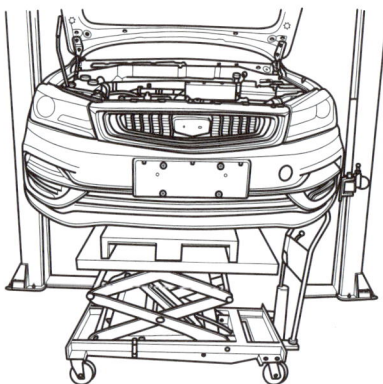

图 2-2-21　放置举升平台车

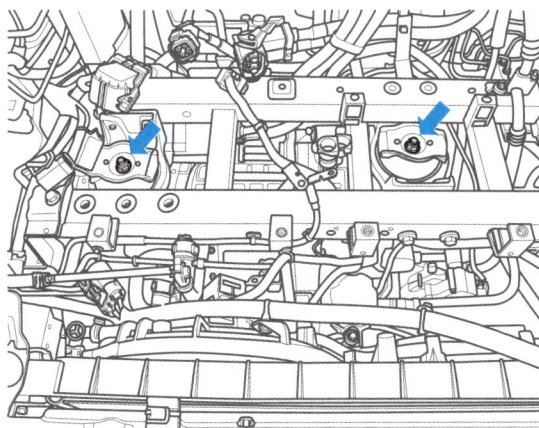

图 2-2-22　拆卸动力总成的 2 个固定螺母

⑪ 缓慢下降举升平台车。

⑫ 拆卸驱动电机隔音罩，如图 2-2-23 所示。

⑬ 拆卸驱动电机及减速器总成之间的连接螺栓，将驱动电机和减速器分离，如图 2-2-24 所示。

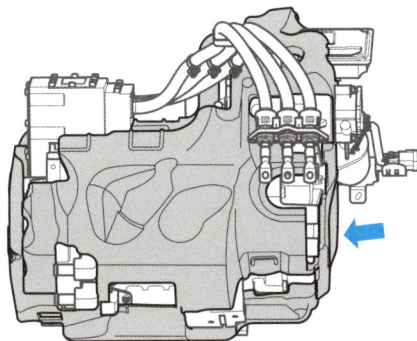

图 2-2-23　拆卸驱动电机隔音罩

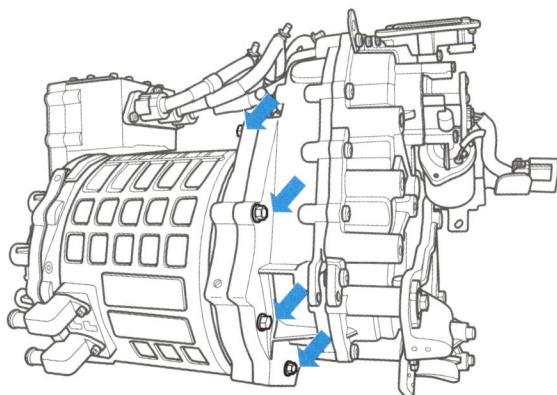

图 2-2-24　拆卸驱动电机及减速器总成之间的连接螺栓，将驱动电机和减速器分离

**2.　安装程序**

1）安装驱动电机。

① 将驱动电机和减速器组装在一起，紧固驱动电机及减速器的连接螺栓。力矩为 23N·m。

② 安装驱动电机隔音罩。

③ 将动力总成放置在举升平台工具上。

④ 缓慢下降举升平台车。

⑤ 紧固动力总成的 2 个固定螺母。力矩为 90N·m。

⑥ 连接驱动电机进、出水管。

**注意**：环箍的装配位置应该与管路标示线对齐。

⑦ 安装线束搭铁线。力矩为 9N·m。

⑧ 连接驱动电机线束插接器。

⑨ 安装线束卡扣 2。

⑩ 连接 TCU 控制器线束插接器。

⑪ 连接减速器电机线束插接器。

⑫ 安装线束卡扣 3。

注意：插接时注意"一插、二响、三确认"。

2）安装后悬置。

3）安装压缩机。

4）安装冷却水泵。

5）安装制动真空泵。

6）安装制冷空调管。

7）安装电机控制器。

8）加注减速器油。

9）安装机舱底部护板。

10）安装左右前轮轮胎。

11）连接车载充电机处直流母线。

12）加注冷却液。

13）连接蓄电池负极电缆。

14）操作空调制冷剂的加注程序。

15）关闭前机舱盖。

注意：①无论因何种原因举升或支撑驱动电机，都不要将千斤顶支撑在任何钣金件或管路下方，用任何不正确的方式举升驱动电机都可能导致部件损坏或人身伤害。②为避免被烫伤，在驱动电机未冷却前，不得拆下储液罐盖。如果在驱动电机和散热器未冷却时拆下储液罐盖，冷却系统会释放滚烫的高压液体和蒸汽。③只要冷却系统中有压力，即使散热器中的溶液没有沸腾，溶液温度也会比沸腾温度高出很多。如果在驱动电机未冷却并且压力还很高的情况下打开储液罐盖，执行对冷却系统的维修，驱动电机冷却液就会立即沸腾并可能会喷到操作人员身上，造成严重烫伤。④如需拖车，务必将前轮抬高离地。因为拖车时如果前轮着地，则驱动电机可能会发电，损坏车辆高压部件，甚至引起火灾。

### （六）更换驱动电机控制器

#### 1. 拆卸程序

1）拆卸驱动电机三相线束插接器（电机控制器侧）的 3 个固定螺栓 1。

2）拆卸驱动电机三相线束端子（电机控制器侧）的 3 个固定螺栓 2，脱开三相线束。

3）拆卸电机控制器高压线束插接器（电机控制器侧）的 2 个固定螺栓 3。

4）拆卸电机控制器高压线束端子（电机控制器侧）的 2 个固定螺栓 4，脱开线束，如图 2-2-25 所示。

5）取下电机控制器搭铁防尘盖，如图 2-2-26 所示。

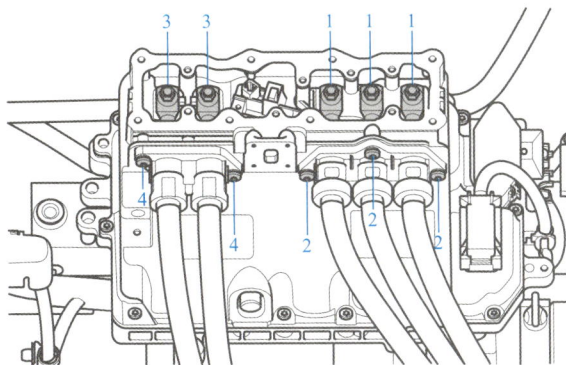

图 2-2-25　拆卸固定螺栓

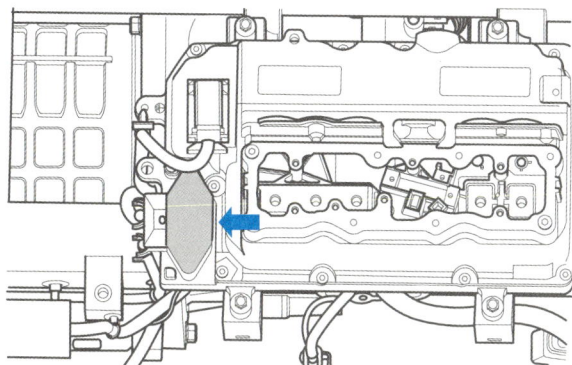

图 2-2-26　取下电机控制器搭铁防尘盖

6）断开电机控制器线束插头。

7）拆卸电机控制器 2 根搭铁线束固定螺母，脱开搭铁线束，如图 2-2-27 所示。

8）脱开电机控制器进水管。

9）脱开电机控制器出水管，如图 2-2-28 所示。

**注意：**水管脱开前在车辆底部放置容器，接住冷却液，以免污染地面。

10）拆卸电机控制器 4 个固定螺栓，取下电机控制器总成，如图 2-2-29 所示。

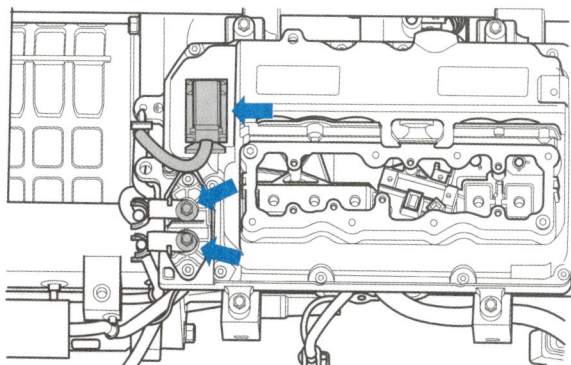

图 2-2-27　拆卸电机控制器 2 根搭铁线束固定螺母，脱开搭铁线束

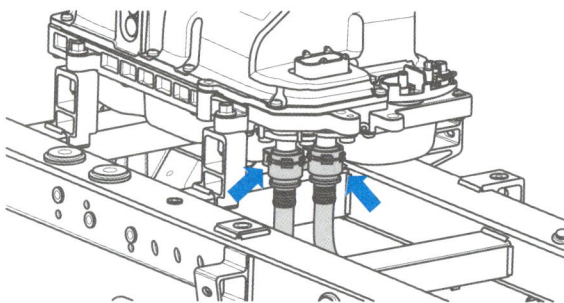

图 2-2-28　脱开电机控制器进水管和出水管

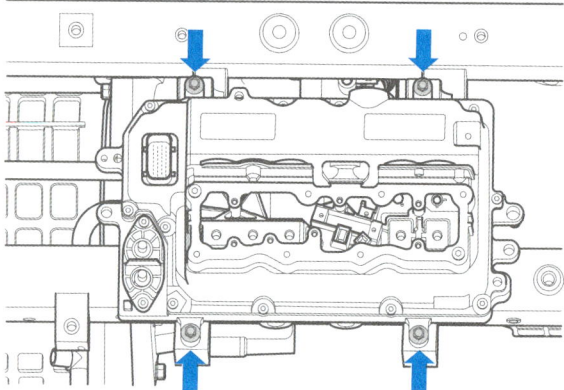

图 2-2-29　拆卸电机控制器 4 个固定螺栓

### 2. 安装程序

1）安装电机控制器总成。

① 连接电机控制器进水管。

② 连接电机控制器出水管。

③ 紧固电机控制器的 4 个固定螺栓。力矩为 23N·m。

④ 连接电机控制器线束插头。

⑤ 连接 2 根搭铁线，紧固螺母，盖上防尘盖。力矩为 23N·m。

⑥ 连接三相线束，预紧驱动电机三相线束插接器（电机控制器侧）的 3 个固定螺栓，紧固驱动电机三相线束端子（电机控制器侧）的 3 个固定螺栓。力矩为 7N·m。

⑦ 紧固驱动电机三相线束插接器（电机控制器侧）的 3 个固定螺栓。力矩为 23N·m。

⑧ 连接线束，预紧分线盒电机控制器高压线束插接器（电机控制器侧）的 2 个固定螺栓。紧固分线盒电机控制器高压线端子（电机控制器侧）的 2 个固定螺栓，力矩为 7N·m。

⑨ 紧固分线盒电机控制器高压线束插接器（电机控制器侧）的 2 个固定螺栓。力矩为 23N·m。

2）安装电机控制器上盖。放置电机控制器上盖，紧固电机控制器上盖 8 个螺栓。力矩为 8N·m。

**注意：** 电机控制器端盖合盖时采取对角法则拧紧。

3）连接直流母线。

4）连接蓄电池负极电缆。

5）加注冷却液。

① 拧开膨胀水箱盖，加入吉利指定型号的冷却液。

② 持续加注冷却液，直至膨胀水箱内的冷却液容量达到80%左右，且液位不再下降，膨胀罐保持开口状态。

③ 拔出电机控制器的出水管，待电机控制器出水口有成股水流出后，装上电机控制器出水管。

④ 排气完成，补充冷却液，恢复车辆。

6）关闭前机舱盖。

（七）减速器油位检查程序

电动机的速度-转矩特性非常适合汽车驱动的需求。在纯电动模式下，汽车的驱动系统不再需要多挡位的变速器，驱动系统的结构得以大幅简化。减速器介于驱动电机和驱动半轴之间，驱动电机的动力输出轴通过花键直接与减速器的输入轴齿轮连接。一方面减速器将驱动电机的动力传给驱动半轴，起到降低转速增大转矩的作用；另一方面满足汽车转弯及在不平路面上行驶时，左右驱动轮以不同的转速旋转，保证车辆的平稳运行。动力传递路线如图2-2-30所示。

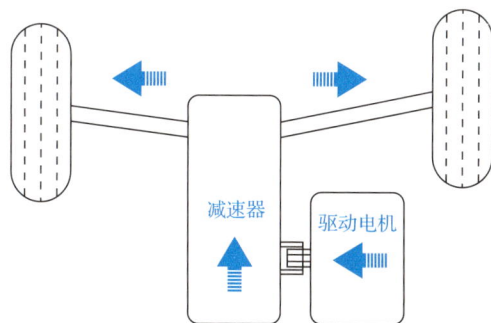

图 2-2-30　动力传递路线

本车采用单速比减速器，只有一个前进挡、一个倒车挡、一个空挡和一个驻车挡。当车辆处在驻车挡时，减速器会通过一套锁止装置锁止减速器。减速器控制器的工作原理如图2-2-31所示。

油位检查程序如下。

1）举升车辆。

2）检查减速器油位。

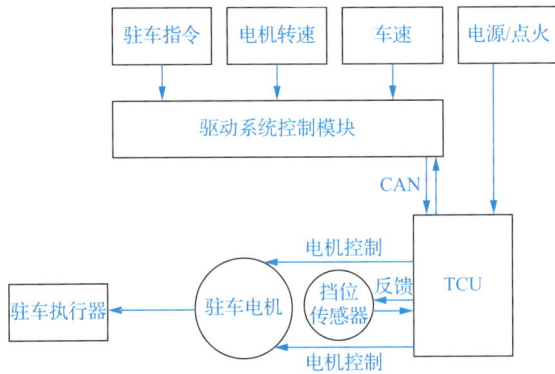

图 2-2-31　减速器控制器的工作原理

① 将车辆水平放置，并让减速器内部的油冷却，拆卸加注孔螺塞（图 2-2-32）并检查油位。

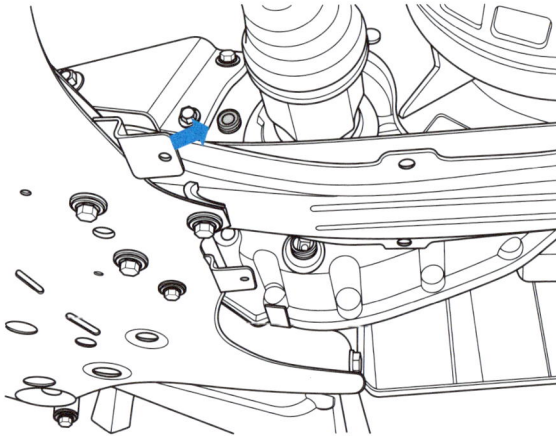

图 2-2-32　拆卸加注孔螺塞

② 减速器油面应与加注孔下缘齐平。

③ 重新安装并紧固加注孔螺塞。力矩为 19～30N·m。

3）加注和更换减速器油。

① 拆卸减速器加油螺塞。

② 拆卸减速器放油螺塞，用回收容器接收放出的减速器油。

③ 安装减速器放油螺塞。力矩为 19～30N·m。

④ 打开加注孔螺塞，添加专用的减速器油，直到油液开始流出。参考用量为（1.7±0.1）L。

⑤ 重新安装并紧固加注孔螺塞。力矩为 19～30N·m。

4）安装机舱底部护板总成。

5）放下车辆。

注意：①如果减速器的油温过高，在执行本检查程序时，可能会造成人员烫伤。②如果液面过低，通过加注孔螺塞添加专用的减速器油，直到油液开始流出。

## 🔲 知识窗

### 汽车行业废旧部件、油液处理

要使汽车在使用过程中维持良好的技术状态，就要对其进行定期维护和维修，这就涉及大量汽车废旧部件、油液及辅助材料的使用和更换，也就意味着每年汽车售后服务企业会产生大量行业废弃物。如果不进行规范管理，这些废物将会对环境造成巨大的污染和破坏。

在汽车维护与维修过程中所产生的废弃物主要可以分为以下四大类。

1）更换的废旧油液，包括润滑油、变速器液、制冷剂、冷却液、制动液等。

2）维护、维修后更换下来的废旧零部件，常见的有各种滤清器滤芯、轮胎、蓄电池、动力电池、三元催化转化器等。

3）事故或故障后更换下来的各种零部件和电气设备。

4）在维修、维护工艺过程中产生的废料，例如，在钣金、喷漆作业过程中剩余或废弃的材料等。

《国家危险废物名录》对具有危险特性的废弃物进行了明确，并要求有关部门按照相应的危险废物管理制度进行处理。其中，在汽车维护和维修过程中产生的危险废物主要包括：废发动机油、制动液、变速器油、齿轮油等废矿物油；在车身喷涂过程中产生的油漆等涂料废物；废旧蓄电池、动力电池等含铅废物；其他生产、销售、使用过程中产生的废矿物油及沾染矿物油的废弃包装物。

针对被列入《国家危险废物名录》中的危险废物，在《中华人民共和国固体废物污染环境防治法》等法律、法规的指引下，国家及地方环保等相关部门都会制定出台相应的管理办法，从危险废弃物的产生、收集、储存、运送、转移和处理等方面来监管和约束汽车企业，尤其是汽车维修维护企业。

一般地方环保部门会要求企业做到以下几点。

1）所有危险废物必须回收，交予有资质的厂商处理。

2）现场产生的所有危险废物，必须分类存放在指定的"危险废物储存区域"。

3）危险废物运送时必须使用专用的废物回收车。

4）"危险废物储存室"必须有足够数量的灭火器、安全标志和安全防护设备。

5）危险废物回收厂商必须有相关资质，与维修企业签订回收合同，并报送地方环境保护机构备案。

6）危险废物的整个收集、储存、转移、处理等过程都要有翔实的记录，实行台账管理制度，以备查验。

7）各企业应该做好突发环境事件的应急处预案。

## 课堂练习

### 一、选择题

1. IGBT 的全称是（　　　）。
   A. 双极型晶体管　　　　　　　　　B. 绝缘栅双极型晶体管
   C. 绝缘栅型场效应晶体管　　　　　D. 复合全控型功率管
2. 电机铁心常采用硅钢片叠装而成，是为了（　　　）。
   A. 便于运输　　　　　　　　　　　B. 节省材料
   C. 减少铁心损耗　　　　　　　　　D. 增加机械强度

### 二、判断题

1. 驱动电机控制器内含故障诊断电路，当诊断出异常时，它将会激活一个故障码发送给整车控制器，同时会存储该故障码和数据。（　　　）
2. 冷却液温度信号由控制器经过 CAN 总线传送到组合仪表。（　　　）

## 项目实施

驱动电机系统是新能源汽车"三电系统"的另一个重要部分。作为一名吉利品牌新能源汽车维修保养技师，必须能够对驱动电机系统进行维护与保养作业。请在教师指导下，以小组（两人一组）形式按照下面的任务工单在新能源汽车实车上完成对驱动电机系统的维护与保养。

**注意**：在进行相关数据的测量时应规范操作，按照标准校准测量工具，反复多次测量，精益求精，减小误差。

### 新能源汽车驱动电机系统的维护与保养任务工单

班级：_____　　组别：_____　　小组成员：_____

| 工作项目 | 工作内容 | 工具选择 | 实施过程 | 结果记录 |
|---|---|---|---|---|
| 准备工作 | 场地准备<br>□警示牌 □警戒带 □绝缘胶垫<br>□灭火器 □绝缘钩 □其他 | | | |
| | 个人安全防护准备<br>□安全帽 □防护眼镜 □绝缘手套<br>□安全鞋 □防护服 | | | |
| 驱动电机检查 | 驱动电机的拆装 | | | |
| | 驱动电机的外观检查 | | | |
| | 驱动电机的铭牌检查 | | | |
| | 驱动电机空转检查 | | | |

续表

| 工作项目 | 工作内容 | 工具选择 | 实施过程 | 结果记录 |
|---|---|---|---|---|
| 驱动电机检查 | 驱动电机绝缘电阻的检测（注意：绝缘检测时要断电，做好高压安全防护，戴绝缘手套） | | | 第1次测量：___<br><br>第2次测量：___<br><br>第3次测量：___ |
| | 驱动电机相间绕组阻值的检测 | | | 第1次测量：___<br><br>第2次测量：___<br><br>第3次测量：___ |
| | 驱动电机动态检测 | | | |
| | 旋转变压器检测 | | | 第1次测量：___<br><br>第2次测量：___<br><br>第3次测量：___ |
| | 温度传感器检测 | | | 第1次测量：___<br><br>第2次测量：___<br><br>第3次测量：___ |
| 电机控制器检查 | 电机控制器的拆装 | | | |
| | 电机控制器 IGBT 的检测 | | | 第1次测量：___<br><br>第2次测量：___<br><br>第3次测量：___ |
| | 电机控制器绝缘检测（注意：绝缘检测时要断电，做好高压安全防护，戴绝缘手套） | | | 第1次测量：___<br><br>第2次测量：___<br><br>第3次测量：___ |
| 减速器检查 | 减速器油位检查 | | | |
| | 减速器油的加注和更换 | | | |
| 整理工作 | 7S 管理 | | | |
| | 废旧部件及油液处理 | | | |

## 考核评价

综合整个学习过程，通过学生的课堂表现、课后习题、任务完成情况等对学生的知识目标、能力目标、思政要素和职业素养目标达成情况进行评价。

**教学目标达成情况评价表**

班级：＿＿＿＿＿＿　姓名：＿＿＿＿＿＿

| 知识目标达成情况 | | |
| --- | --- | --- |
| 目标描述 | 教师评价 | 学生自评 |
| 能说出驱动系统各零部件的安装位置、高低压线束及插接件的位置 | | |
| 能描述驱动电机维护与保养的工作流程 | | |
| 能描述电机控制器维护与保养的工作流程 | | |
| 评价结论：知识目标是否达成　□是　　□否 | | |
| 能力目标达成情况 | | |
| 目标描述 | 教师评价 | 学生自评 |
| 根据实训条件，能够对驱动电机进行维护与保养 | | |
| 根据实训条件，能够对电机控制器进行维护与保养 | | |
| 能够对驱动桥进行换油操作 | | |
| 能够正确地检测、更换冷却液 | | |
| 评价结论：能力目标是否达成　□是　　□否 | | |
| 思政要素和职业素养目标达成情况 | | |
| 目标描述 | 教师评价 | 学生自评 |
| 增强文化自信，增强职业的认同感、责任感、使命感和荣誉感 | | |
| 培养勤于思考、善于总结、勇于探索的科学精神 | | |
| 发扬专注执着、精益求精的工匠精神 | | |
| 评价结论：思政要素和职业素养目标是否达成　□是　　□否 | | |

# 项目三　新能源汽车底盘系统的维护与保养

## 项目描述

本项目主要介绍新能源汽车的底盘结构及新能源汽车转向系统、行驶系统、制动系统的维护与保养。通过对本项目的学习，应能够完成新能源汽车底盘系统的维护与保养。

## 学习目标

| 知识目标 | 能力目标 | 思政要素和职业素养目标 |
|---|---|---|
| 1．知道新能源汽车底盘的结构布置方式、零部件安装位置、各标识位置、插接件位置；<br>2．知道新能源汽车底盘的工作原理；<br>3．能描述新能源汽车底盘维护作业流程与内容 | 1．能快速地对行驶系统进行维护作业；<br>2．能够正确地对制动真空系统进行检修作业；<br>3．能进行制动液的更换操作；<br>4．能进行转向系统的机械维护作业 | 1．增强规范意识、安全意识、环保意识，践行绿色发展理念；<br>2．树立质量意识、成本意识，培养全局思维、创新思维；<br>3．增强"中国制造"自信，强化技能报国信念 |

对接 1+X 证书《新能源汽车悬挂转向制动安全技术（中级）》工作任务 2——新能源汽车转向系统检测维修

1.1 转向柱和转向机检测维修、1.2 转向传动机构检测维修

工作任务 3——新能源汽车悬挂系统检测维修

1.1 前悬架检测维修、1.2 后悬架及其他附件检测维修、1.3 车轮定位检测、1.4 车轮和轮胎检测维修

工作任务 4——新能源汽车制动系统检测维修

1.2 制动液管路和软管检测维修、1.4 无 ABS 系统放气冲洗和渗漏测试检测维修、1.7 助力装置检测维修

## 情境导入

小明在某 4S 店实习，需要对某品牌新能源汽车的底盘系统进行维护作业。请你帮助他了解新能源汽车动力底盘系统的维护内容和维护时的注意事项。

## 课前练习

通过课前对 4S 店维修人员的维护作业过程进行观察学习及查找相关资料，明确新能源汽车底盘的维护保养工作包括哪些方面。将你所收集到的信息整理在下面的方框中。

## 相关资讯

底盘的作用是支撑、安装汽车各部件、总成，成形汽车的整体造型，并接受驱动电机的动力，使汽车产生运动，保证汽车正常行驶。新能源汽车的底盘主要包括转向系统、行驶系统、制动系统。

## 资讯一　底盘结构的认知

新能源汽车的底盘构造与新能源汽车的动力驱动布置方式有关。下面以纯电动汽车为例进行介绍，纯电动汽车的底盘包括转向系统、行驶系统、制动系统。某纯电动汽车的底盘如图 2-3-1 所示。

后电机　　前电机

动力电池

图 2-3-1　某纯电动汽车的底盘

### （一）转向系统

电动助力转向（electric power steering，EPS）系统是一种直接依靠电机提供辅助转矩的动力转向系统，与传统的液压助力转向（hydraulic power steering，HPS）系统相比，EPS系统具有很多优点。EPS 系统主要由转矩传感器、车速传感器、电动机、减速机构和电子控制单元（electronic control unit，ECU）等组成。该系统具有良好的模块化设计，所以不需要对不同的系统重新进行设计、试验、加工等，不但为设计不同的系统提供了极大的灵活性，而且更易于生产线装配。实际上，在传统的液压助力转向系统中，液压油泵和软管的事故率占整个系统故障的一半以上，如软管漏油和油泵漏油等；装有 EPS 系统的汽车没有油泵，没有软管连接，可以减少许多故障率。EPS 系统如图 2-3-2 所示。

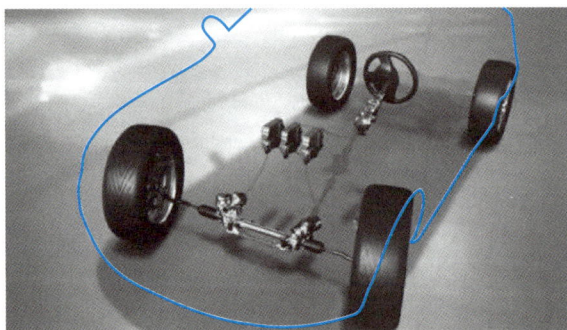

图 2-3-2　EPS 系统

微课：电动汽车转向系统的结构与功能

### （二）行驶系统

#### 1. 汽车行驶系统的主要作用

1）支撑汽车的总质量。

2）接受动力系统传递过来的转矩，并通过驱动轮与地面之间的附着作用产生驱动力，以保证整车正常行驶。

3）传递并支撑路面作用于车轮上的各种反力及其所形成的力矩。

4）尽可能地缓和不平路面对车身造成的冲击和振动，保证汽车平顺行驶。

### 2. 汽车行驶系统的组成

汽车行驶系统一般由车架、车桥、悬架和车轮组成。

（1）车架

车架是汽车的基体，一般由两根纵梁和几根横梁组成，由悬挂装置、前桥、后桥支承在车轮上，具有足够的强度和刚度以承受汽车的载荷和从车轮传来的冲击。大多数轿车和部分大型客车取消了车架，其车身兼具车架的功用，将所有部件固定在车身上，所有的力也由车身承受，这种车身称为承载式车身。承载式车身实物图如图 2-3-3 所示。

图 2-3-3　承载式车身实物图

（2）车桥

车桥也称车轴，通过悬架和车架（或承载式车身）相连，两端安装车轮。其作用是传递车架（或承载式车身）与车轮之间各方向的作用力。车桥可以是整体式的，像一个巨大的杠铃，两端通过悬架系统支撑车身，因此整体式车桥通常与独立悬架配合；车桥也可以是断开式的，各自通过悬架系统支撑车身，所以断开式车桥与独立悬架配合使用。车桥结构如图 2-3-4 所示。

微课：悬架系统的认知

（3）悬架

悬架是汽车的车架与车桥或车轮之间的一切传力连接装置的总称，其作用是传递作用在车轮和车架之间的力和力矩，并且缓冲由不平路面传给车架或车身的冲击力，减弱由此引起的振动，以保证汽车能平顺地行驶。

汽车悬架的形式分为非独立悬架和独立悬架两种，如图 2-3-5 所示。

1）非独立悬架。非独立悬架的车轮装在一根整体车轴的两端，当一边车轮跳动时，影响另一侧车轮也做相应的跳动，使整个车身振动或倾斜，汽车的平稳性和舒适性较差。

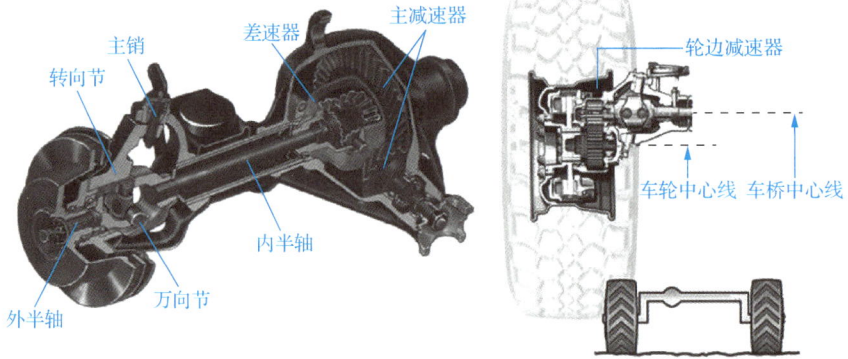

图 2-3-4　车桥结构

（a）非独立悬架　　　　　　　　　　　　（b）独立悬架

图 2-3-5　非独立悬架和独立悬架

2）独立悬架。独立悬架的车轴分成两段，每只车轮用螺旋弹簧或扭杆弹簧独立地安装在车架（或车身）下面，当一边车轮发生跳动时，另一边车轮不受影响，汽车的平稳性和舒适性好。

① 轿车前悬架的类型。轿车前悬架一般分为麦弗逊式独立悬架、双叉臂悬架、多连杆型悬架，如图 2-3-6 所示。吉利帝豪 EV450 采用的前悬架为麦弗逊式独立悬架。

② 轿车后悬架的类型。轿车后悬架的类型一般分为扭梁式半独立悬架、多连杆后悬架、纵臂独立悬架，如图 2-3-7 所示。吉利帝豪 EV450 采用的后悬架为扭梁式半独立悬架。

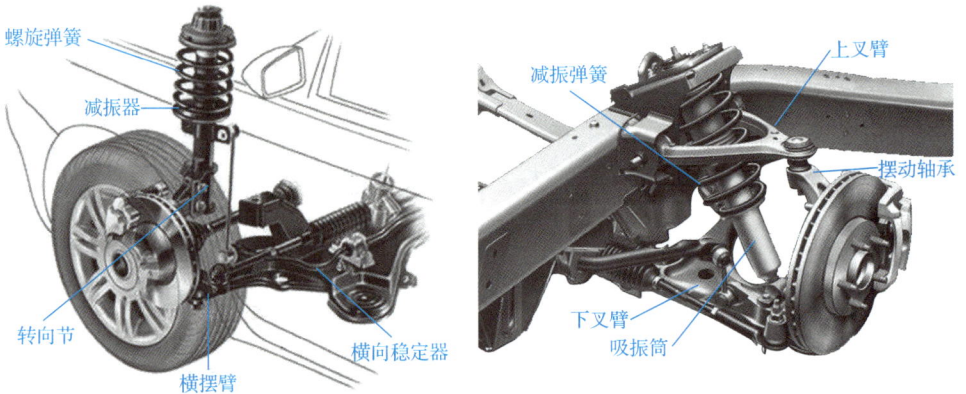

（a）麦弗逊式独立悬架　　　　　　　　　　（b）双叉臂悬架

图 2-3-6　轿车前悬架的类型

（c）多连杆型悬架

图 2-3-6（续）

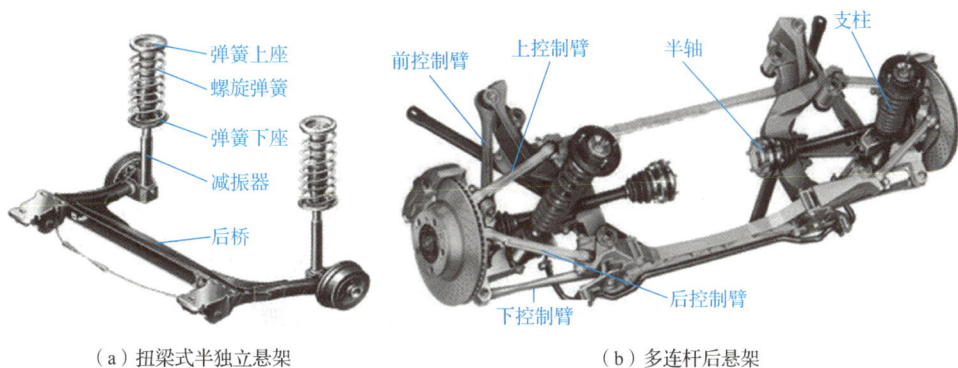

（a）扭梁式半独立悬架

（b）多连杆后悬架

（c）纵臂独立悬架

图 2-3-7 轿车后悬架的类型

（4）车轮

车轮与轮胎是汽车行驶系统中的重要部件，其主要功用是支承整车质量，缓和由路面传来的冲击力，通过轮胎同路面的附着作用产生驱动力与制动力，保证汽车正常转向及保持直线行驶。车轮通常由两个主要部件（轮辋和轮辐）组成，轮辋是在车轮上安装和支承轮胎的部件，轮辐是在车轮上介于车轴和轮辋之间的支撑部件。车轮除上述部件外，有时还包含轮毂。车轮如图 2-3-8 所示。

速度级别

载重指数

规格
185：轮胎宽（mm）
65：扁平比
R：子午线
14：轮辋直径
花纹代号

装胎指示线

最大载重量
最大充气压力

子午线结构
无内胎

胎面底结构
钢丝带束层
胎体结构

商标

磨耗指示点

磨耗级数

抓地级数

温度级数

制造国名

图 2-3-8　车轮

## （三）制动系统

纯电动汽车采用的液压制动系统与传统燃油汽车的液压制动系统的基本结构区别不大，但是在液压制动系统的真空辅助助力系统和制动总泵两个部件上存在较大的差异。传统液压制动系统的结构如图 2-3-9 所示。

微课：电动汽车制动系统（一）

微课：电动汽车制动系统（二）

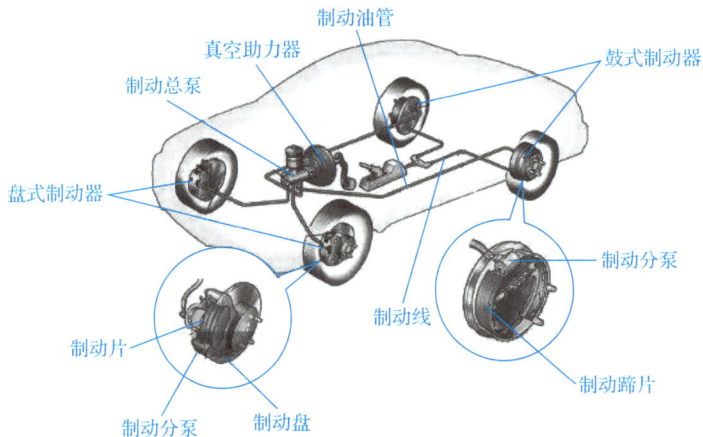

制动油管

真空助力器

制动总泵

鼓式制动器

盘式制动器

制动分泵

制动片

制动线

制动盘

制动蹄片

制动分泵

图 2-3-9　传统液压制动系统的结构

　　传统液压制动系统的作用原理如下：驾驶员踩下制动踏板，制动力通过真空助力器放大并在制动总泵处转换为液压力，液压力经过制动管路传递到位于车轮处的制动器上，液压推动活塞，活塞推动摩擦片或制动蹄片，对随轮毂转动的制动盘或制动鼓产生夹紧力，从而地面对轮胎产生制动力。

　　在传统汽车上，发动机进气歧管在工作中产生的真空是为液压制动系统提供助力的来源。当前有很多新能源汽车用电子真空泵来取代发动机作为真空源。目前主流的电子真空泵分膜片泵和叶片泵两种，如图 2-3-10 所示。

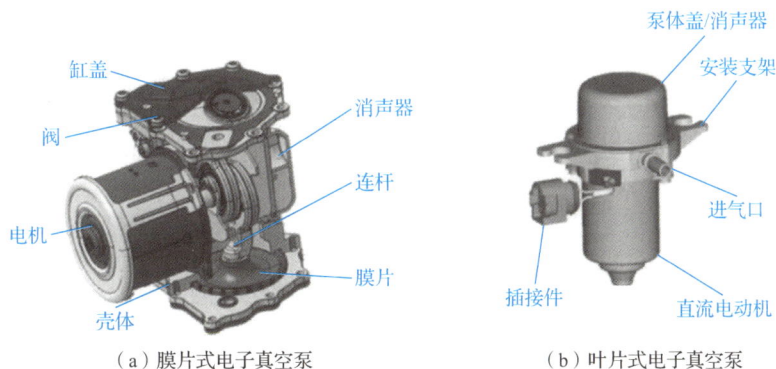

（a）膜片式电子真空泵　　　　　（b）叶片式电子真空泵

图 2-3-10　新能源汽车电子真空泵

　　绝大多数的汽车采用真空助力伺服制动系统，人力和助力并用。真空助力器利用前后腔的压差提供助力。传统燃油汽车真空助力器的真空源来自发动机进气歧管，真空度负压一般可达 0.07MPa。对于纯电动汽车，由于没有发动机总成（即没有了传统的真空源），仅由人力所产生的制动力无法满足行车制动的需要，通常需要单独设计一个电动真空泵（electric vacuum pump，EVP）来为真空助力器提供真空源。这个助力系统就是电动真空助力系统，即 EVP 系统。

　　某新能源汽车电动真空泵的安装位置如图 2-3-11 所示。

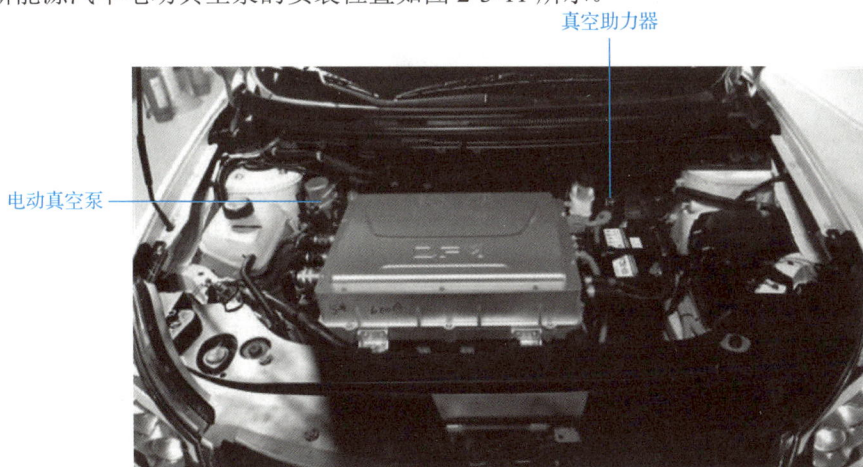

图 2-3-11　某新能源汽车电动真空泵的安装位置

吉利帝豪 EV450 车辆在滑行或制动时，整车控制器根据当前的动力电池状态和制动踏板位置信号，计算能量回收转矩并发送指令给电机控制器，启动能量回收。能量回收系统在车辆滑行或制动过程中，驱动电机从驱动状态转变成发电状态，将车辆的动能转换为电能，储存在动力电池中。制动能量回收传递路线与消耗能量传递路线相反，如图 2-3-12 所示。

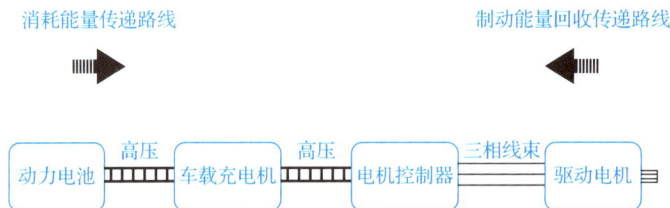

图 2-3-12　吉利帝豪 EV450 制动能量回收传递路线

## 资讯二　吉利帝豪 EV350/450 纯电动汽车转向系统的维护与保养

转向系各机件间都会有一定的装配间隙，这些间隙还会随着机件的磨损而增大，反映到转向盘上就会产生一定的空转角度。转向盘在空转阶段中的角行程称为转向盘自由间隙、转向盘自由转角或转向盘自由行程。

一定的转向盘自由间隙对缓和路面冲击，避免驾驶人过度紧张是有利的。若转向盘自由间隙过大，则转向不灵敏；若转向盘自由间隙过小，则路面冲击大，驾驶人容易紧张。一般来说，转向盘从相应于汽车直线行驶的中间位置向任一方向的自由间隙最好不超过 $10°$ ～ $15°$，如图 2-3-13 所示。当转向盘自由间隙超过 $25°$ ～ $30°$ 时，则必须进行调整或更换。

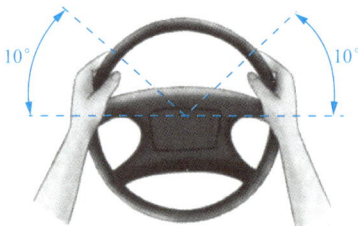

图 2-3-13　转向盘自由间隙

### （一）转向盘自由间隙检查

吉利帝豪 EV350/450 纯电动汽车转向盘自由间隙检查程序如下。

1）将车辆停在水平地面上，轮胎朝向正前方。

**注意**：该车的自由间隙无法调整，在中间轴万向节正常的情况下，更换动力转向器带横拉杆总成。

2）转动转向盘，检查转向盘自由间隙。

**注意**：转动的同时感觉上下轴之间是否存在间隙，如果有间隙，则必须更换上、下中间轴。吉利帝豪 E350/450 汽车转向盘最大自由间隙为 30mm，如图 2-3-14 所示。

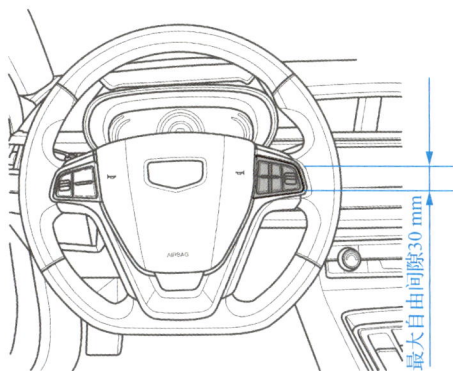

图 2-3-14　转向盘自由间隙

## 知识窗

### 常规车型的转向盘自由行程检查与调整

#### 1. 转向盘自由行程的检查

转向盘自由间隙检查程序如下。

1）将车辆停在水平地面上，轮胎朝向正前方。

2）将检查器的刻度盘和指针分别夹持在转向轴管和转向盘上，如图 2-3-15 所示。

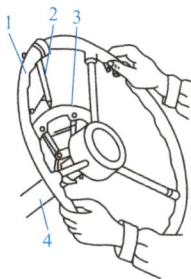

1—转向盘；2—指针；3—刻度盘；4—转向轴管。

图 2-3-15　转向盘自由行程检查

3）先向左或向右转动转向盘至感到有阻力时，记下指针所指的位置，再向右或向左转动转向盘至感到有阻力时为止。此时，指针在刻度盘上所划过的角度就是转向盘自由行程。若发现转向盘自由行程过大，应查明原因，及时调整。

注意：在检查自由行程的同时，还需要尽可能感受转向系统在纵向上（转向上下轴之间）是否存在间隙过大，一般最大自由间隙不超过 30mm，如果有超过极限值，则必须更换转向上、下轴及中间轴。

## 2. 转向盘自由行程的调整

除齿轮齿条式转向器的转向盘外，转向盘自由行程调整方法基本相同，主要是通过调整转向器传动副的啮合间隙来进行的。松开锁紧螺母，向里转动调整螺栓（图 2-3-16），使啮合间隙减小，转向盘自由行程变小；反之则增大。

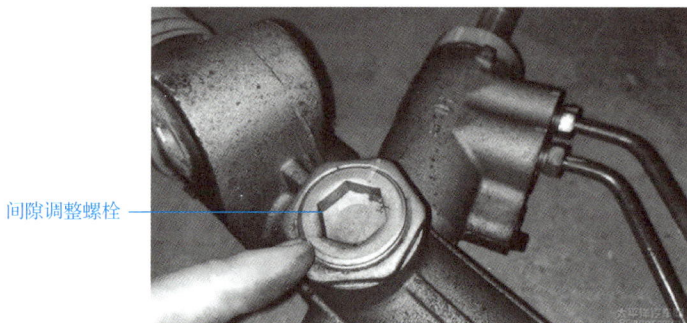

间隙调整螺栓

图 2-3-16　转向盘自由行程调整螺栓

部分特殊车型的转向盘自由行程调整方法不同。例如，桑塔纳汽车采用的齿轮齿条式转向器，转向盘自由行程的调整可通过调整弹簧的压力，使齿条微量变形，实现无侧隙或小间隙啮合；吉利帝豪 EV350/450 车型的转向盘自由形成则无法调整，如果转向盘自由行程过大，在确认转向轴及转向万向节正常的情况下，应更换动力转向器及横拉杆总成。

### （二）中间轴万向节检查

转向中间轴万向节（图 2-3-17）检查程序如下。

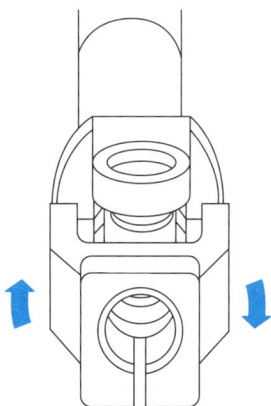

图 2-3-17　转向中间轴万向节

1）拆卸仪表板左下护板。

2）检查中间轴万向节。

① 固定中间轴万向节的一端，沿顺时针及逆时针方向扭转上、下中间轴万向节另一端。

② 感觉是否有移动，如果有任何移动，则需要更换中间轴。

### （三）转向力检查

转向力检查程序如下。

**注意**：在拆卸之前关闭启动开关。

1）将车辆停在平整的路面上，并使轮胎对准正前方。

2）断开蓄电池负极电缆。

**注意**：断开蓄电池电缆后至少等候 60s，防止安全气囊和安全带预紧器被启动。

3）拆卸驾驶员一侧的安全气囊。

① 脱开驾驶员安全气囊固定卡扣。

② 取出驾驶员安全气囊，断开时钟弹簧与驾驶员安全气囊的线束插接器。

③ 断开扬声器线束插接器。

4）连接蓄电池负极电缆。

5）检查转向力，如图 2-3-18 所示。

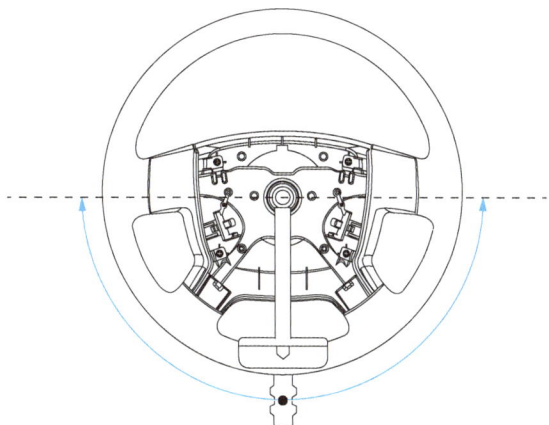

图 2-3-18　检查转向力

① 使用扭力扳手，检查转向盘固定螺母的紧固力矩是否正确。

② 将电源模式调整到 ON 挡。

③ 使用扭力扳手，将转向盘分别向左和向右转动 90°，检查向左和向右转动时的转向力矩。转向力矩（参考值）为 5.5N·m。

注意：在做检查之前，必须考虑轮胎类型、胎压和接触面。

6）断开蓄电池负极电缆。

7）复检转向盘固定螺母紧固力矩，力矩为 45N·m（公制）。

8）安装驾驶员一侧的安全气囊。

9）连接蓄电池负极电缆。

## （四）转向器横拉杆球头检查

转向器横拉杆球头检查程序如下。

1）拆卸前轮。

2）拆卸转向器横拉杆球头。

3）检查转向器横拉杆球头。

① 将横拉杆球头牢固地夹于卡钳中。

② 将螺母安装在球头螺栓上。

③ 前后摇动球头螺栓 5 次以上。

④ 使用扭力扳手，以 2～4r/s 的速度连续旋转螺母，然后在第 5 圈时读出力矩。旋转力矩为 2.3N·m。

注意：左、右两侧转向器横拉杆球头的检查方法相同。

4）安装转向器横拉杆球头。

5）安装前轮。

## 资讯三　吉利帝豪 EV350/450 纯电动汽车行驶系统的维护与保养

吉利帝豪 EV350/450 纯电动汽车采用的前悬架为麦弗逊式独立悬架，包括以下部件：弹簧、减振器和稳定杆。下面介绍吉利帝豪 EV350/450 行驶系统的维护与保养。

### 1. 悬架和前驱动桥护罩和密封件的检查

检查前、后悬架和转向系统是否有零件损坏、松动或缺失，是否出现磨损或润滑不足的迹象。清洁并检查驱动桥护套和密封件是否损坏、破裂，必要时，更换密封件。

### 2. 前减振器的检查

（1）前减振器过软状态下的检查

若前减振器过软，则应检查以下 3 项内容。

1）检查前轮胎胎压是否正常，如果不正常，则按轮胎标签上的规格调整轮胎胎压至标准值。

2）检查汽车是否过载。

3）检查前减振器的压缩和回弹效果是否正常。迅速按下并松开最靠近正在检测的前减振器保险杠拐角，与正常的同类车辆对比压缩和回弹效果。如果回弹效果不正常，则更换前减振器。

（2）前减振器有噪声状态下的检查

若前减振器有噪声，则应检查以下 2 项内容。

1）检查前减振器的安装是否正常，检查前减振器各部件工作是否正常（不能存在松动等异常情况）。必要时更换前减振器。

2）检查前减振器的压缩和回弹效果是否正常。迅速按下并松开正在检测的前减振器保险杠拐角，与正常的同类车辆对比压缩和回弹效果。如果回弹效果不正常，则更换前减振器。

（3）前减振器油有泄漏时的检查

若前减振器油有泄漏，则应检查以下 3 项内容。

1）检查前减振器的安装是否正常，检查前减振器各部件工作是否正常（不能存在松动等异常情况）。

2）检查前减振器完全伸展时的密封情况、防尘罩是否存在破损等情况。如有异常，则更换前减振器。

3）检查前减振器上的油液是否过多。如有异常，则更换前减振器。

### 3. 车轮的维护与保养

对以正常公路速度行驶时出现的转向盘或座椅振动应保持警惕，这种情况说明某个车轮可能需要进行动平衡。此外，在平直路面上左右跑偏表明可能需要调整轮胎气压或进行车轮定位。轮胎和车轮及气压检查至少每月 1 次。

如果存在明显的轮胎磨损不均，则应排除造成这种磨损的故障原因。如果轮胎换位，建议同时检查轮胎和车轮总成平衡。

当按照用户手册中描述的保养时间表对轮胎执行制动检查时，建议对轮胎进行交叉换位，或当前轮轮胎和后轮轮胎的胎面深度差值达到 1.6mm 时，也应该对轮胎进行交叉换位。

轮胎换位步骤如下。

1）举升并支撑车辆。

2）拆下轮胎和车轮总成。

3）按图 2-3-19 所示的两种换位方法，将轮胎和车轮总成换位。

①　安装轮胎和车轮总成。

②　拆下安全支架。

③　放下车辆。

④　检查和调整轮胎充气压力。

（a）交叉换位法　　　　　　（b）平行换位法

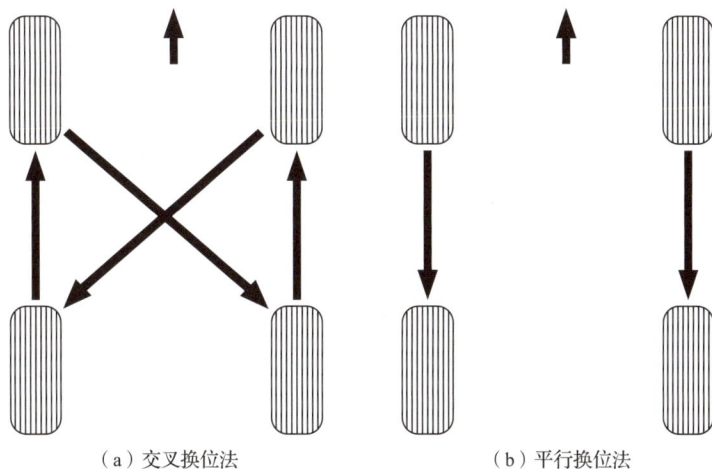

图 2-3-19　车轮换位

### 资讯四　吉利帝豪 EV350/450 纯电动汽车制动系统的维护与保养

制动时应警惕制动系统的异响、制动踏板行程的增加或重复性的制动跑偏现象。制动液液面过低可能表明盘式制动器的制动衬块已磨损，需要维修。此外，如果制动系统警告灯一直不熄灭或启亮，则说明制动系统可能有问题，如图 2-3-20 所示。如果防抱死制动系统（antilock braking system，ABS）警告灯一直不熄灭或启亮，则说明 ABS 可能有问题，应在拆卸车轮进行换位时完成本项检查。

微课：汽车 ABS

#### 1. 制动系统检查内容

1）检查管路和软管连接是否正确，以及有无卡滞、泄漏、开裂或擦伤等。

2）检查盘式制动器制动衬块是否磨损。

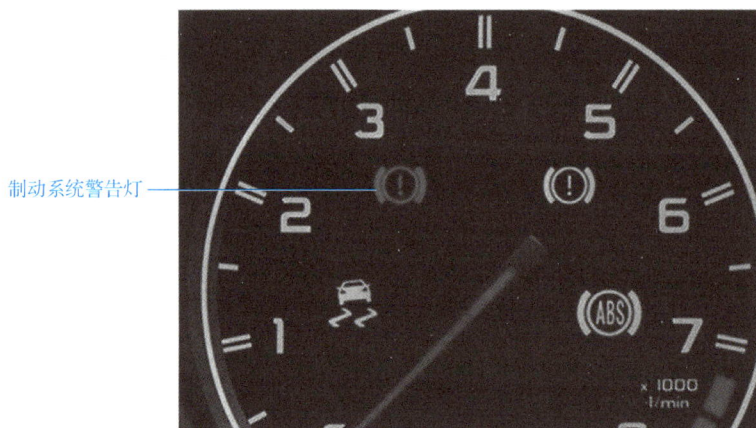

制动系统警告灯

图 2-3-20　仪表上常亮的制动系统警告灯

3）检查制动盘的表面状况，同时检查其他制动器部件，包括制动轮缸、驻车制动器等。

4）检查驻车制动器的调整情况，如果驾驶习惯或行车条件要求频繁制动，应缩短检查制动器的时间间隔。

📎 知识窗

**制动系统维护的重要注意事项**

1）维修车轮制动部件时，不得修磨制动摩擦衬片，不得用砂纸打磨制动摩擦衬片，不得用干刷或压缩空气清理车轮制动部件。有些车型或售后加装制动部件可能含有纤维，这种纤维会混在粉尘中。吸入含有纤维的粉尘会严重损害身体。应用湿布清理制动部件上的粉尘。

2）制动液的成分为聚乙二醇，极易吸湿和吸潮，切勿使用开口容器中可能受水污染的制动液，使用不合适或受污染的制动液可能导致系统故障、车辆失控和人身伤害。

制动液对皮肤和眼睛有刺激性。如不慎入眼，则用水彻底冲洗。如接触皮肤，则用肥皂和水清洗。如吸入，则立即就医。

3）更换制动管时应小心安装和固定，务必使用正确的紧固件，否则可能会导致制动管和制动系统损坏，从而引起人身伤害。

4）应使用符合车辆制造商规定和符合制动系统要求的制动液。向制动总泵储液罐中添加制动液时，只能使用清洁、密封的制动液容器中的制动液。否则，会导致污染，从而损坏制动系统部件内部的橡胶密封件或橡胶衬垫。

5）拆卸制动钳时，应使用一根钢丝挂起制动钳，以免损坏制动管。

### 2. 制动液检查

1）检查液面高度。查看储液罐液面，液面位置应该在 MAX 和 MIN 之间，如图 2-3-21（a）所示。如果制动液液面位置低于 MIN，则应进行添加；如果制动液液面位置高于 MAX，则应对制动液进行抽取。

2）检查制动液质量。拧开加注口盖，查看制动液是否浑浊。如果制动液浑浊，则应更换。

3）制动液含水量检测。常用制动液检测笔来对制动液的含水量进行检测。制动液检测笔如图 2-3-21（b）所示。使用时，拔下测试头护帽，将金属测试头放入被检测的制动液中，按下测试开关，如图 2-3-21（c）所示，笔身上的指示灯就会亮。测试完毕后，要用干燥的布或者纸把测试头上的制动液擦拭干净，关闭测试开关，盖上测试头护帽。

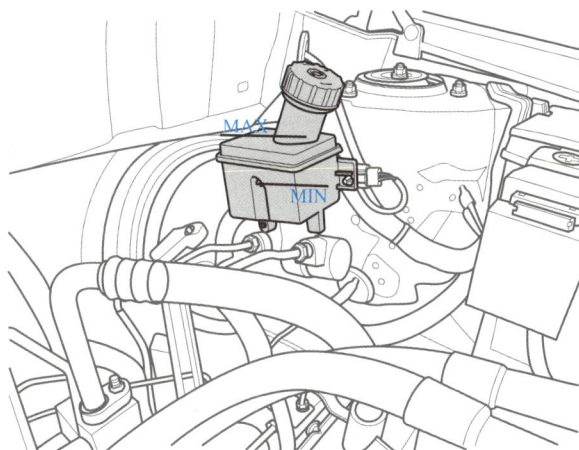

（a）制动液面检查

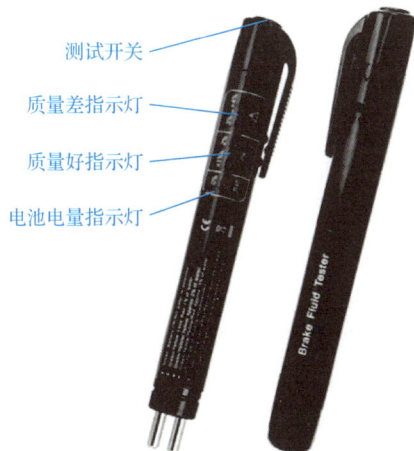

测试开关
质量差指示灯
质量好指示灯
电池电量指示灯

（b）制动液检测笔

（c）制动液含水量检测

图 2-3-21　制动液检查

⊡ **知识窗**

**制动液检测笔指示灯的相关说明**

1）0%灯显示绿色，其他灯不亮，说明制动液性能良好，不含水分；

2）指示灯依次显示绿色/黄色，说明制动液中含水量低于1%，制动液性能好，可放心使用；

3）指示灯依次显示绿色/黄色/黄色，说明制动液中含水量约为2%，制动液可继续使用；

4）指示灯依次显示绿色/黄色/黄色/红色，说明制动液中含水量约为 3%，建议更换制动液；

5）指示灯依次显示绿色/黄色/黄色/红色/红色，说明制动液中含水量至少为4%，需立刻更换制动液。

**3. 制动液的加注和更换调整程序**

更换制动液的同时，必须执行液压制动系统排气程序。

液压制动系统排气步骤如下。

① 保持电源关闭状态，踩下制动踏板数次，直到完全消除助力器中的压力。

② 加注制动液至储液罐中，在排气操作中储液罐液面要保持在至少一半以上的位置，如图 2-3-22 所示。

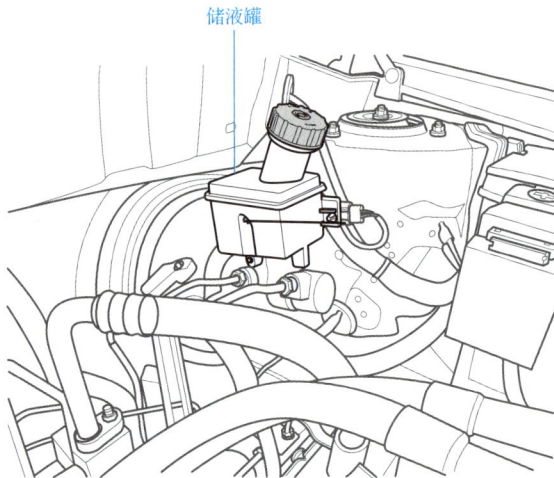

图 2-3-22　加注制动液

③ 缓缓踩下制动踏板（图 2-3-23）到底，并保持住。

④ 松开总泵上的一根制动油管，如图 2-3-24 所示，待制动液从端口流出紧固制动油管接头。力矩为 16N·m。

⑤ 松开总泵上的另一根制动油管，如图 2-3-24 所示，待制动液从端口流出紧固制动油管接头。力矩为 16N·m。

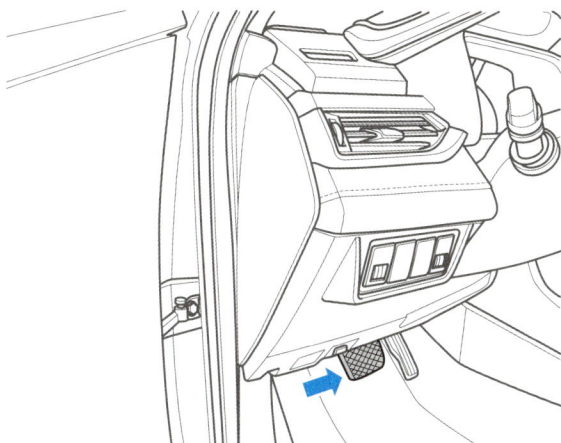

图 2-3-23　制动踏板

图 2-3-24　松开制动油管

⑥ 反复操作步骤②～步骤⑤3～4 遍。

⑦ 拆下放气螺钉防尘罩，将一根透明管连接到右后制动钳上的后放气螺钉上，使管子浸入透明容器中的制动液内，如图 2-3-25 所示。

接下来，按下述步骤排出右后制动钳中的空气。

⑧ 缓慢踩住制动踏板，不可急踩制动踏板。

⑨ 在踩下制动踏板的同时，松开放气螺钉，排出制动钳中的空气。

⑩ 在气泡逸出到制动液容器中后，稍微紧固后放气螺钉。

⑪ 缓慢松开制动踏板。

⑫ 等候 20s 后，重复步骤⑥～步骤⑨，直到排出所有空气。

⑬ 松开放气螺钉时，如果容器中不再出现气泡，则表明空气已全部排出。

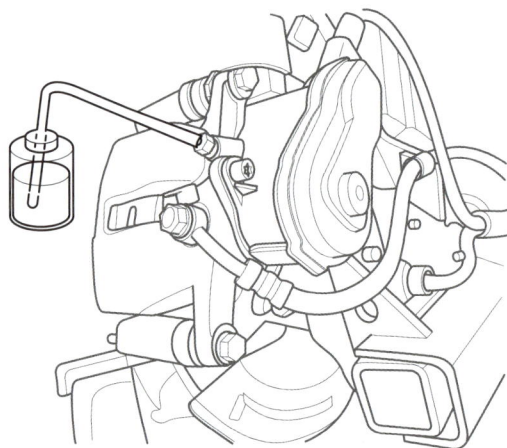

图 2-3-25　将一根透明管连接到右后制动钳上的后放气螺钉上

⑭ 紧固放气螺钉。力矩为 11.5N·m。

⑮ 按左前、左后、右前顺序排放其余制动钳中的空气，按步骤⑤～步骤⑫中的程序操作。

⑯ 在排出所有制动钳中的空气后，检查制动踏板是否绵软。如果踏板绵软，则重复整个排气程序，直至正常。

注意：

手动是不能排出液压制动调节器中的空气的，如果空气混入 ABS 液压制动调节器或安装未充满油液的 ABS 液压制动调节器，则需要使用故障诊断仪来排出 ABS 中的空气。出厂时的 ABS 液压制动调节器是充满油液并经过排气的，在涉及调节器的正常维修程序中，空气不会进入 ABS 液压制动调节器，在这种情况下，使用手动排气程序。

如果不怀疑空气进入总泵，则从步骤⑤开始执行排气程序；如果怀疑空气进入总泵，则须从步骤②开始排放总泵中的空气。

在排气过程中，总泵储液罐液面要保持在至少一半以上的位置。

**4. 制动盘的更换**

（1）拆卸程序

1）举升车辆。

2）拆卸前轮。用扳手松开车轮螺栓、螺母，取下前轮。

注意：为保持车轮平衡，在拆卸轮胎之前，标记车轮相对于轮毂的位置。

3）拆卸制动衬块。先拆卸制动钳下端固定螺栓，再向上翻动制动钳，拆下制动衬块。

4）拆卸制动钳。拆卸制动钳时，无须拆卸制动钳制动软管，应使用一根钢丝悬挂制动钳，以免损坏制动软管。若发现制动液泄漏，必须拆解组件，如发现异常情况，应更换新组件。在拆卸制动组件时，应包好制动管路连接部位，以防灰尘、泥土等杂质进入管路。

5）拆卸制动盘。取下制动盘，如图 2-3-26 所示。在制动盘和车桥轮毂上标上配合标记。

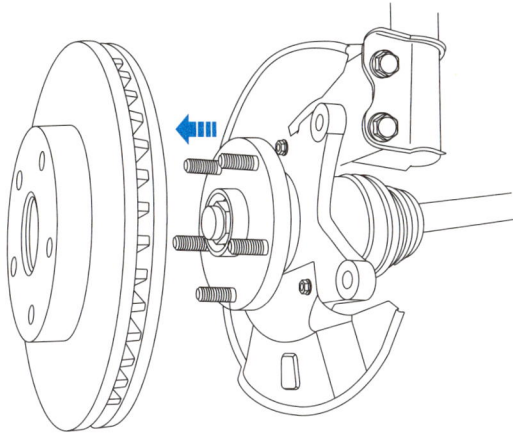

图 2-3-26　拆卸制动盘

（2）检查程序

1）检查制动盘厚度，如图 2-3-27 所示。如果前制动盘的厚度小于最小值，则更换前制动盘。标准厚度为 25mm；最小厚度为 22.5mm。

图 2-3-27　检查制动盘厚度

2）检查制动盘的跳动量，如图 2-3-28 所示。

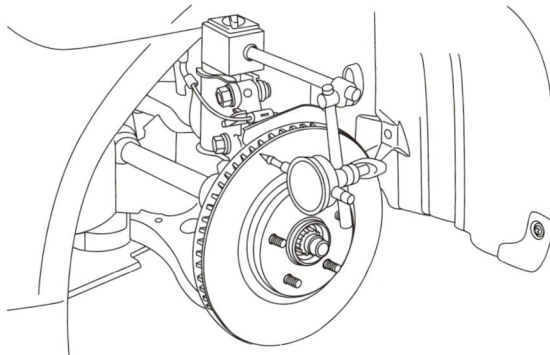

图 2-3-28　检查制动盘的跳动量

① 安装前制动盘。

② 使用专用工具和轮毂螺母拧紧制动盘。力矩为100N·m。

③ 将百分表安装在减振器上，远离车桥轮毂和转速传感器。

④ 使用百分表在制动盘边缘距离外侧13mm的位置测量制动盘的跳动量。最大制动盘跳动量为0.025mm。

注意：若制动盘的跳动量超过最大值，则先改变制动盘和车桥的安装位置，以使制动盘跳动量最小。如果改变制动盘和车桥的安装位置后，制动盘的跳动量还超过最大值，则应检查轴承向上的间隙和车桥轮毂的跳动。若轴承间隙和车桥轮毂跳动正常，或者制动盘的厚度在规定范围内，则研磨制动盘；若制动盘的厚度小于最小值，则更换制动盘。

（3）安装程序

1）安装制动盘。对准制动盘和车桥轮毂上的配合标记安装制动盘。

2）安装制动钳。

3）安装制动衬块。

4）安装前轮。

5）放下车辆。

注意：左、右前轮制动盘安装方法类似。在拆卸或安装制动管路时，不要损坏制动管路或使其变形。在安装制动管路或制动软管时，应确保其没有扭曲或弯曲。制动软管必须远离减振器油、油脂等。在安装制动硬管和制动软管后，应确保它们不与其他组件干涉。不要让制动液黏附在车身等涂漆表面上，如果制动液泄漏到涂漆表面上，应立即将其清除。

### 5. 制动系统故障症状表

制动系统故障症状表如表2-3-1所示。

表2-3-1　制动系统故障症状表

| 现象 | 可能故障部位 | 采取措施 |
| --- | --- | --- |
| 制动液位警告灯保持常亮 | 制动液 | 检查制动系统制动液 |
| | 制动液液位传感器 | |
| | 制动液液位传感器线束 | |
| 制动系统有噪声 | 制动衬块（破裂、扭曲、弄脏、光滑） | 检查制动钳 |
| | 制动钳支架固定螺栓（松动） | 检查制动钳支架固定螺栓 |
| | 制动钳固定螺栓（松动） | 检查制动钳固定螺栓 |
| | 前制动盘（有伤纹） | 检查制动盘表面和磨损情况 |
| | 制动衬块导向片（松动） | 检查制动衬块导向片 |
| | 制动钳浮动销（磨损） | 检查制动钳浮动销 |
| 制动踏板过硬 | 液压制动助力器系统（真空泄漏、失效） | 检查液压真空助力器及电动真空泵 |
| | 制动硬管、软管（扭曲、变形） | 检查制动硬管、软管 |
| 制动踏板过软且制动不足 | 活塞（固定、卡住） | 检查制动钳 |
| | 制动盘（有伤纹、有油渍） | 检查制动盘表面和磨损 |
| | 制动衬块（破裂、扭曲或油渍） | 检查制动衬块 |
| | 制动硬管、软管（扭曲、变形） | 检查制动硬管、软管情况 |

续表

| 现象 | 可能故障部位 | 采取措施 |
|---|---|---|
| 制动踏板过软且制动不足 | 制动系统制动液泄漏 | 检查制动系统制动液泄漏情况 |
| | 制动系统中有空气 | 执行液压制动系统排气操作 |
| | 制动盘（有伤纹） | 检查制动盘表面和磨损情况 |
| | 制动衬块（破裂、扭曲、磨损过度或油渍） | 检查制动衬块 |
| | 制动总泵（内泄） | 检查制动总泵 |
| 制动拖滞 | 制动踏板自由行程（不足） | 更换制动踏板总成 |
| | 制动衬块（卡滞） | 检查制动衬块 |
| | 制动钳浮动销（锈蚀） | 检查制动钳浮动销 |
| | 活塞（固定、卡滞） | 检查制动钳 |
| | 真空助力器卡滞 | 检查真空助力器及电动真空泵 |
| | 制动总泵（故障） | 检查制动总泵 |

## 课堂练习

判断题

1. 故障指示灯常亮，汽车一定有故障。　　　　　　　　　　　　　　　（　　）
2. 若制动液液面位置低于 MIN 线，则添加一点水进去，使液面在 MIN 和 MAX 之间。
　　　　　　　　　　　　　　　　　　　　　　　　　　　　　　　（　　）

## 项目实施

底盘系统部件的工作环境往往相对恶劣，也更加容易出现磕碰、渗漏等问题。作为一名吉利品牌新能源汽车维修保养技师，必须能够对底盘系统进行维护与保养作业。请在教师指导下，以小组（两人一组）形式按照下面的任务工单在新能源汽车实车上完成底盘系统的维护与保养。

**注意：**在进行相关数据的测量时，应规范操作，按照标准校准测量工具，反复多次测量，精益求精，减小误差。

**新能源汽车底盘系统的维护与保养任务工单**

班级：＿＿＿＿＿＿　　组别：＿＿＿＿＿＿　　小组成员：＿＿＿＿＿＿＿＿＿＿＿＿＿＿

| 工作项目 | 工作内容 | 工具选择 | 实施过程 | 结果记录 |
|---|---|---|---|---|
| 准备工作 | 场地准备<br>□警示牌 □警戒带 □绝缘胶垫<br>□灭火器 □绝缘钩 □其他 | | | |
| | 个人安全防护准备<br>□安全帽 □防护眼镜 □绝缘手套<br>□安全鞋 □防护服 | | | |

| 工作项目 | 工作内容 | 工具选择 | 实施过程 | 结果记录 |
|---|---|---|---|---|
| 转向系统检查 | 转向盘自由间隙检查 | | | 第 1 次测量：<br><br>第 2 次测量：<br><br>第 3 次测量： |
| | 中间轴万向节检查 | | | |
| | 转向力检查 | | | |
| | 转向器横拉杆球头检查 | | | |
| 行驶系统检查 | 悬架检查 | | | |
| | 减振器是否漏油 | | | |
| | 轮胎检查（轮胎胎压、花纹深度测量） | | | 胎压第 1 次测量：<br><br>胎压第 2 次测量：<br><br>胎压第 3 次测量：<br><br>花纹深度第 1 次测量：<br><br>花纹深度第 2 次测量：<br><br>花纹深度第 3 次测量： |
| 制动系统检查 | 制动液液位检查 | | | |
| | 制动液的加注和更换 | | | |
| | 制动踏板高度检查 | | | 第 1 次测量：<br><br>第 2 次测量：<br><br>第 3 次测量： |
| | 真空助力器检查 | | | |
| | 真空泵检查 | | | |
| | 制动盘的检查与更换（制动盘的厚度、跳动量测量） | | | 第 1 次测量：<br><br>第 2 次测量：<br><br>第 3 次测量： |

| 工作项目 | 工作内容 | 工具选择 | 实施过程 | 结果记录 |
|---|---|---|---|---|
| 制动系统<br>检查 | 摩擦片的检查与更换<br>（摩擦片厚度测量） | | | 第 1 次测量：<br>_____<br>第 2 次测量：<br>_____<br>第 3 次测量：<br>_____ |
| 整理工作 | 7S 管理 | | | |
| | 废旧部件及油液处理 | | | |

## 考核评价

综合整个学习过程，通过学生的课堂表现、课后习题、任务完成情况等对学生的知识目标、能力目标、思政要素和职业素养目标达成情况进行评价。

**教学目标达成情况评价表**

班级：_____ 姓名：_____

| 知识目标达成情况 | | |
|---|---|---|
| 目标描述 | 教师评价 | 学生自评 |
| 知道新能源汽车的结构布置方式、零部件安装位置、各标志位置、插接件位置 | | |
| 能描述新能源汽车底盘的工作原理与维护作业内容 | | |
| 评价结论：知识目标是否达成　　　□是　　　□否 | | |

| 能力目标达成情况 | | |
|---|---|---|
| 目标描述 | 教师评价 | 学生自评 |
| 能快速地对行驶系统进行维护作业 | | |
| 能正确地对制动真空系统进行检修作业 | | |
| 能进行制动液的更换操作 | | |
| 能进行转向系统的机械维护作业 | | |
| 评价结论：能力目标是否达成　　　□是　　　□否 | | |

| 思政要素和职业素养目标达成情况 | | |
|---|---|---|
| 目标描述 | 教师评价 | 学生自评 |
| 增强规范意识、安全意识、环保意识，践行绿色发展理念 | | |
| 树立质量意识、成本意识，培养全局思维、创新思维 | | |
| 增强"中国制造"自信，强化技能报国信念 | | |
| 评价结论：思政要素和职业素养目标是否达成　　　□是　　　□否 | | |

# 项目四　新能源汽车冷却系统的维护与保养

## 项目描述

本项目主要介绍新能源汽车冷却系统的作用、结构及工作原理等，以及新能源汽车冷却系统的维护与保养。通过对本项目的学习，应能够完成新能源汽车冷却系统的维护作业。

## 学习目标

| 知识目标 | 能力目标 | 思政要素和职业素养目标 |
|---|---|---|
| 1. 知道新能源汽车冷却系统的作用；<br>2. 能描述新能源汽车冷却系统的结构及工作原理 | 1. 能够进行新能源汽车冷却系统的检查；<br>2. 能够判断新能源汽车冷却系统的常见故障并进行维护处理 | 1. 增强安全防护意识、环保意识，规范作业；<br>2. 强化质量意识，培养效率意识，注重实效；<br>3. 增强全局思维，善于透过现象看本质 |

对接 1+X 证书《新能源汽车动力驱动电机电池技术（中级）》工作任务 1——新能源汽车工作安全、工作任务 4——电机系统检测维修

1.1 维修工具使用注意事项、1.2 安全注意事项、1.3 安全检查、1.6 高压电维修作业注意事项、4.1.4 驱动电机系统检测维修

## 情境导入

吉利帝豪 4S 店接到一辆 EV450 故障新能源汽车，根据客户反映，客户在车辆行驶过程中看见一个温度的图标后车辆就不能正常行驶了，初步断定为冷却系统故障。你作为刚入职的员工，需要按照技术操作规范进行冷却系统的故障诊断。

## 课前练习

通过课前对 4S 店维修人员的维护作业过程进行观察学习及查找相关资料，明确新能源汽车冷却系统的维护作业包括哪些方面的内容。将你所收集到的信息整理在下面的方框中。

**相关资讯**

新能源汽车中的纯电动汽车与传统燃油汽车的区别很大。纯电动汽车没有发动机部分，但纯电动汽车的动力电池、驱动电机控制器及车载充电机等关键部件在工作中仍然会产生热量，需要进行冷却，因此纯电动汽车都配置了冷却系统。若新能源汽车的冷却系统出现故障，车辆随之也会出现不能行驶的故障，这就需要对新能源汽车的冷却系统进行检查和定期维护。

## 资讯一　新能源汽车冷却系统基本认知

新能源汽车冷却系统对新能源汽车长期正常行驶非常重要，冷却系统一旦发生故障就会导致车辆无法正常行驶，所以应了解新能源汽车冷却系统的作用、类型、工作原理和工作模式，为新能源汽车冷却系统的检查和维护奠定基础。

### （一）冷却系统的作用

纯电动汽车虽然没有发动机产生热量，但是纯电动汽车的驱动电机、车载充电机、电机控制器、动力电池等部件工作时也会产生大量的热。驱动电机的转子高速旋转时会产生高温，热量通过机体传递，如果不加以降温，将导致驱动电机限功率输出、转子消磁、定子绝缘性能下降。车载充电机工作时将高压交流电转换成高压直流电，在转换过程中会产生大量热量，如果温度过高会导致车载充电机内电子元器件性能下降甚至烧毁元器件。电机控制器将动力电池的高压直流电转换为高压交流电供给驱动电机，同样在转换过程中将产生热量，若温度过高会导致电机控制器不能正常工作。动力电池在充放电的过程中也会产生大量热量，如果散热不及时会导致电池性能下降、寿命缩短，甚至引发自燃等现象。

纯电动汽车冷却系统的作用是将驱动电机、车载充电机、电机控制器、动力电池等部件产生的热量带走，保证各部件在要求的温度范围内稳定高效地工作。吉利帝豪 EV450 前机舱冷却系统部件如图 2-4-1 所示。

### （二）冷却系统的类型

新能源汽车的冷却系统主要分为自然散热、风冷散热和液体循环散热 3 种。

#### 1. 自然散热

自然散热是指不采用特别的散热措施，使发热部件自身表面通过温差效应或通过相邻部件的传导作用，将热量传送到外界环境中，达到散热的目的。

#### 2. 风冷散热

通过空气流过发热部件表面或特别设计的风道，带走发热部件内部所产生的热量，这种方式称为风冷散热。

风冷散热是以空气为冷却介质的冷却方式，主要有两种形式：第一种是利用汽车行驶时与空气相对运动所产生的风进行散热；第二种是强制风扇散热。采用强制风扇散热形式的散热系统如图 2-4-2 所示。

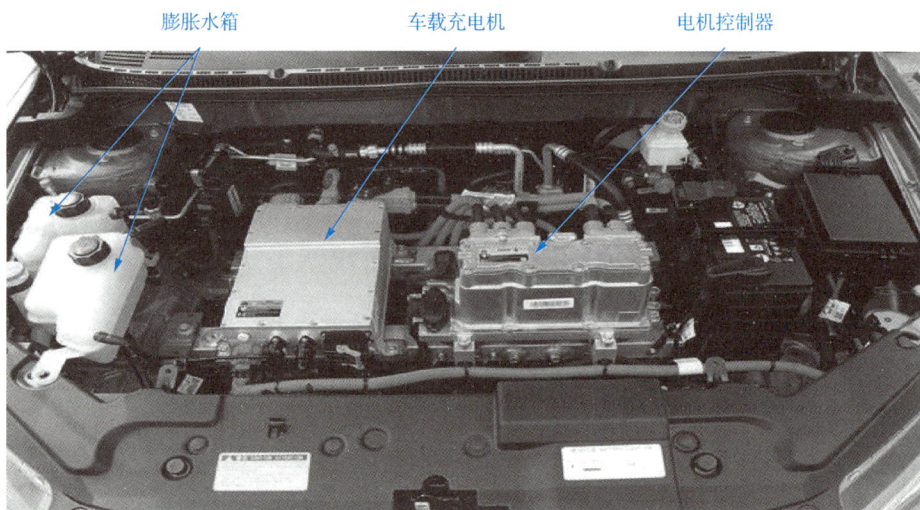

图 2-4-1　吉利帝豪 EV450 前机舱冷却系统部件

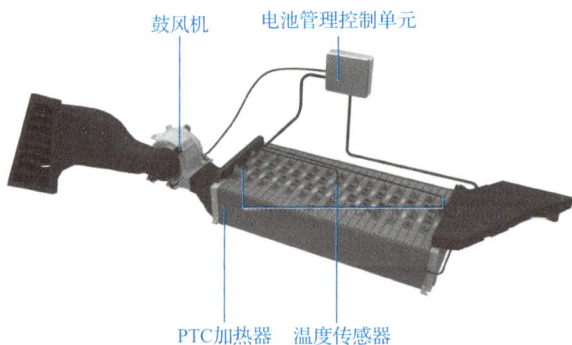

图 2-4-2　采用强制风扇散热形式的散热系统

### 3. 液体循环散热

让液体（水、专用油或其他介质）通过发热部件内部专门设计的水道吸收发热部件内部的热量，并将热量带到外部的散热器，以风冷方式给散热器中的液体降温，再将降温后的液体送回发热部件内部继续吸收热量，这种散热方式称为液体循环散热，如图 2-4-3 所示。这也是现在大多数电动汽车所采用的冷却方式。

### （三）冷却系统的工作原理

纯电动汽车的驱动电机及控制器的冷却系统主要依靠冷却水泵运转带动冷却液在冷却管道中循环流动，带走驱动电机与控制器工作时产生的热量，在散热器总成里与外界冷空气进行热交换，把系统中的热量传递到环境中。为了能使散热器的热量散发得更加充分，一般需要在散热器后面加装电驱动的散热风扇来提高空气流动增加散热量。

图 2-4-3　液体循环散热

纯电动汽车动力电池冷却系统主要依靠冷却水泵运转带动冷却液在冷却管道中循环流动，带走动力电池工作时产生的热量，在热交换器中利用空调制冷剂吸热进行热交换，把系统中的热量带走。吉利帝豪 EV450 冷却系统管路流向图如图 2-2-13 所示。

（四）冷却系统的结构

纯电动汽车驱动电机冷却系统主要由散热器、膨胀水箱、冷却水泵（电动水泵）、水管及冷却水套、散热风扇及冷却液等组成。吉利帝豪 EV450 冷却系统的结构如图 2-4-4 所示。

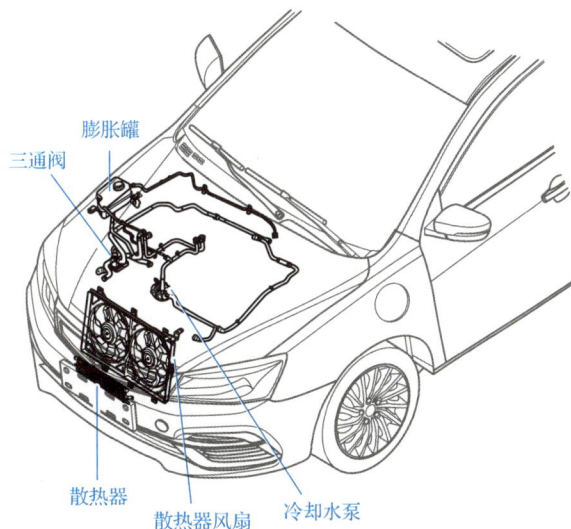

图 2-4-4　吉利帝豪 EV450 冷却系统的结构

## 1. 散热器

散热器是电动汽车冷却系统的一部分,在冷却系统中起到储水和提供冷却液散热的作用。散热器根据其结构形式可分为直流式和横流式两类。散热器主要由左储水室、右储水室、散热器片、散热器芯,高温冷却液入口、低温冷却液出口、放水螺栓等部件组成。图 2-4-5 所示为横流式散热器的结构。

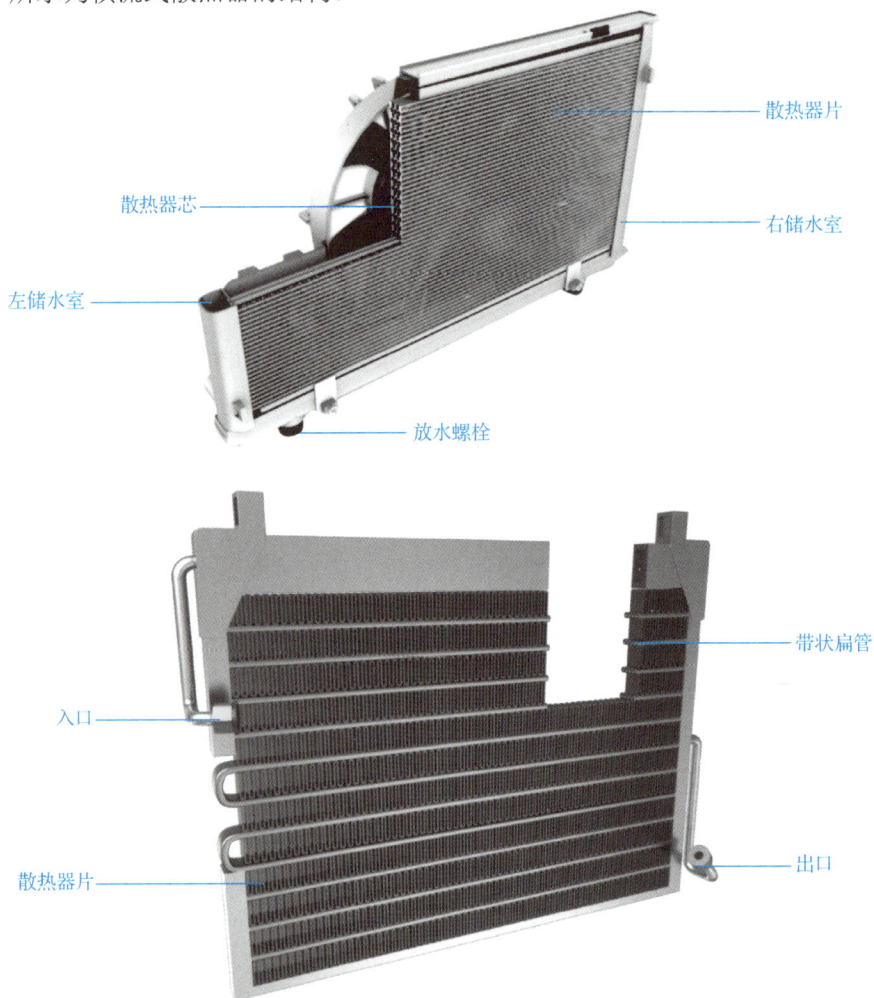

图 2-4-5 横流式散热器的结构

散热器各散热器片之间留有空隙,空气从散热器片的空隙中通过,冷却液在散热器芯内流动,冷却空气将冷却液中的热量带走,所以散热器实质上是一个热交换器。散热器的工作原理如图 2-4-6 所示。

## 2. 膨胀水箱

膨胀水箱是一个透明塑料罐,如图 2-4-7 所示。

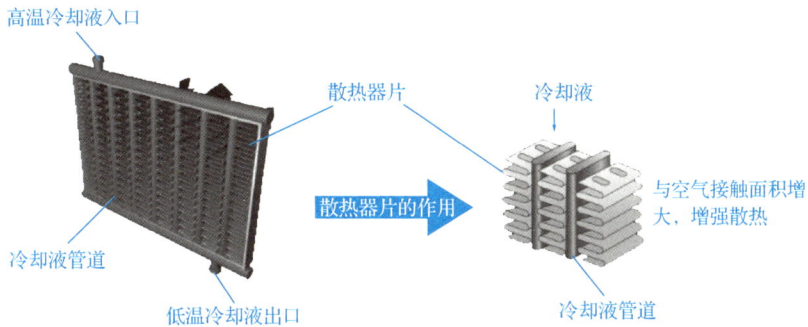

图 2-4-6 散热器的工作原理

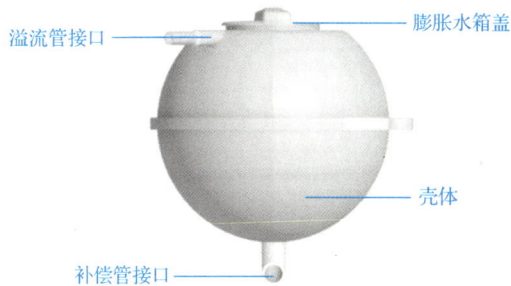

图 2-4-7 膨胀水箱

膨胀水箱通过水管与散热器连接。随着冷却液的温度逐渐升高并膨胀，部分冷却液从冷却系统中溢流入膨胀水箱，散热器和管道中滞留的空气也被排入膨胀水箱总成。车辆停止后，冷却液自动冷却并收缩，先前排出的冷却液则被吸回散热器，从而使散热器中的冷却液一直保持在合适的液面，并提高冷却效率。当冷却系统处于冷态时，冷却液液面应保持在膨胀水箱总成上的 LOW（最低）和 FULL（最高）标记之间的标准液位。冷却液溢流入膨胀水箱如图 2-4-8 所示。冷却液被吸回散热器如图 2-4-9 所示。

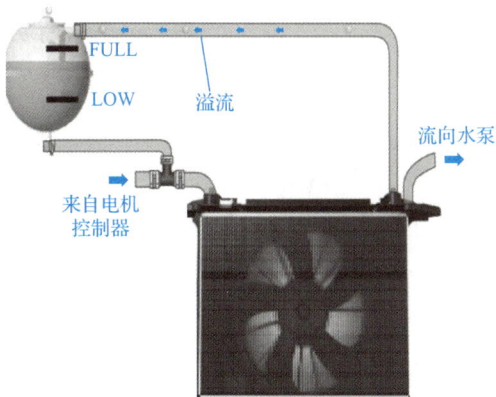

图 2-4-8 冷却液溢流入膨胀水箱

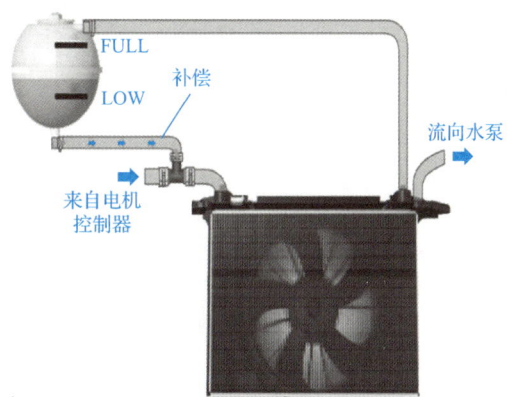

图 2-4-9 冷却液被吸回散热器

吉利帝豪 EV450 采用两个膨胀水箱,分别用于驱动电机系统冷却和动力电池冷却加热,热效率更高、性能更好。

### 3. 冷却水泵

冷却系统（电机/电池）有两个冷却水泵。冷却水泵由低压电路驱动，为冷却液的循环提供压力。在电动水泵的驱动下，冷却液在管路中按照规定的流向对系统进行冷却，如图 2-4-10 所示。

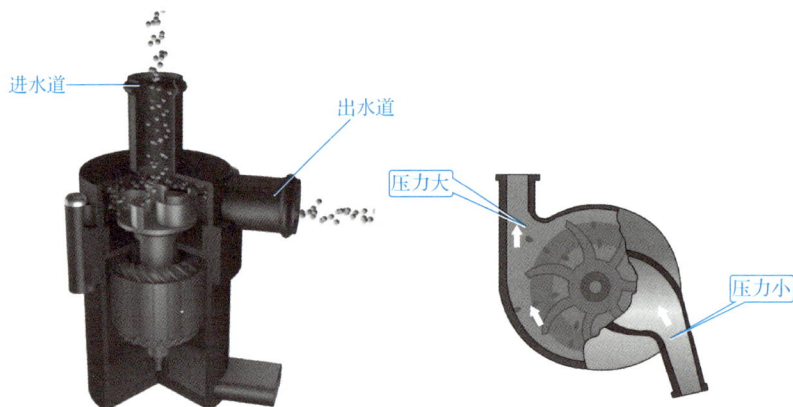

图 2-4-10　冷却水泵

### 4. 水管及冷却水套

电动汽车的封闭式水循环通道一般采用橡胶软管与内部水道相连接的形式。由于管路接头及各密封点处漏水的问题会造成短路、漏电及烧毁绝缘的危险，所以水冷系统对水道的密封性和耐蚀性要求非常严格。在电动汽车电机设计中，水道必须让冷却液体与电动机内表面每个地方都能够接触，流向设计是让冷却液能够更好地带走最易发生热故障部位的热量，所以需要针对不同车型进行设计制造。

控制器的冷却方式是在控制器的底部加装循环散热板，通过导热而绝缘的绝缘层与控制器中的主要功率模块进行连接，而循环散热板内部则分布有水套。电机控制器的循环散热板如图 2-4-11 所示。

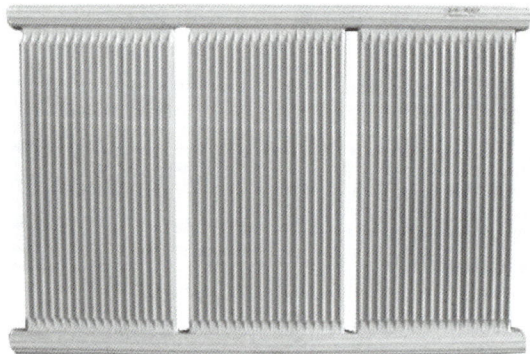

图 2-4-11　电机控制器的循环散热板

### 5. 散热风扇

散热风扇主要由扇叶、电动机和导风罩组成，如图 2-4-12 所示。散热风扇总成安装在机舱内散热器的后部，它可增加散热器和空调冷凝器的通风量，从而有助于加快车辆低速行驶时的冷却速度。散热风扇采用双风扇、高低速的控制模式，通过两个不同的电动机驱动扇叶。散热风扇由整车控制器利用风扇低速继电器和风扇高速继电器直接控制，在低速电路中，采用串联调速电阻的方式来改变风扇的转速。

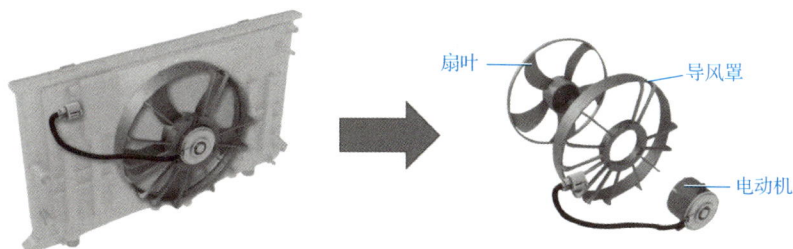

图 2-4-12 散热风扇

**注意：** 即使在车辆停止运行时，机舱下的风扇也可能运转，因此，应保持手、衣服和工具远离机舱下的风扇。扇叶有任何程度的弯曲或损坏，都必须及时更换。损坏的扇叶不能保证正常的平衡且在连续使用中可能会出现故障和飞脱，这种情况非常危险。

### 6. 冷却液

吉利帝豪 EV450 采用的冷却液（图 2-4-13）为符合 NB/SH/T 0521—2010 要求的电机用乙二醇型电机冷却液（防冻液），冰点小于等于-40℃，禁止使用纯净水和自来水代替冷却液。电机冷却液不能混用。冷却液加注量为 7L。

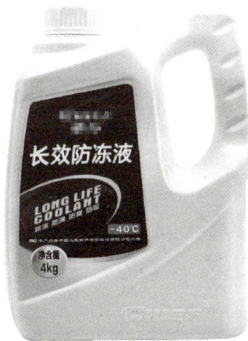

图 2-4-13 冷却液

**注意：** 冷却系统采用的冷却液与空调系统采用的暖风冷却液材质相同。

### （五）冷却系统的工作过程与工作模式

吉利帝豪 EV450 采用 ITGS 2.0 电池智能温控管理系统（冷却系统），基于电驱部件湿度及水温的智能反馈控制策略，实现对水泵及风扇运转的动态控制。电池热管理实时监测电池湿度及进出水温度，实现对综合车速、环境温度、驾驶室湿度等的多重控制。同时引入车载充电机、电机控制器等外部热源对电源系统进行加热，快速将电池温度提升至最佳状态。吉利帝豪 EV450 智能温控管理系统控制电路如图 2-4-14 所示。

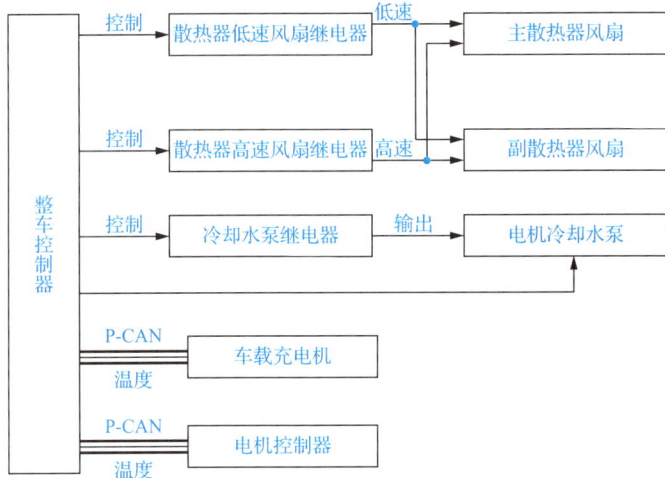

图 2-4-14　吉利帝豪 EV450 智能温控管理系统控制电路

### 1. 工作过程

（1）驱动电机热管理

驱动电机转子高速旋转会产生高温，热量通过机体传递，如果不加以降温，则驱动电机无法正常工作，所以驱动电机机体内设置有冷却液道，通过冷却液的循环与外界进行热交换。这样能将驱动电机的工作温度保持在一定范围内，防止驱动电机过热。

（2）车载充电机热管理

车载充电机工作时将高压交流电转换成高压直流电，转换过程中会产生大量的热量，因此车载充电机内部也有冷却液道，通过冷却液的循环降低车载充电机的工作温度。

（3）电机控制器热管理

电机控制器不但控制驱动电机的高压三相供电，在吉利帝豪 EV450 中，电机控制器集成的 DC/DC 转换功能还要将动力电池的高压直流电转换成低压直流电，为铅酸蓄电池充电和用电设备供电。在此过程中会产生热量，需要通过冷却液循环散热。

（4）动力电池热管理

动力电池在充、放电过程中会产生大量热量，而且动力电池处于一个相对封闭的环境，这就会导致电池的温度上升，通过冷却液循环可以降低动力电池的工作温度。当电池系统温度过低时，系统开启加热模式对电池进行加热，保证动力电池能够正常工作和充电。

### 2. 工作模式

吉利帝豪 EV450 纯电动汽车动力电池组件具备高温冷却和低温预热两种工作模式，确保动力电池处于最佳工作状态。

（1）高温冷却模式

放电与智能充电模式：动力电池系统温度高于 38℃开启冷却系统，低于 32℃停止冷却系统。快充模式：动力电池系统温度高于 32℃开启冷却系统，低于 28℃停止冷却系统。匀热模式：当上述两种模式到达停止冷却温度时，启动匀热模式。若水温低于停止冷却温度，则温控系统继续工作，直到一定时间内电池最高温度不发生变化。

（2）低温预热模式

放电与智能充电模式：电池系统温度低于 0℃开启加热，高于 3℃停止加热。快充模式：电池系统温度低于 10℃开启加热，高于 12℃停止加热。匀热模式：当上述两种模式到达停止加热温度时，启动匀热模式。若水温高于停止加热温度，则温控系统继续工作，直到一定时间内电池最低温度不发生变化。

## 资讯二　新能源汽车冷却系统的检查与维护

冷却系统的日常检查包括冷却液液面的检查和冷却液加注。驾驶人可以根据冷却液液位的检查判断冷却系统是否存在泄漏等故障，为行车安全提供保障。如果冷却液液位过低，驾驶人可以按照维修手册等标准自行添加冷却液。若长期出现冷却液缺少的情况，应及时前往车辆特约维修点进行冷却系统的故障排除，以免在行车过程中出现更加严重的问题。

### （一）冷却系统检查

#### 1. 冷却液液位检查

将车辆停驻在水平路面上，打开前机舱盖，打开前务必仔细阅读和遵守相关警告说明，待电机冷却后检查冷却液液位：MAX 为冷却液液位上限标记，MIN 为冷却液液位下限标记。

冷却液液位标记范围如图 2-4-15 所示，冷却液液位应位于上限标记与下限标记之间。如果液位偏低，则须添加冷却液。

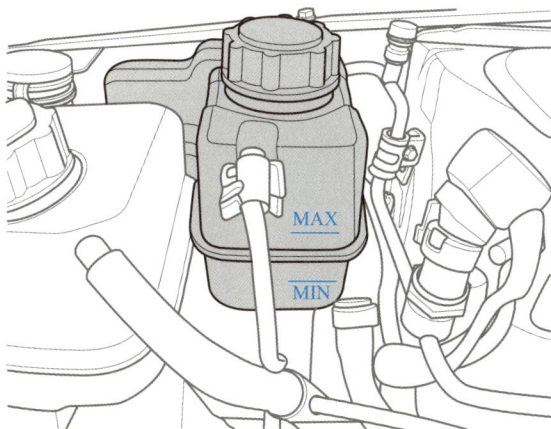

图 2-4-15　冷却液液位标记范围

#### 2. 冷却液冰点检查

为了适应冬季行车的需要，冷却液中需要加入防冻剂，以防止循环冷却液的冻结。最常用的防冻剂是乙二醇，冷却液中水与乙二醇的比例不同，其冰点也不同。一般要求其冰点低于环境最低温度10℃左右。

冷却液冰点检测的步骤如下。

1）测定前首先使标准液（纯净水）、冰点测试仪及待测液体基于同一温度。

2）掀开冰点检测仪的盖板（图2-4-16），然后取2~3滴标准液滴于折光棱镜上，并用手轻轻按压平盖板，通过目镜看到一条蓝白分界线。旋转校正钉使目镜视场中的蓝白分界线与基准线重合（0%）。

3）测量。用柔软绒布擦净棱镜表面及盖板，掀开盖板，取2~3滴待测液体滴于折光棱镜上，盖上盖板轻轻按压平，里面不要有气泡，然后通过目镜读取蓝白分界线的相对刻度，即待测液体的测量值，如图2-4-17所示。

4）测量完毕后，直接用潮湿绒布擦干净棱镜表面及盖板上的附着物，待干燥后，妥善保存起来。

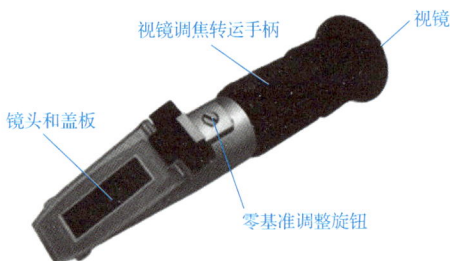

图2-4-16　冰点测试仪

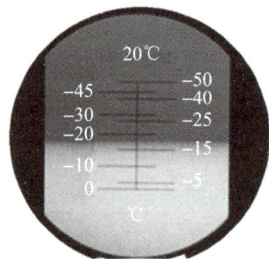

图2-4-17　冰点测试仪刻度

### 3. 冷却系统泄漏检查

冷却液高度有明显降低意味着冷却系统发生了泄漏。如果发生这种情况，则应检查泄漏点并排除。检查冷却系统各管路和各部件接口处有无泄漏现象，如图2-4-18所示。检查散热器盖有无泄漏，软管处有无泄漏，芯体是否老化、堵塞。

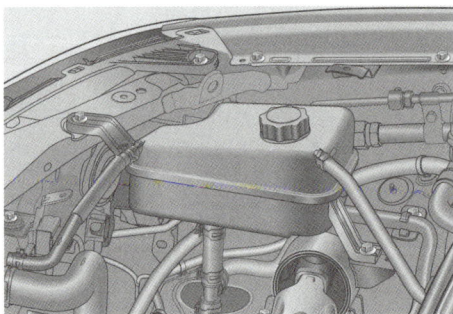

图2-4-18　冷却系统泄漏检查

清洗散热器片，以保证良好的传热效果。当散热器和空调冷凝器出现碎屑堆积时应进行清洗。在电机冷却后，在散热器后部（电机侧）使用压缩空气冲走散热器或空调冷凝器的碎屑。

#### 4. 导线检查

检查水泵、冷却液温度传感器、液位传感器等元件导线是否有老化、破皮等现象，若有应及时维修。

#### 5. 冷却液更换和加注

更换和加注冷却液的步骤如下。

1）若电机处于热态，关闭驱动系统并等待其冷却。

2）打开冷却液膨胀水箱盖总成。

3）拧松散热器放水阀，排尽冷却液。在排放冷却液前，将容器放置在车辆底部，接住冷却液，以免污染地面。

4）旋紧散热器放水阀。

5）加注冷却液，直至达到最高液位线。

6）拧紧膨胀水箱盖，加电让水泵运转 5min，然后断电，查看冷却液液位并进行补充。

7）重复上述 6 个步骤，直至冷却液液位达到标准液位且不下降为止。最终冷却液液位必须处在标记范围内，至少高于 MIN 标记处。

**注意：**①冷却液不可混合使用。不同的冷却液中，添加的防锈剂、防腐剂等化学成分有所不同，相互混用容易发生化学反应，引起沉淀、污垢等后果。②冷却液配制的体积分数为 40%～60%。如果出于气候原因需要更强的防冻效果，可以提高冷却液的比例，但最高只能到 60%（防冻温度最低至约-40℃），否则防冻效果会减弱，此外还会降低冷却效果。③如果更换了散热器、驱动电机等，则必须更换冷却液。④冷却液及其添加剂均为有毒物质，切勿接触，并将之置于安全场所。排放出的冷却液不可再使用，应按相关规定处理废弃的冷却液。

#### 6. 冷却系统冷却水泵的更换方法

冷却系统中冷却水泵损坏就会导致冷却系统故障，影响冷却液的循环，因此要掌握冷却水泵的更换方法。

（1）冷却水泵的拆卸程序

1）打开前机舱盖，断开蓄电池负极电缆。

2）拆卸冷却水泵。

① 断开冷却水泵线束插接器，如图 2-4-19 所示。

② 拆卸环箍，脱开散热器出水管（冷却水泵侧）；拆卸环箍，脱开电机控制器总成进水管（冷却水泵侧）。

③ 拆卸冷却水泵螺栓，如图 2-4-20 所示。

**注意：**脱开水管前，应在车辆底部放置容器，接住冷却液，以免污染地面。

（2）冷却水泵的安装程序

1）放置冷却水泵，安装冷却水泵螺栓，力矩为 9N·m。

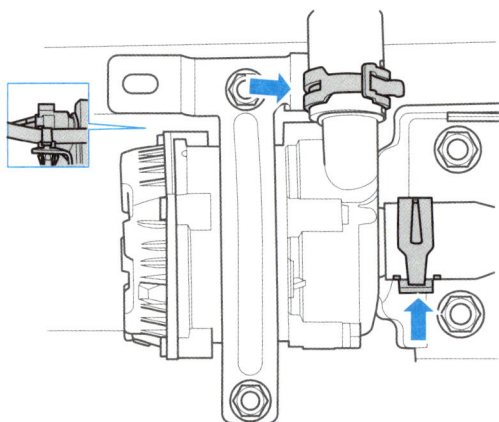

图 2-4-19　冷却水泵插接器的位置

图 2-4-20　冷却水泵水管和螺栓的位置

2）安装冷却水泵线束插接器。

**注意**：插接时注意"一插、二响、三确认"。

3）安装环箍，脱开散热器出水管（冷却水泵侧）；安装环箍，脱开电机控制器总成进水管（冷却水泵侧）。

**注意**：环箍装配位置应与管路标示线对齐。

4）加注冷却液，连接蓄电池负极电缆，关闭前机舱盖。

5）进行作业后的 7S 管理并交车。

### （二）冷却系统常见故障

新能源汽车在正常使用过程中，各部件、总成、系统都会出现自然、人为及外界环境造成的性能下降和故障。常见故障及维修方法如下。

### 1. 散热风扇高低速均不工作

根据散热风扇高低速都不工作的故障现象，可以依据图 2-4-21 所示的冷却系统风扇控制电路工作原理图进行维修，具体步骤如下。

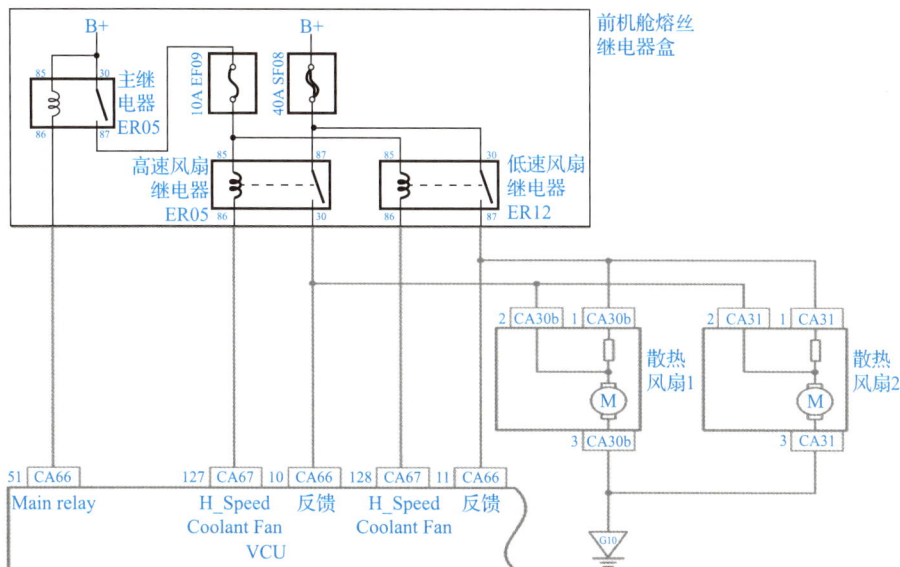

图 2-4-21　冷却系统风扇控制电路工作原理图

1）操作启动开关至 OFF 挡，拔下整车控制器熔丝 SF08（40A）、EF09（10A），使用万用表欧姆挡检查熔丝是否熔断。

2）操作启动开关至 ON 挡，使用万用表电压挡检查 SF08（40A）、EF09（10A）熔丝座输入端是否有 11～14V 电压（标准值为 11～14V）。

3）操作启动开关至 OFF 挡，使用万用表欧姆挡检查熔丝 SF08（40A）、EF09（10A）供电电路电阻值是否小于 1Ω（标准值小于 1Ω）。

4）操作启动开关至 OFF 挡，拔下主继电器 ER05，使用万用表欧姆挡检查主继电器 ER05 是否损坏。

5）操作启动开关至 ON 挡，使用万用表电压挡测量 ER05 主继电器座 30、85 端子是否有 11～14V 电压，再测量 86 端子（整车控制器提供的负控制）是否有 11～14V 电压（标准值为 11～14V）。

6）操作启动开关至 OFF 挡，使用万用表欧姆挡检查主继电器 ER05 供电电路电阻值是否小于 1Ω，拔下 CA66 插头再测量主继电器 ER05 86 端子到 CA66 线路的电阻值是否小于 1Ω（标准值小于 1Ω）。

7）确认故障排除后交车。

## 2. 冷却系统高低速风扇一种状态无法运转

根据散热风扇的故障现象（下面以低速风扇无法运转为例），依据图 2-4-21 所示的冷却系统风扇控制电路工作原理图进行维修，具体步骤如下。

1）操作启动开关至 OFF 挡，拔下整车控制器熔丝 SF08（40A）、EF09（10A），使用万用表欧姆挡检查熔丝是否熔断。

2）操作启动开关至 ON 挡，使用万用表电压挡检查 SF08（40A）、EF09（10A）熔丝座输入端是否有 11～14V 电压（标准值为 11～14V）。

3）操作启动开关至 OFF 挡，使用万用表欧姆挡检查熔丝 SF08（40A）、EF09（10A）供电电路电阻值是否小于 1Ω（标准值为小于 1Ω）。

4）操作启动开关至 OFF 挡，拔下 ER12 低速风扇继电器，使用万用表欧姆挡检查低速风扇继电器 ER12 是否损坏。

5）操作启动开关至 ON 挡，使用万用表电压挡测量 ER12 低速风扇继电器座 30、85 端子是否有 11～14V 电压，再测量 86 端子（整车控制器提供的负控制）是否有 11～14V 电压（标准值为 11～14V）。

6）操作启动开关至 OFF 挡，使用万用表欧姆挡检查低速风扇继电器 ER12 供电电路阻值是否小于 1Ω（标准值为小于 1Ω）。

7）操作启动开关至 OFF 挡，断开整车控制器线束插接器 CA67，如图 2-4-22 所示；操作启动开关至 ON 挡，用万用表电压挡测量整车控制器线束插接器 CA67 的 128 号端子与可靠接地之间的电压是否为 11～14V（标准值为 11～14V）。

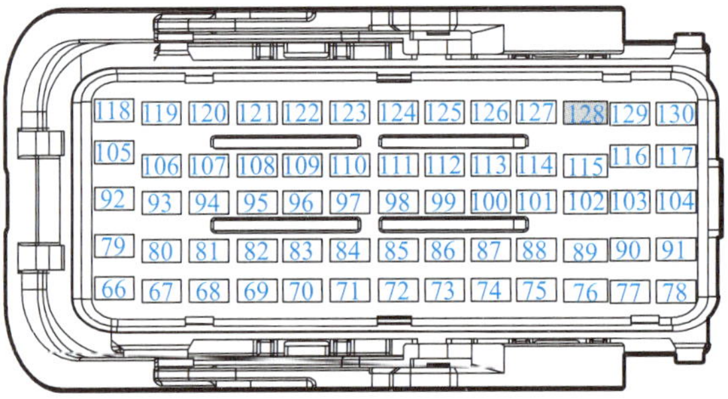

图 2-4-22　整车控制器线束插接器 CA67

8）操作启动开关至 OFF 挡，断开主散热器散热风扇 1 线束插接器 CA30b，断开主散热器散热风扇 2 线束插接器 CA31，如图 2-4-23 所示，分别用万用表电阻挡测量主散热器散热风扇 1 线束插接器 CA30b 3 号端子和车身可靠接地之间的电阻值、散热风扇 2 线束插接器 CA31 的 3 号端子和车身可靠接地之间的电阻值是否小于 1Ω（标准值小于 1Ω）。

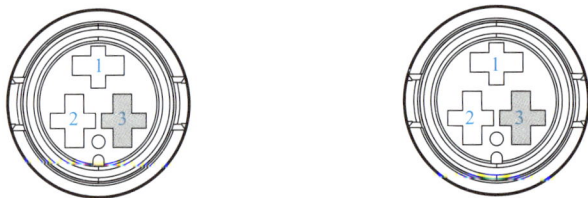

（a）CA30b散热风扇1线束插接器　　　　（b）CA31散热风扇2线束插接器

图 2-4-23　主散热器散热风扇线束插接器 CA30b 和 CA31

9）操作启动开关至 OFF 挡，断开主散热器散热风扇 1 线束插接器 CA30b，断开主散热器散热风扇线束插接器 CA31；操作启动开关至 ON 挡，连接故障诊断仪，执行散热器风扇低速运转动作测试（或用跨接线将整车控制器线束插接器 CA67 的 128 号端子与车身可靠接地连接），同时用万用表电压挡测量主散热器散热风扇线束插接器 CA30b、CA31 的 1 号端子和 3 号之间的电压值是否为 11～14V（标准值为 11～14V）。

10）操作启动开关至 OFF 挡，断开主散热器散热风扇线束插接器 CA30b，拆卸低速风扇继电器 ER12，用万用表电阻挡测量主散热器散热风扇线束插接器 CA30b、CA31 的 1 号端子到低速风扇继电器 ER12 的 87 号端子线路之间的电阻值是否小于 1Ω（标准值小于 1Ω）。

11）操作启动开关至 OFF 挡，断开蓄电池负极电缆，更换整车控制器。

12）确认故障排除后交车。

### 3. 冷却系统冷却水泵无法工作故障诊断与维修

根据上述冷却系统冷却水泵无法工作的故障现象，我们可以依据图 2-4-24 所示的冷却系统冷却水泵控制电路工作原理图进行维修，维修步骤如下。

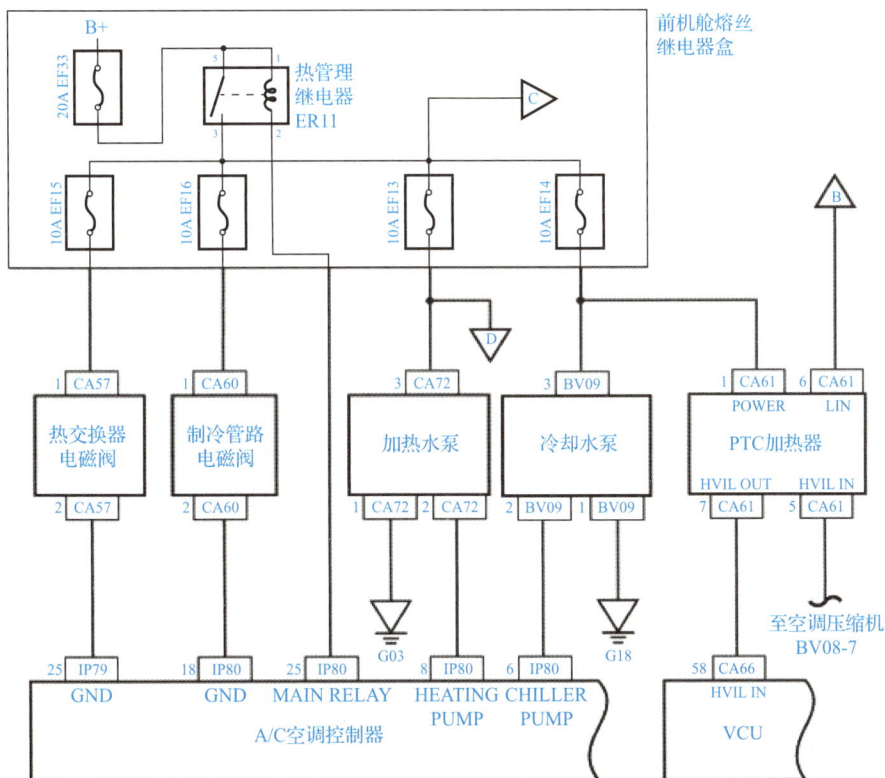

图 2-4-24　冷却系统冷却水泵控制电路工作原理图

1）操作启动开关至 ON 挡，连接故障诊断仪，读取系统故障码，可根据故障码提示进行维修。

2）操作启动开关至 OFF 挡，拔下熔丝 EF33（20A）、EF14（10A），使用万用表欧姆挡检查熔丝是否熔断。

3）操作启动开关至 ON 挡，使用万用表电压挡检查 EF33（20A）、EF14（10A）熔丝座输入端是否有 11～14V 电压（标准值为 11～14V）。

4）操作启动开关至 OFF 挡，使用万用表欧姆挡检查熔丝 EF33（20A）、EF14（10A）供电电路电阻值是否小于 1Ω（标准值小于 1Ω）。

5）操作启动开关至 OFF 挡，拔下热管理继电器 ER11，使用万用表欧姆挡检查热管理继电器 ER11 是否损坏。

6）操作启动开关至 ON 挡，使用万用表电压挡测量 ER11 热管理继电器座 1、5 端子是否有 11～14V 电压，再测量 2 端子（整车控制器提供的负控制）是否有 11～14V 电压（标准值为 11～14V）。

7）操作启动开关至 OFF 挡，使用万用表欧姆挡检查热管理继电器 ER11 供电电路和 ER11 热管理继电器座 3 端子到 IP80 线束插接器 25 端子的电阻值是否小于 1Ω（标准值小于 1Ω）。

8）操作启动开关至 OFF 挡，断开加热水泵线束插接器 CA72，用万用表电压挡测量电动水泵线束插接器 BV09 的 3 号端子与可靠接地之间的电压是否为 11～14V（标准值为 11～14V）。

9）操作启动开关至 OFF 挡，断开加热水泵线束插接器 CA72；操作启动开关至 ON 挡，用万用表电阻挡测量加热水泵线束插接器 CA72 的 1 号端子与可靠接地之间的电阻值是否小于 1Ω（标准值小于 1Ω）。

10）操作启动开关至 OFF 挡，断开加热水泵线束插接器 CA72，断开 A/C 空调控制器线束插接器 IP80；操作启动开关至 ON 挡，测量整车控制器线束插接器 BV09 的 2 号端子与 A/C 空调控制器线束插接器 IP80 的 6 号端子之间的电压是否为 11～14V（标准值为 11～14V）。

11）操作启动开关至 OFF 挡，断开蓄电池负极电缆，更换电动水泵，若故障还未恢复，则更换 A/C 空调控制器。

12）确认故障排除后交车。

## 课堂练习

一、选择题

吉利帝豪 EV450 车型上的驱动电机冷却系统的部件不包括（　　　）。

　　A．冷却水泵　　　B．冷却管路　　　　C．空调压缩机　　　　D．散热器

## 二、判断题

1. 新能源汽车冷却系统冷却液的循环动力来自机械水泵。 （　　）
2. 新能源汽车驱动电机只需要风冷散热，不需要水冷散热。 （　　）

### 项目实施

　　新能源汽车的冷却系统与传统冷却系统在组成结构与冷却对象等方面均存在区别，主要承担对电机、电池的冷却，其重要性不言而喻。作为一名吉利品牌新能源汽车维修保养技师，必须能够对冷却系统进行维护与保养作业。请在教师指导下，以小组（两人一组）形式按照下面的任务工单在新能源汽车实车上完成对冷却系统的维护与保养。

　　**注意：** 在进行相关数据的测量时应规范操作，按照标准校准测量工具，反复多次测量，精益求精，减小误差。

**新能源汽车冷却系统的维护与保养任务工单**

班级：_____　　组别：_____　　小组成员：_____

| 工作项目 | 工作内容 | 工具选择 | 实施过程 | 结果记录 |
|---|---|---|---|---|
| 准备工作 | 场地准备<br>□警示牌 □警戒带 □绝缘胶垫<br>□灭火器 □绝缘钩 □其他 | | | |
| | 个人安全防护准备<br>□安全帽 □防护眼镜 □绝缘手套<br>□安全鞋 □防护服 | | | |
| 冷却系统检查 | 冷却液液位检查 | | | |
| | 冷却液冰点检查 | | | |
| | 冷却液泄漏检查 | | | |
| | 冷却液加注 | | | |
| | 导线检查 | | | |
| | 冷却水泵更换 | | | |
| 冷却系统常见故障 | 散热风扇高低速均不工作排查思路 | | | |
| | 冷却系统高低速风扇一种状态无法运转排查思路 | | | |
| | 冷却系统冷却水泵无法工作排查思路 | | | |
| 整理工作 | 7S 管理 | | | |
| | 废旧部件及油液处理 | | | |

### 考核评价

　　综合整个学习过程，通过学生的课堂表现、课后习题、任务完成情况等对学生的知识目标、能力目标、思政要素和职业素养目标达成情况进行评价。

## 教学目标达成情况评价表

班级：＿＿＿＿＿＿＿　姓名：＿＿＿＿＿＿＿

| 知识目标达成情况 | | |
| --- | --- | --- |
| 目标描述 | 教师评价 | 学生自评 |
| 能够描述新能源汽车冷却系统的作用 | | |
| 能够说出新能源汽车冷却系统的结构及工作原理 | | |
| 评价结论：知识目标是否达成　□是　　□否 | | |
| 能力目标达成情况 | | |
| 目标描述 | 教师评价 | 学生自评 |
| 能够进行新能源汽车冷却系统检查 | | |
| 能够判断出新能源汽车冷却系统的常见故障并进行维护处理 | | |
| 评价结论：能力目标是否达成　□是　　□否 | | |
| 思政要素和职业素养目标达成情况 | | |
| 目标描述 | 教师评价 | 学生自评 |
| 增强安全防护意识、环保意识，规范作业 | | |
| 强化质量意识，培养效率意识，注重实效 | | |
| 增强全局思维，善于透过现象看本质 | | |
| 评价结论：思政要素和职业素养目标是否达成　□是　　□否 | | |

# 项目五　新能源汽车空调系统的维护与保养

## 项目描述

　　本项目主要介绍新能源汽车空调系统的结构、工作原理、控制原理等，以及新能源汽车空调系统的维护与保养。通过对本项目的学习，应能够完成新能源汽车空调系统的维护作业。

## 学习目标

| 知识目标 | 能力目标 | 思政要素和职业素养目标 |
| --- | --- | --- |
| 1. 知道新能源汽车空调系统的作用；<br>2. 知道新能源汽车空调系统的结构及工作原理 | 1. 能够进行新能源汽车空调系统的检查；<br>2. 能够判断新能源汽车空调系统的常见故障并进行维护处理 | 1. 增强环保意识、质量意识、效率意识、团队意识；<br>2. 培养专注细致、严谨负责的工作态度；<br>3. 强化全局思维、创新思维，提高分析问题与解决问题的能力 |

对接 1+X 证书《新能源汽车电子电气空调舒适技术（中级）》工作任务 3——新能源汽车空调系统检测维修

1.1 空调系统维修、1.3 电动空调压缩机检测维修、1.4 蒸发器 冷凝器和相关部件检测维修、1.9 空调系统性能检测维修

## 情境导入

小李在一家新能源汽车 4S 店实习。4S 店需要维护一辆新能源汽车，客户反映空调效果不好，小李需要对这辆新能源汽车的空调系统进行维护作业。你作为刚入职的员工，需要知道空调系统的工作原理和维护内容，并帮助小李按照技术操作规范进行空调系统的维护与保养。

## 课前练习

通过课前对 4S 店维修人员的维护作业过程进行观察学习及查找相关资料，明确新能源汽车空调系统维护作业包括哪些方面的内容。将你所收集到的信息整理在下面的方框中。

## 相关资讯

新能源汽车的空调系统和传统燃油汽车的空调系统有一定区别，不同之处是空调压缩机的驱动方式发生了变化。新能源汽车空调压缩机由电动机进行驱动，而传统燃油汽车空调压缩机由发动机进行驱动。新能源汽车的制热模式和传统燃油汽车不同。传统燃油汽车的制热模式是将发动机的余热通过冷却液传到车厢内来升温；而新能源汽车没有发动机，就不存在发动机给车厢加热的过程。因此，新能源汽车采用了其他制热模式。电动汽车在暖风的实现形式上，通常采用电加热的方式。电加热的方式有两种：一种是 PTC 水暖加热，先通过 PTC 加热冷却液，将冷却液加热到一定温度后，将冷却液泵入暖风芯体中，与周围的空气进行热交换，然后鼓风机将加热后的空气送入车厢中，如此往复循环；另一种是 PTC 风暖加热，先使用鼓风机驱动外界的空气通过 PTC 加热芯进行加热，再将加热后的空气送入车厢。新能源汽车空调系统的运行性能对行车的舒适度具有重要影响，因此需要对新能源汽车空调系统定期维护。相较于传统燃油汽车，新能源汽车空调系统的维护作业和故障类型大致相似。

### 资讯一　新能源汽车空调系统的基本认知

传统燃油汽车采用的燃料主要是汽油和柴油，新能源汽车主要采用电能或油电混合能源。对于电动汽车而言，汽车空调系统的动力是由电动机驱动压缩机工作来提供的。电动汽车的空调系统与传统燃油汽车存在一定的结构差异。

（一）空调系统的组成

电动汽车空调系统主要由 3 个部分组成，分别是制冷系统、制热系统和通风系统。其中，制冷系统主要由电动压缩机、冷凝器、储液干燥器、电子膨胀阀、蒸发器、散热风扇、鼓风机、制冷剂、传感器、高低压管路附件等组成，如图 2-5-1 所示。

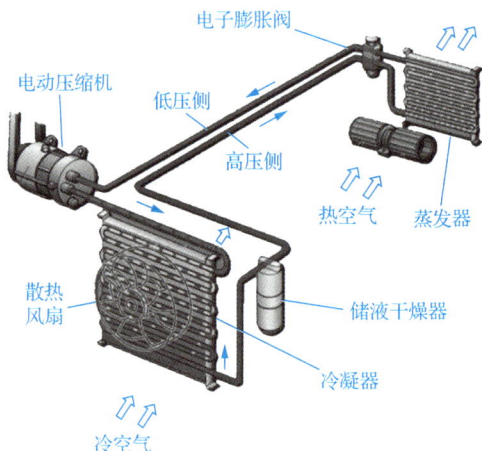

图 2-5-1　制冷系统构成及循环回路　　　　　　微课：汽车空调制冷

制热系统主要由暖风系统 PTC 电加热器、膨胀水箱、电动水泵、暖风芯体、管路等组成，如图 2-5-2 所示。

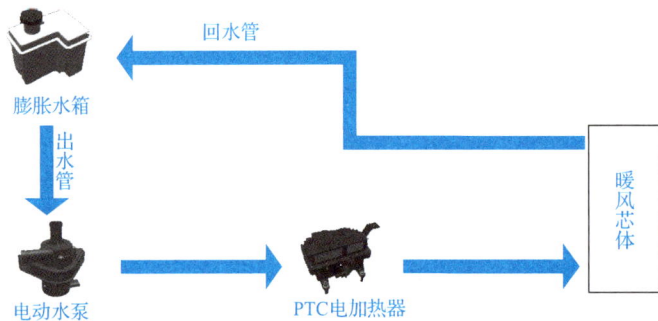

图 2-5-2　制热系统　　　　　　微课：汽车空调采暖

通风系统主要由进风口、空调滤清器、鼓风机、伺服调节系统、出风口等组成，如图 2-5-3 所示。

1. 制冷系统

（1）电动压缩机

电动压缩机是空调制冷系统的核心部件，电机驱动压缩机往复运转压缩制冷剂，将低温低压气态的制冷剂的温度升高、压力升高，变成高温高压气态制冷剂送入冷凝器。电动压缩机性能的好坏直接影响空调系统的制冷能力。电动压缩机具有结构紧凑、安装简单、噪声小等特点。

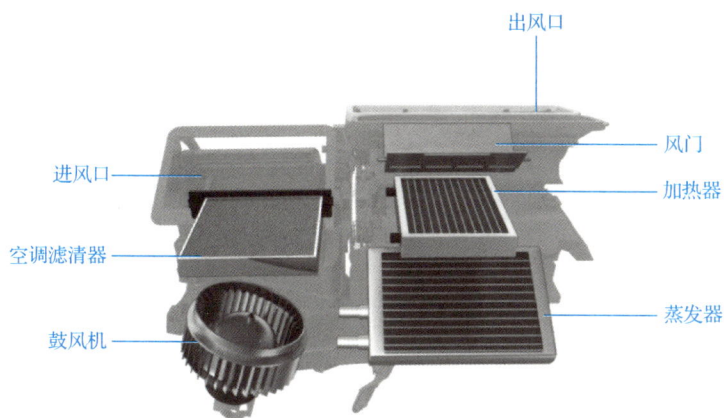

图 2-5-3　通风系统　　　　　　　　　　　　　　微课：汽车空调送风

电动压缩机总成由涡旋式压缩机、压缩机电机、压缩机电机控制器 3 个部分组成。吉利帝豪 E450 空调压缩机如图 2-5-4 所示。

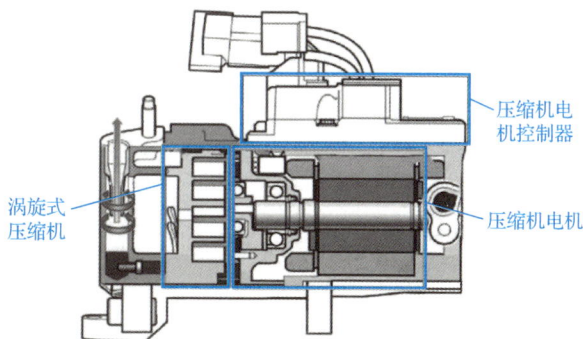

（a）实物图　　　　　　　　　　（b）结构图

图 2-5-4　吉利帝豪 E450 电动压缩机

1）压缩机电机与涡旋式压缩机连接，负责驱动压缩机正常工作。

2）涡旋式压缩机由排放阀、旋转卷轴盘和固定卷轴盘等组成，如图 2-5-5 所示。其主要负责将蒸发器传递的低温低压气态制冷剂吸入，并压缩为高温高压气态制冷剂排出，传送至冷凝器。

3）压缩机电机控制器由低电压和高电压两部分组成，低电压部分负责通过 CAN 总线与其他控制单元进行信息交换，高电压部分负责将高压电控总成传递的直流电转变为交流电，控制电机的运转，如图 2-5-6 所示。

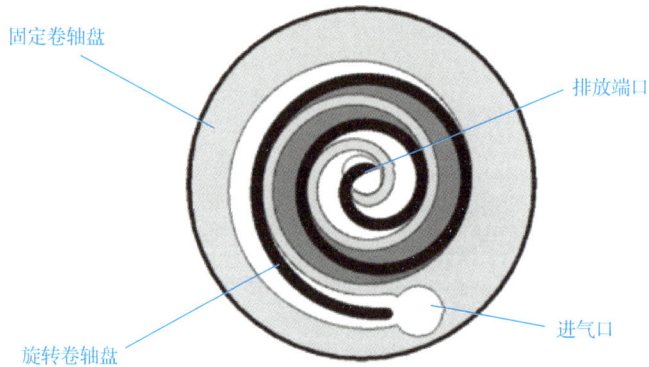

图 2-5-5　涡旋式压缩机的组成

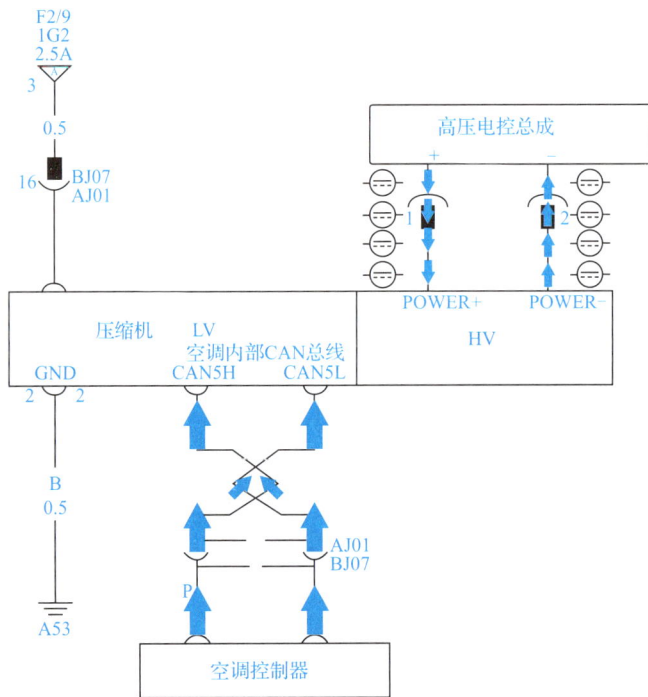

图 2-5-6　压缩机电机控制器的低电压和高电压

（2）冷凝器

冷凝器安装在车辆前舱前方，有两根高压管路与其连接，上方管路来自电动压缩机，下方管路去向电子膨胀阀。它的作用是对压缩机排出的高温高压制冷剂蒸气进行冷却，使之凝结成高温高压液态制冷剂。制冷剂蒸气放出的热量排到大气中。吉利帝豪 E450 冷凝器的实物图与结构图如图 2-5-7 所示。

（3）储液干燥器

储液干燥器位于冷凝器的右侧，与冷凝器焊接成一体。储液干燥器的内部结构设计可以保证中温高压的气液混合制冷剂进入，而从储液干燥器出来的是中温高压的液态制冷剂。

储液干燥器的结构如图 2-5-8 所示。

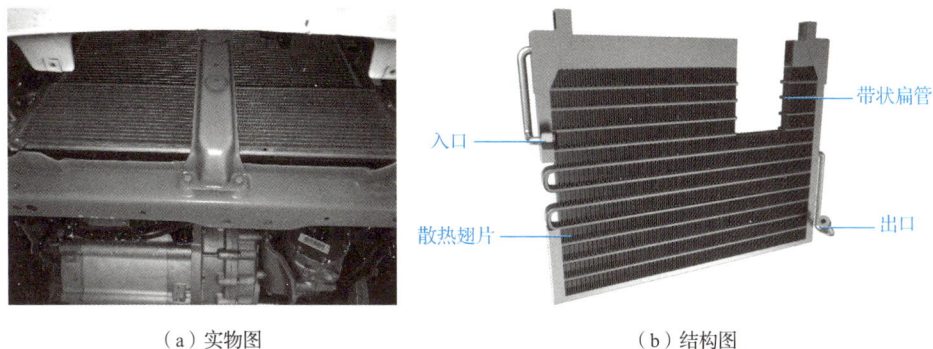

（a）实物图  （b）结构图

图 2-5-7 吉利帝豪 E450 冷凝器实物图与结构图

图 2-5-8 储液干燥器的结构

储液干燥器的作用如下。

1）储存制冷剂：接收从冷凝器来的液体并加以储存，根据蒸发器的需要提供所需的制冷剂量。

2）过滤：将系统中经常会出现的杂质和其他脏物（如锈蚀、污垢、金属微粒等）过滤掉。这些杂质不仅会损伤压缩机轴承，而且还会堵塞过滤网和膨胀阀。

3）吸收系统中的湿气：汽车空调系统中要求湿气越少越好，因为湿气会造成"冰塞"并腐蚀系统管道等，使制冷系统不能正常工作，因此储液干燥器内部有干燥剂可以吸收水分。

**注意**：储液干燥器内部的干燥剂不能重复使用。由于穿孔、密封区损坏、外界空气进入系统的时间已相当长等原因出现泄漏的情况时，储液干燥器芯不能维修，只能更换。

（4）电子膨胀阀

电子膨胀阀安装在前舱中控台下方，结构如图 2-5-9 所示。

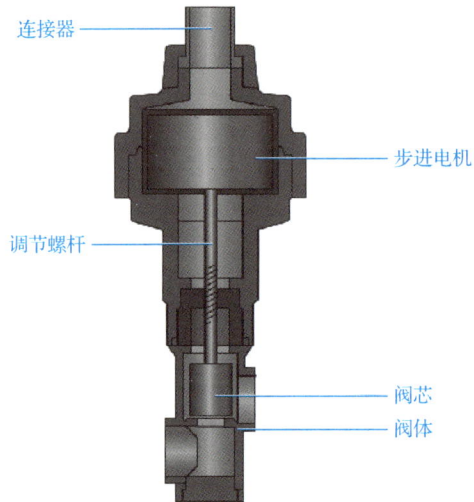

连接器

步进电机

调节螺杆

阀芯

阀体

图 2-5-9　电子膨胀阀的结构

电子膨胀阀有如下作用。

1）节流降压：使从冷凝器过来的高温高压液态制冷剂节流降压成容易蒸发的低温低压雾状制冷剂进入蒸发器，即分开了制冷剂的高压侧和低压侧。

2）自动调节制冷剂流量：根据制冷负荷的改变和压缩机转速的变化，自动调节制冷剂进入蒸发器的流量，以满足制冷循环的需要。

（5）蒸发器

蒸发器是汽车空调制冷系统中的另一个热交换器。蒸发器的作用是将电子膨胀阀出来的低压制冷剂蒸发，吸收车厢内空气的热量，从而达到车厢内降温的目的。蒸发器如图 2-5-10 所示。

图 2-5-10　蒸发器

（6）散热风扇

散热风扇置于冷凝器的后面。散热风扇工作时，将外部空气吸入冷凝器，以增强冷凝器的散热能力，加速制冷剂的液化。散热风扇组件主要由扇叶、导热罩和电动机等部件组成。散热风扇是由整车控制器控制的，制冷剂的压力会影响散热风扇的转速。

（7）鼓风机

鼓风机的主要作用是将管道内的空气吸入，并以一定的压力输出空气，它主要由电机和扇叶组成。鼓风机转速的变化一般由调速模块进行控制。鼓风机如图 2-5-11 所示。

（8）制冷剂与冷冻机油

1）制冷剂是空调系统中用于转换热量并且能循环流动的物质，具有吸收热量、携带热量、释放热量的作用。吉利帝豪 E350/450 一般使用的是 R134a 制冷剂，如图 2-5-12（a）所示。R134a 制冷剂是无毒、阻燃、透明、无色的液化气体。

图 2-5-11　鼓风机

（a）R134a 制冷剂　　　　（b）R134a 冷冻油

图 2-5-12　R134a 制冷剂与 R134a 冷冻油

2）冷冻机油是空调系统中的专用润滑油，它能保证压缩机正常运转、工作可靠和延长使用寿命。图 2-5-12（b）所示为 R134a 专用压缩机冷冻油。对于加注 R134a 制冷剂的吉利帝豪 E350/450 空调系统；只能使用 MA68EV 合成制冷剂润滑油。

📎 **知识窗**

### 吉利帝豪 E350/450 空调系统润滑油加注注意事项

1）必须使用压缩机厂家规定类型和牌号的润滑油，不同类型和牌号的润滑油绝不能混用，否则将损坏压缩机。润滑油极易吸水，应尽量减少润滑油与空气接触的时间。

2）更换空调系统部件时需要适当添加或倒出一定量的同型号润滑油。拆装项目加注量可按标准数据进行，如冷凝器 30mL、蒸发箱 40mL、压缩机吸气管 10mL/根、热交换器 20mL，其他管路更换可不添加润滑油。

3）压缩机从厂家供货时会携带大量润滑油（超过整个空调系统中润滑油的量），所以在更换压缩机之后并不需要补充润滑油，而是在安装之前需要从压缩机排放一定量的润滑油，再安装。

（9）传感器

1）环境光及阳光传感器位于仪表板上部装饰衬垫左边（图 2-5-13）。环境光及阳光传感器属于光照能量传感器，该传感器可测量阳光照射到车辆所产生的热量，为空调控制模块提供更多的补偿参数。空调控制模块根据车外光照强度的状态和车内空调工况需求实时自动调整空调风量和冷/暖风混合比例，让所有乘员都能获得最舒适的感觉。

2）室外温度传感器位于车辆前保险杠下面的前格栅区域（图 2-5-14），主要作用是给ECU 提供车外的温度信号。ECU 根据此信号与车内温度信号对比，自动调整车内温度，以满足乘员需要。

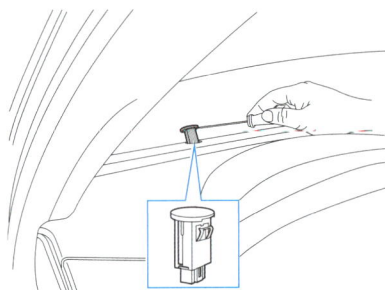

（a）实物图　　　　　　　　　　　（b）环境光及阳光传感器在仪表板上的安装位置

图 2-5-13　环境光及阳光传感器

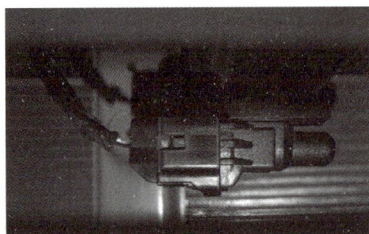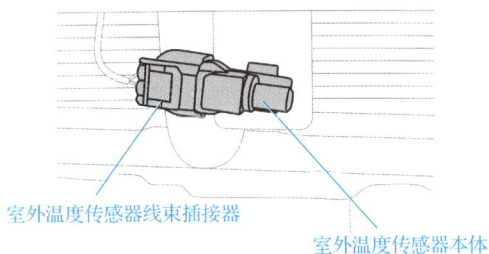

（a）实物图　　　　　　　　　　　（b）结构图

图 2-5-14　室外温度传感器

（10）高、低压管路附件

1）车辆采用空调高压管与低压管（空调硬管和/或软管）将空调制冷系统连接成一个密闭的系统，制冷剂与润滑油在这个密闭系统里流动，完成制冷剂的工作循环过程。空调硬管由铝管和相应接头组成，空调软管由橡胶软管和相应的接头组成。

2）空调压力开关属于三态压力开关，如图 2-5-15 所示。根据空调制冷系统中制冷剂的压力值，空调压力开关打开或关断，传送空调系统压力信号，实现空调系统的压力保护。

3）制冷管路电磁阀属于开关阀，根据需要在只有电池冷却时，关闭进入乘员舱的制冷剂回路。

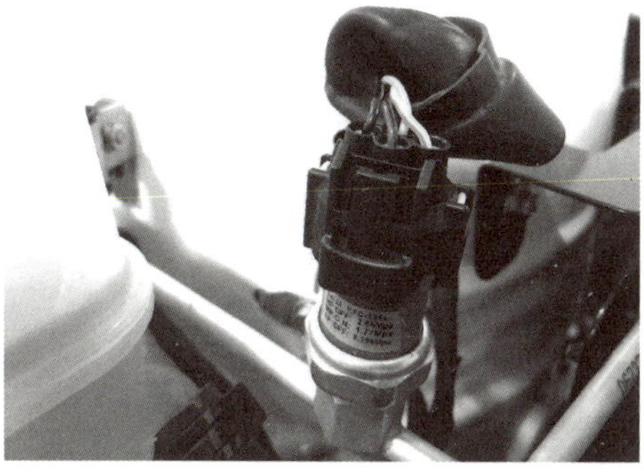

（a）实物图 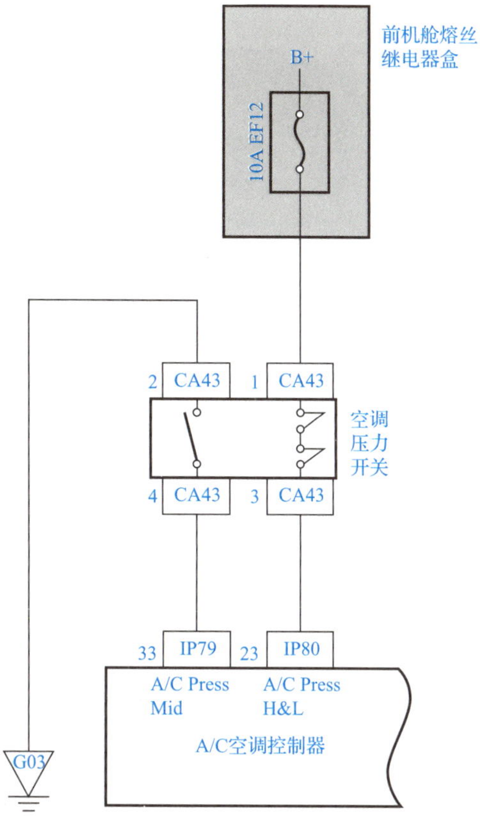　　　　　　　　　　　（b）电路图

图 2-5-15　吉利帝豪 E450 空调压力开关

### 2. 制热系统

电动汽车制热系统与传统燃油汽车最大的区别在于制热系统的热源并非发动机散热系统的暖风水箱，而是一个 PTC 电加热器。此外，整套制热系统还包括膨胀水箱、电动水泵、暖风芯体等部件。

（1）PTC 电加热器

PTC 电加热器是一种基于半导体材料的电加热器。当 PTC 电加热器通电时，PTC 材料的电阻随温度升高而增加，因此电流通过 PTC 材料时会产生大量的热量，从而使得 PTC 材料及周围环境升温。当温度升高到一定程度时，PTC 材料的电阻急剧增加，从而限制了电流的流动，使得加热功率减小，达到自稳定的状态。PTC 电加热器总成与工作示意图如图 2-5-16 所示。

（2）膨胀水箱

汽车膨胀水箱的主要作用是为冷却液的排气、膨胀和收缩提供受压容积，补充冷却液和缓冲"热胀冷缩"的变化。当冷却液温度升高时，冷却液体积发生膨胀，散热器里膨胀的冷却液会回流到膨胀水箱，防止散热器压力过高；相反，当散热器里的冷却液不足时，补充冷却液。

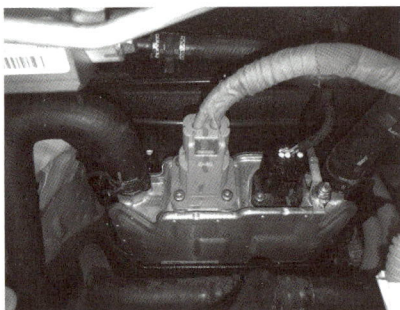

（a）EV450 PTC电加热器总成　　　　　　（b）PTC电加热器工作示意图

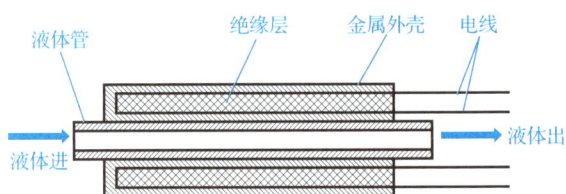

图 2-5-16　PTC 电加热器总成与工作示意图

冷却液温度过高时，产生的蒸气通过导管进入膨胀水箱，从而使其气、水彻底地分离。膨胀水箱内的冷却液温度一般比较低，可以让气体得到一定的冷却，从而部分变成液体，然后重新进入水泵继续使用。膨胀水箱也可以让相应的气体产生缓存的作用，从而使管路的压力保持标准的状态。

膨胀水箱箱体使用厚度为 3.5mm 的 PP/PE 材料设计，采用注塑生产工艺制成。一般选用白色或淡黄色等浅色系，并且在膨胀水箱外部压制 MAX 和 MIN 刻度标示，便于观察冷却液液位。

（3）电动水泵

电动水泵的功能主要是为 PTC 电加热器加热后的冷却液的循环提供压力。由于电动汽车和传统汽车有着一定的区别，电动汽车的水泵驱动方式由机械传动变为电机驱动，电动水泵由低压电路驱动。在电动水泵的驱动下，空调暖风管路中的冷却液按照规定的流向进行加热送出舒适的暖风。

电动水泵主要由电机壳体、水泵电机、水泵底盖、叶轮、水泵外壳等组成。工作时，电动水泵的电机带动叶轮旋转时，水泵中的冷却液在离心力作用下被甩到叶轮外缘，叶轮外缘压力升高，冷却液从出水口甩出。电动水泵的结构如图 2-5-17 所示。

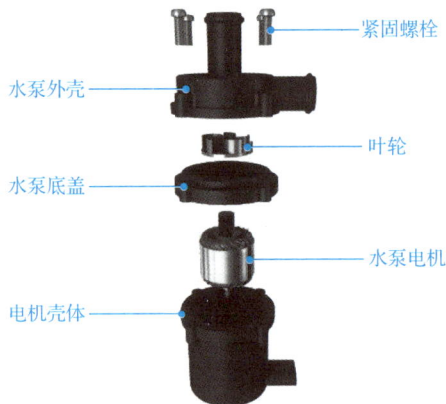

图 2-5-17　电动水泵的结构

（4）暖风芯体

暖风芯体是空调制热系统的主要部件。暖风芯体位于空调主机内，电动水泵工作时将PTC电加热器加热的冷却液泵入暖风芯体，暖风芯体将来自PTC电加热器的冷却液热量传输给流经暖风芯体的空气，暖风芯体有进口和出口暖风水管。图2-5-18中箭头所指方向为暖风芯体。

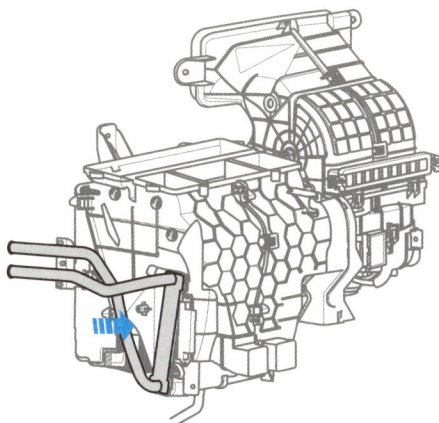

图2-5-18　暖风芯体

### 3.　通风系统

（1）空调滤清器

空调滤清器的主要作用是通过滤芯过滤空气中的灰尘、水分等杂质。目前市场上主要有3种滤芯，分别是普通滤纸型空调滤芯、活性炭滤芯、高效微粒滤芯，如图2-5-19所示。

（a）普通滤纸型空调滤芯　　　　（b）活性炭滤芯　　　　（c）高效微粒滤芯

图2-5-19　滤芯

普通滤纸型空调滤芯的过滤层为普通滤纸或无纺布材质的滤芯，通过折叠形成一定厚度的褶皱，从而实现对空气的过滤，但是不能对甲醛或$PM_{2.5}$（直径小于或等于$2.5\mu m$）以下颗粒进行过滤，因而价格低廉。

活性炭滤芯是在普通滤纸型空调滤芯的基础上增加活性炭层，能将甲醛等有害气体吸附，从而实现双效过滤，另外活性炭具有吸附特性，所以它还具有去除异味的作用。

高效微粒滤芯对直径大于$0.3\mu m$的微粒（$PM_{0.3}$）的过滤效率达99.97%，价格高昂，但高效微粒滤芯对甲醛等有害气体的过滤效果较差。

（2）伺服调节系统

伺服调节系统用于调节管路中鼓风机的出风口位置。伺服调节系统控制转轴的旋转，调整进风口（空气入口）或出风口位置，以实现空调内外循环和出风口模式的调节，如图 2-5-20 所示。这些功能由模式调节电机来实现，模式调节电机主要由伺服电动机、传递齿轮（大、中、小齿轮）、壳体等部分组成，如图 2-5-21 所示。工作时，通过模式调节开关控制伺服电动机的正转和反转，带动传递齿轮运转，从而实现风门的打开和关闭功能。

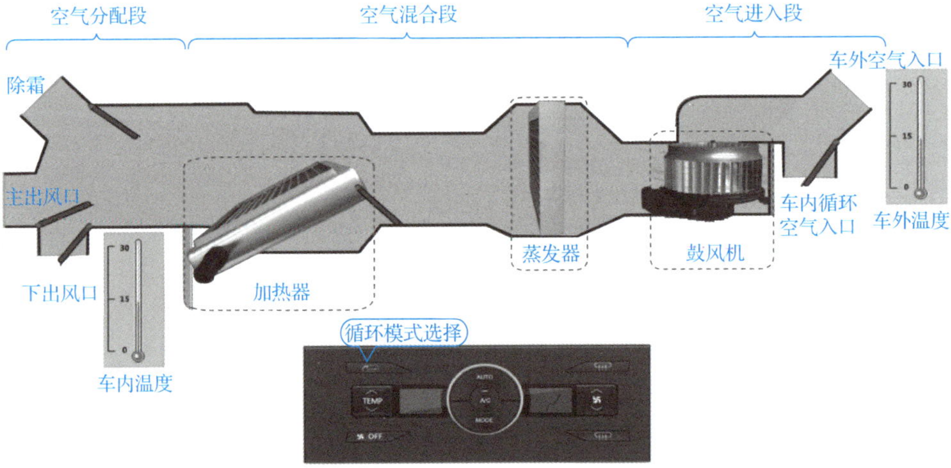

图 2-5-20 伺服调节系统

图 2-5-21 模式调节电机的结构

（二）空调系统的工作原理

吉利帝豪 EV450 的空调系统采用了自动空调系统设计，自动感知车辆室外温度的变化及室内的温度变化。根据实际温度，空调系统实现制冷、制热和通风功能，给室内驾驶人和乘员提供舒适的行车环境。

1. 制冷系统的工作原理

电动压缩机受高压电驱动。当电动压缩机工作时，吸入从蒸发器出来的低温低压的气态制冷剂，低温低压的气态制冷剂经压缩后变为高温高压的气态制冷剂，并被送入冷凝器。

在冷凝器内，与外界空气进行热交换，高温高压的气态制冷剂变成高温高压的液态制冷剂。液态制冷剂流经电子膨胀阀时，温度和压力降低，变成低温低压的气液混合制冷剂，然后通过调节阀门的开度大小进入蒸发器。在蒸发器内，低温低压的气液混合制冷剂吸收经过蒸发器的车内空气的热量而蒸发，变成低温低压的气态制冷剂。气态制冷剂又被压缩机吸入进行下一轮循环。这样，制冷剂在系统内的循环往复，不断吸收车内空气的热量并排到车外空气中，使车内空气的温度逐渐下降。制冷系统的工作原理如图 2-5-22 所示。

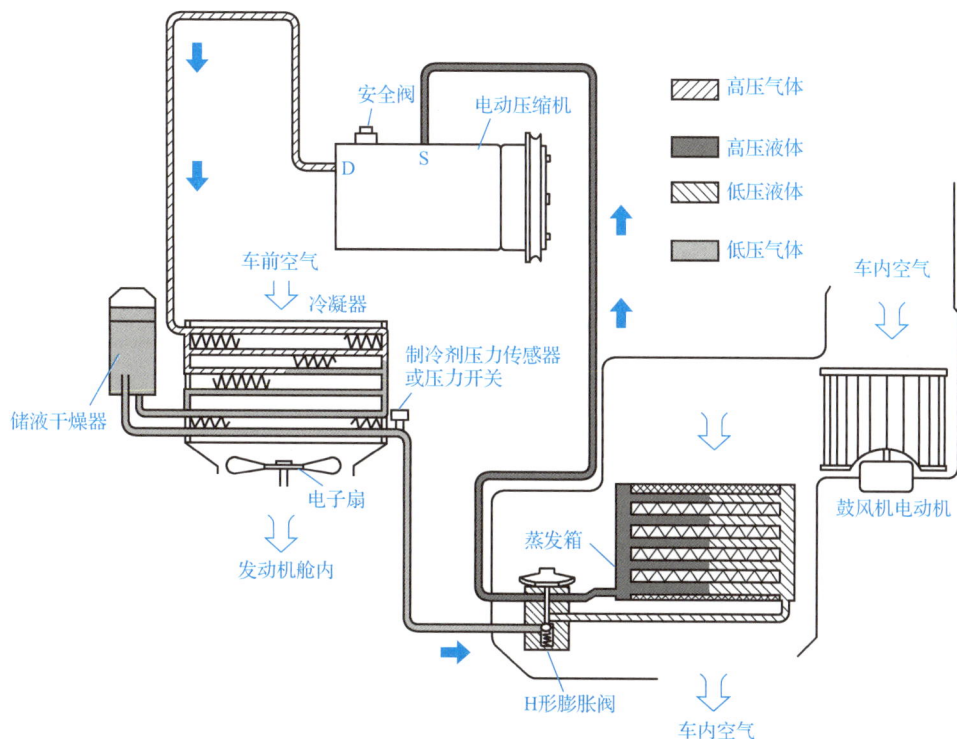

图 2-5-22　制冷系统的工作原理

### 2. 制热系统的工作原理

当空调系统处于制热模式时，PTC 电加热器在高压电的作用下对冷却液进行加热，高温冷却液被加热器电动水泵抽入暖风芯体。同时，冷暖温度控制电机旋转至采暖位置，气流在鼓风机的作用下流过暖风芯体，产生热量传递。外部空气在进入乘员舱前，与加热后的空气混合，吹出舒适的暖风。制热系统的工作原理如图 2-5-23 所示。

### 3. 通风控制系统的工作原理

通风控制系统上的各种位置选择可控制模式阀门通过风道混合或引入冷风、暖风和外部空气，气流由风道系统和出风口将空气输送到乘员舱。吉利帝豪 EV450 空调系统的自然通风工作原理如图 2-5-24 所示。

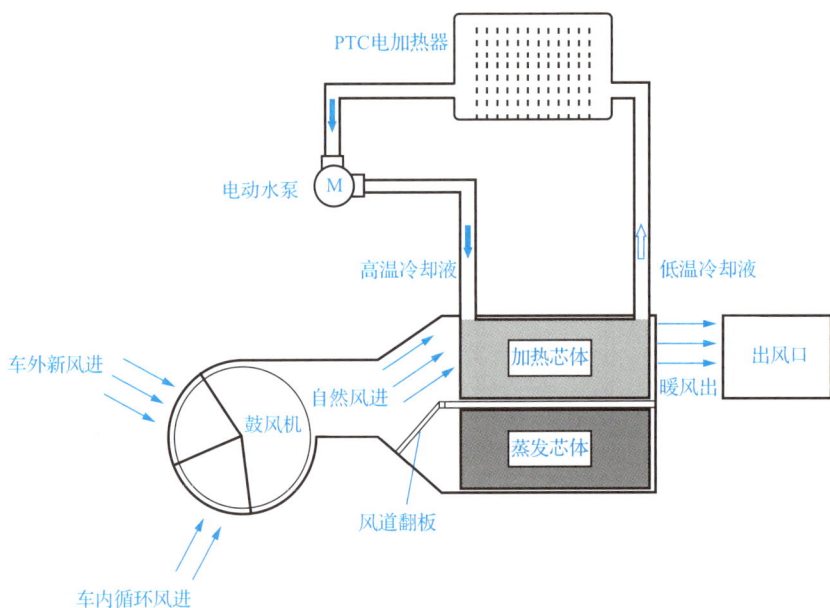

图 2-5-23  制热系统的工作原理

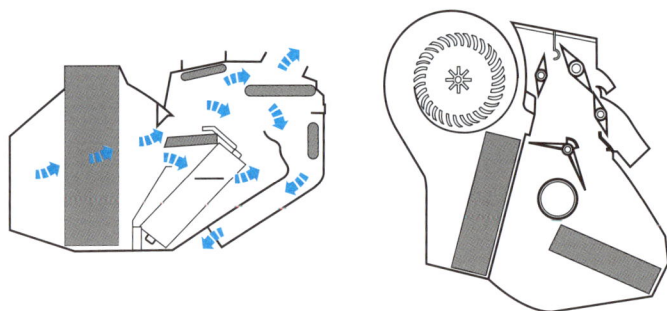

图 2-5-24  吉利帝豪 EV450 空调系统的自然通风工作原理

在 AUTO（自动）模式中会自动选择相应的模式状态，使用 MODE（模式）按键可更改车辆的出风模式。如果当前显示一个出风模式，则按 MODE 按键可选择下一出风模式。各模式出风口位置包括吹面、吹脚、混合、前风窗。

### （三）空调系统的控制原理

吉利帝豪 EV450 空调控制系统包括空调面板和热管理控制器。空调面板是按键信息采集部件，主要作用是采集按键信息，然后将信息通过 LIN 线发送给热管理控制器，由热管理控制器负责控制空调各元件的工作。背光及显示信息由热管理控制器将信号通过 LIN 线发送给空调面板，在空调面板上显示。自动空调系统的设计，不论车辆外部的天气状况如何，都可以给乘员提供舒适的乘坐环境。吉利帝豪 EV450 汽车的空调面板如图 2-5-25 所示。

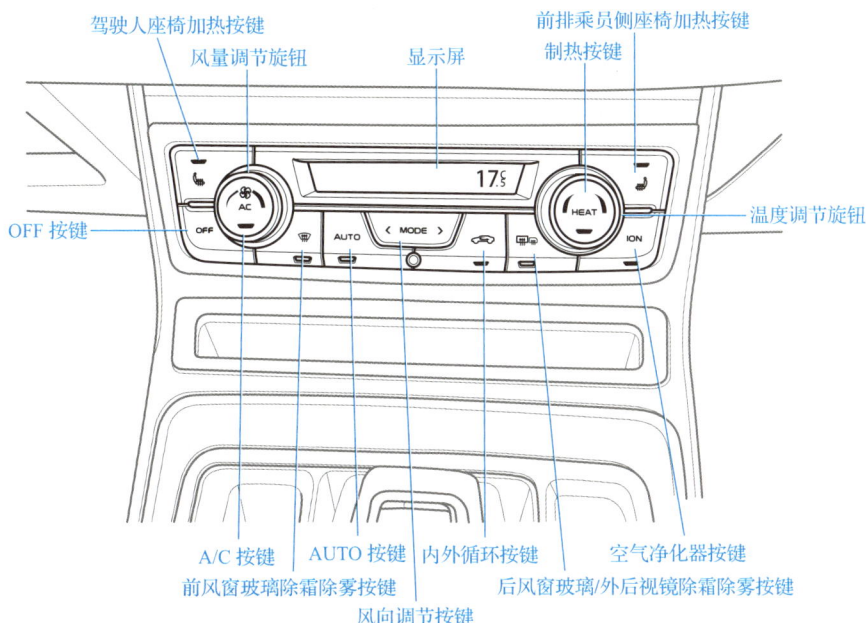

图 2-5-25　吉利帝豪 EV450 汽车的空调面板

### 1. 手动/自动调节温度、风量模式

新能源汽车的空调系统处于工作状态时，整车需要加高压电（仪表上 OK 灯必须点亮）。用温度调节旋钮来设定车内温度，该温度值作为用户信息显示在显示屏上。温度设置范围为 16～32℃，温度调节每步为 0.5℃。当设定温度低于 16℃时，显示屏显示 LO；高于 32℃时显示 HI。用户在按 AUTO 按键后，空调自动模式运行开启，室内设定温度自动跳转至 23℃。在自动模式下，当进入 LO/HI 时，系统将保持最大风量通风状态持续运行。

使用风量调节旋钮手动设定鼓风机的风速。风量共分为 0～7 挡，用户可以根据实际需要手动调节合适的挡位。在自动状态下，鼓风机的速度由系统自动控制，此时若按风量调节旋钮会使系统状态由自动模式转为手动模式，AUTO 标识消失。空调系统采用电压性调节方式控制鼓风机转速的 1～7 挡。在自动模式下，鼓风机转速作为自动控制逻辑的一部分，鼓风机转速不限于手动状态下的 7 挡调节，但是显示屏显示只有 7 挡，所以指示条数量显示的是最接近的鼓风机转速。

### 2. 手动/自动调节出风模式

空调控制器提供了手动和自动 2 种出风模式供用户选择，通过调节面/脚/前风窗的风门可以控制出风模式。吹头和吹脚的温度分配的不同是为了给脚部提供较温暖的空气，给头部提供较凉爽的空气，保证驾驶人始终处于舒适的环境中驾驶。温度分配的范围将受到车辆空间大小的影响。空调控制器使用蒸发器温度传感器来确定混合气体的温度。手动模式下，用户可以选择 5 种出风模式：吹面、双向（吹面和吹脚）、吹脚、混合（吹脚和除霜）和除霜，其中除霜模式为单独按键，在各出风模式下显示屏显示相应的标识。在自动模式下，出风模式是自动控制逻辑的一部分，出风模式由空调控制器自动选择。为达到舒适程度，空调控制模块选择一个当时最接近的模式显示在显示屏上。当对风向调节（MODE）按键进行操作时，系统将从自动模式转到手动模式。

注意：各出风模式对应的角度及风向电机电压不同，吹面 4.5V、双向（吹面和吹脚）3.5V、吹脚 2.5V、混合（吹脚和除霜）1.5V、除霜 0.5V。

### 3. 内外循环控制模式

高配的空调自动温度控制提供了 3 种内外循环控制模式，分别是手动内循环、手动外循环、自动内外循环控制。

用户可以通过操作内外循环按键对内外循环模式进行切换。

用户可以通过操作内外循环按键和 AUTO 按键来控制循环模式，控制面板得到用户设定的温度值、当前车外环境温度、车内温度、蒸发器表面温度、车速信号、冷却液温度信号、阳光强度、AQS 信号等，输入给热管理控制器计算内外循环风门位置。

用户可以通过操作 AUTO 按键或内外循环按键切换至自动内外循环控制模式，使内外循环控制模式进入自动模式。自动内外循环控制模式中，当内循环模式保持 45min 时，自动强制切换为外循环模式并保持 30s，30s 后回到内循环模式，当与空气质量指令冲突时，优先执行空气质量指令。

### 4. 除霜控制模式

用户通过操作前风窗玻璃除霜除雾按键进入最大除霜模式，进入最大除霜模式后，吹风模式为吹窗模式。此时风机速度最大。

（1）前风窗玻璃除霜功能

在任意工作状态（自动、手动、关机）下按下前风窗玻璃除霜除雾按键，系统即在除霜状态下工作。除霜状态解除后，系统即回到除霜前的状态（自动、手动、关机）。在除霜状态下按动风速调节按钮会使风速相应提高或降低。工作状态保持除霜，压缩机继续工作，出风模式保持吹玻璃。在除霜过程中，除风速调节、温度调节旋钮和后风窗玻璃/外后视镜除霜除雾按键外，对其他按键的操作都会使系统离开除霜模式而回到除霜前的模式。

（2）后风窗玻璃/外后视镜除霜除雾功能

后风窗玻璃除霜除雾按键用来启动后风窗玻璃/外后视镜除霜除雾功能。在除霜期间，后风窗玻璃/外后视镜除霜除雾按键指示灯点亮；关闭后除霜功能，则指示灯熄灭。用户可以再次按下后风窗玻璃/外后视镜除霜除雾按键取消后除霜功能。后除霜功能必须在车辆加高压电后才能工作。

## 资讯二　新能源汽车空调系统的维护

在进行新能源汽车空调系统维护时，应先掌握空调系统的结构和工作原理，这样才能更加准确、快速地判断空调系统可能存在的故障并进行维修。

### （一）空调制冷系统检查

#### 1. 制冷效果检查

1) 确认环境温度、湿度。
2) 将一个温度计放置在驾驶人侧中心出风口中。
3) 车辆加电。
4) 将风机转速设置为最高挡。
5) 打开 A/C 开关。
6) 设置内循环模式。
7) 将温度控制器设置为最冷。
8) 将出风模式设置为吹面模式。
9) 关闭所有门窗。
10) 等待直至空调输出温度趋于稳定。
11) 鼓风机空气稳定后，读取温度计的读数。

#### 2. 制冷系统各部件检查

（1）冷凝器检查

冷凝器的换热好坏与空调的制冷效果有很大关系，对于冷凝器的检查有以下几个步骤。

1) 用检漏仪检查冷凝器的泄漏情况。检查有无裂缝、损坏或机油渗漏。如果有，则更换冷凝器。

2) 检查冷凝器内有无脏堵或管外弯瘪情况。若发现压缩机排气压力过高，不能正常制冷，管外有结霜、结露现象，则说明管内脏堵或管外弯瘪，应更换处理。

3) 冷凝器管及散热翅片外表面有无造成散热不良的污垢。如果有，则应及时进行清理。

4) 检查散热翅片有无弯曲。如果有，用一字螺钉旋具将其矫正。

（2）电动压缩机检查

1) 检查电动压缩机工作时的响声是否正常，若不正常，则可能是轴承损坏或动、静盘异响，此时需要维修或更换。

2) 电动压缩机润滑油不够时，会产生电动压缩机噪声，电动压缩机的功效下降，电动压缩机的寿命也缩短。若对电动压缩机添加电动压缩机润滑油后，情况有明显改进，则说明是缺乏润滑油造成的。

3) 电动压缩机的内部泄漏，主要是电动压缩机的一些密封部件出现磨损或破坏造成的。当制冷系统运转时，低压端压力太高而高压端压力过低，这也表明压缩机内部有泄漏，应对电动压缩机进行更换。

（3）制冷系统泄漏检查

制冷系统泄漏检查主要是查看系统中各部件与管路的连接处是否有油渍或潮湿等现象。若有油渍或潮湿（一般说明此处有制冷剂泄漏），则须维修或更换。检查步骤是先检查各部件之间的管路连接口是否有泄漏，再检查高低压维修阀门处有无泄漏。空调系统可能出现泄漏的位置如图 2-5-26 所示。

（4）制冷系统压力检查

制冷系统压力检查的步骤如下。

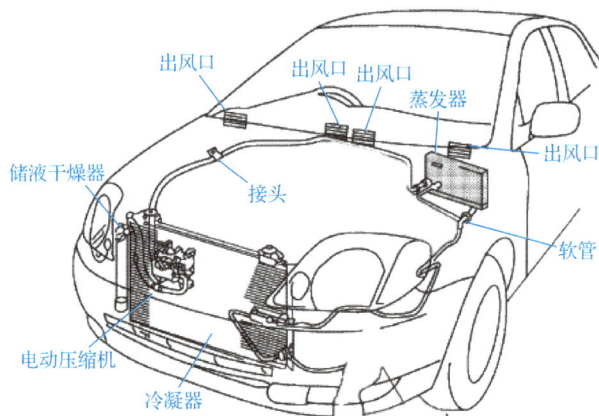

图 2-5-26 空调系统可能出现泄漏的位置

1）连接歧管压力表，如图 2-5-27 所示。

2）关闭歧管压力表的高低压开关，如图 2-5-28 所示。

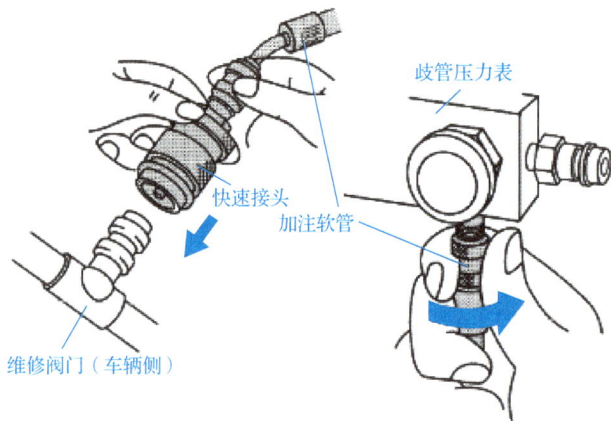

图 2-5-27 连接歧管压力表

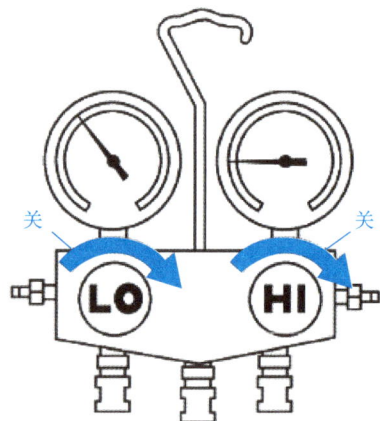

图 2-5-28 关闭歧管压力表的高低压开关

3）查看制冷系统的正常压力，如图 2-5-29 所示。R134a 制冷系统功能正常时的表读数为低压侧 0.15～0.25MPa，高压侧 1.37～1.57MPa。

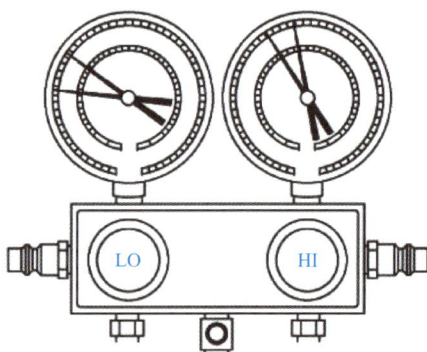

图 2-5-29 查看制冷系统的正常压力

（5）制冷剂的回收、排空与加注

空调系统中的制冷剂缺少或变质会使空调系统的制冷效果明显下降，因为在维护空调系统时，如果制冷剂泄漏到大气中或多或少都有一些污染，所以维护人员一定要掌握空调系统制冷剂的回收和加注方法。空调制冷剂加注机如图 2-5-30 所示。

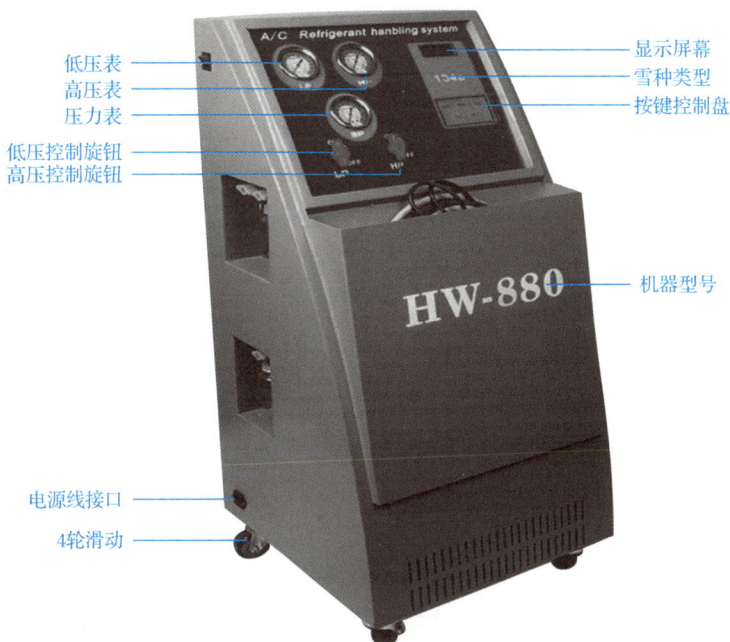

图 2-5-30　空调制冷剂加注机

制冷剂的回收、排空与加注操作步骤如下。

1）检查空调制冷剂加注机控制面板上的高压表和低压表，确保空调系统有压力。如果没有压力，则系统中没有可回收的制冷剂。

2）打开高压侧和低压侧阀，打开制冷剂罐上的气体和液体阀，排空油液分离器中的制冷剂油，关闭放油阀。

注意：①部分空调系统的润滑油可能会随同制冷剂一起被回收。回收的润滑油量不定。空调制冷剂加注机能将润滑油和制冷剂分离，因此能确定回收的润滑油量。在重新加注时，要添加等量润滑油。②禁止将旧的制冷剂油和新的制冷剂油混合在一起使用。旧油中可能有沉淀铝或混有其他异物。重新加注时，务必使用新的制冷剂油，正确报废使用过的制冷剂油。

3）将空调制冷剂加注机连接到合适的电源插座上，接通主电源开关，打开回收开关，打开高低压阀门，打开回收罐阀门，开始回收过程，直到高低压表显示真空状态。

4）已达到真空状态后再等候 5min，然后检查回收机控制面板低压侧压力表。如果空调系统保持真空，则说明回收完毕、空调管路密封完好。如果低压侧压力表从零开始回升，则系统中还有制冷剂，继续回收剩下的制冷剂。重复本步骤，直到系统能保持真空 2min，如果重复多次依然不能保持真空，则证明系统管路泄漏，必须对空调系统进行检漏作业。

注意：如果在回收期间控制面板指示灯显示制冷剂罐装满，且空调制冷剂加注机关闭，则装上一个空罐，用于存放后续步骤需要的制冷剂。禁止使用其他类型的制冷剂罐。

5）抽真空检查高压侧和低压侧软管是否连接到空调系统上，打开空调制冷剂加注机控制面板上的高压侧和低压侧阀。打开制冷剂罐上的气体和液体阀。启动真空泵并开始排空程序。在回收过程中，不可凝结的气体（大部分为空气）自动从罐中排出，并发出泄压声，直到高低压表都保持真空状态。关闭高压侧和低压侧阀，观察高低压表的真空度是否能保持 5～10min，检查系统是否泄漏，若不能保持，则必须进行管路检漏维修后再进行抽真空。

**注意：**经常更换真空泵机油，以保护真空泵。

6）空调系统润滑油的加注补充。必须补充回收期间从空调系统排出的润滑油。使用专供空调系统使用的带刻度的瓶装润滑油。当注入的油量达到要求时，关闭阀门。

**注意：**切记盖紧润滑油瓶盖，以防湿气或污染物进入润滑油。这项操作要求空调系统有一定的真空度，禁止在空调系统有正压时打开润滑油加注阀，否则会导致润滑油通过油瓶通气口回流。在加注或补充润滑油时，油面不可低于吸油管，否则空气会进入空调系统。

7）空调系统制冷剂的加注。加注前先将空调系统排空。关闭控制面板上的低压侧阀，关闭控制面板上的高压侧阀，向空调中加注必需的制冷剂量，确保计量单位正确（即 kg 或 lb），开始加注。进行单管加注，即关闭低压阀，打开高压阀。加注完成后，根据界面显示，关闭快速接头，取下高低压管，如图 2-5-31 所示。

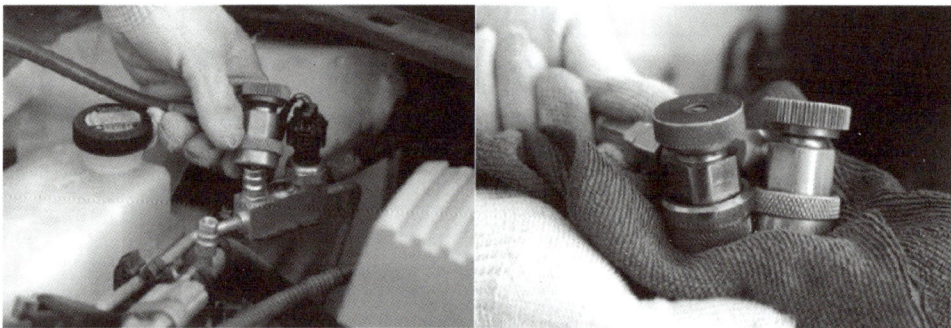

图 2-5-31　空调系统高低压快速接头

利用压力表加注制冷剂：打开制冷剂罐阀门且瓶口向下，拧松压力表中间的软管接头，排去此段软管中的空气，打开高压侧手动阀，从高压侧灌入液态制冷剂。高压表或低压表的压力达到平衡并且不会再继续上升时，关闭高压侧手动阀，让制冷剂罐罐口向上，停留 5min 以上。启动空调，打开低压侧手动阀，从低压侧灌入气态制冷剂，严禁从低压侧灌入液态制冷剂。加入规定量的制冷剂后，通过视液镜观察有没有气泡，如果没有气泡，没有过量制冷剂，则鼓风机风量开到最高挡。检测系统内低压侧压力、高压侧压力是否达到标准值。

**注意：**压力值标准因车型而定。

**3. 制冷系统线路检查**

（1）低压线束检查

1）检查电路线束及插接件连接处是否对插到位，有无松动、破损、腐蚀等问题，若无法修复，则进行更换。

2）检查插接件线束波纹管有无破损，若有破损，则进行修复或更换。

3）检查插接件内的插针是否有退针、弯曲等异常现象，若有弯曲、退针现象则进行修复或更换。

（2）高压绝缘检查

纯电动汽车电动压缩机是高压部件，须对电动压缩机的正负极及其高压线束的绝缘性进行检测。高压部件漏电很危险，若高压部件未达到绝缘要求则应进行修复或更换。检测步骤如下。

1）做好个人安全防护，穿好工作服、安全鞋，佩戴防护眼镜、绝缘手套。

2）准备绝缘电阻测试仪，接入红、黑表笔，选择测量电压 1000V，然后进行空气校表和短路校表。

3）红表笔接电动压缩机正极或负极被测量点，黑表笔接壳体，按下测试按钮，读取绝缘电阻值。根据国家标准，若测量绝缘电阻值/测量电压大于等于 500Ω/V，则表示绝缘良好。

4）检测完成后，进行放电操作，准备一根导线，一端接被测端子，一端接壳体。

### （二）空调暖风系统检查

#### 1. 暖风效果检查

当自动空调系统处于加热模式时，加热器在高压电的作用下对冷却液进行加热，高温冷却液被加热器水泵抽入加热器芯。同时，冷暖温度控制电机，使电机旋转至采暖位置，气流在鼓风机的作用下流过加热器芯，产生热量传递。外部空气在进入乘员舱前，与加热后的空气混合，吹出舒适的暖风。当按下加热按键时，调节温度旋钮，升高车内设定温度，信息显示在 LCD 上，感受出风口的温度上升，用温度计检测结果与显示屏显示结果一致。

#### 2. 暖风系统线路检查

（1）低压线束检查

1）检查电路线束及插接件连接处是否对插到位，有无松动、破损、腐蚀等问题，若无法修复则进行更换。

2）检查插接件线束波纹管有无破损，若有破损则进行修复或更换。

3）检查插接件内插针是否有退针、弯曲等异常现象，若有弯曲、退针现象，则进行修复或更换。

（2）高压绝缘检查

纯电动汽车 PTC 电加热器是高压部件，须对 PTC 电加热器正负极及其高压线束绝缘性进行检测。高压部件漏电很危险，若高压部件未达到绝缘要求则应进行修复或更换。检测步骤如下。

1）做好个人安全防护，穿好工作服、安全鞋，佩戴防护眼镜、绝缘手套。

微课：绝缘电阻测试仪的使用

2）准备绝缘电阻测试仪，接入红、黑表笔，选择测量电压1000V，然后进行空气校表和短路校表。

3）红表笔接PTC电加热器正极或负极被测量点，黑表笔接壳体，按下测试按钮，读取绝缘电阻值。根据国家标准，若测量绝缘电阻值/测量电压大于等于500Ω/V，则表示绝缘良好。

4）检测完成后，进行放电操作，准备一根导线，一端接被测端子，一端接壳体。

## （三）通风系统检查

### 1. 通风效果检查

吉利帝豪EV450风量调节旋钮用于手动设定鼓风机风速。风量共分为0~7挡。在自动状态下，鼓风机的速度将由系统自动控制，对风量调节旋钮的操作会使系统状态由自动模式转为手动模式。随着风量挡位越高，从0挡到7挡，风量越大。

车辆有5种出风模式，在不同模式下出风位置不同。

吹面：通过仪表板出风口送风。

双向：通过仪表板出风口、吹脚出风口送风。

吹脚：通过吹脚出风口送风。

混合：通过吹脚、前风窗出风口送风。

除霜：通过前风窗出风口送风。

### 2. 通风系统各部件检查

（1）面板功能检查

检查图2-5-25所示的空调面板各按键功能是否正常。

（2）空调系统空气滤芯的更换

空调系统的空气滤清器能使空调滤芯贴紧壳体，作用是净化气体，保证未过滤空气不会进入车厢，吸附空气中花粉、$PM_{2.5}$、悬浮颗粒、固体杂质、空气中的水分、臭氧、二氧化碳、异味及有害气体等，能使汽车玻璃上不出现水蒸气，保持驾驶人视野清晰，行车安全。汽车开启外循环，无论是开空调（制冷、制热）还是开通风，或者什么都不开，在关闭车窗的时候，空调滤清器都是车内与车外气体交换的主要场所。定期更换空调滤芯是非常重要的。

**注意**：空调滤芯使用超过1年或汽车行驶10000km以上，在使用空调滤芯的过程中风量明显变小，说明滤纸堵塞了，需要清洁或更换滤芯。

以吉利帝豪EV450为例，空调滤芯更换作业步骤如下。

1）拆卸仪表板杂物箱右侧端盖和杂物箱阻尼器固定销，如图2-5-32（a）所示。按箭头指示拆卸仪表板杂物箱的2个固定销，如图2-5-32（b）所示。打开并取下仪表板杂物箱，如图2-5-32（c）所示。

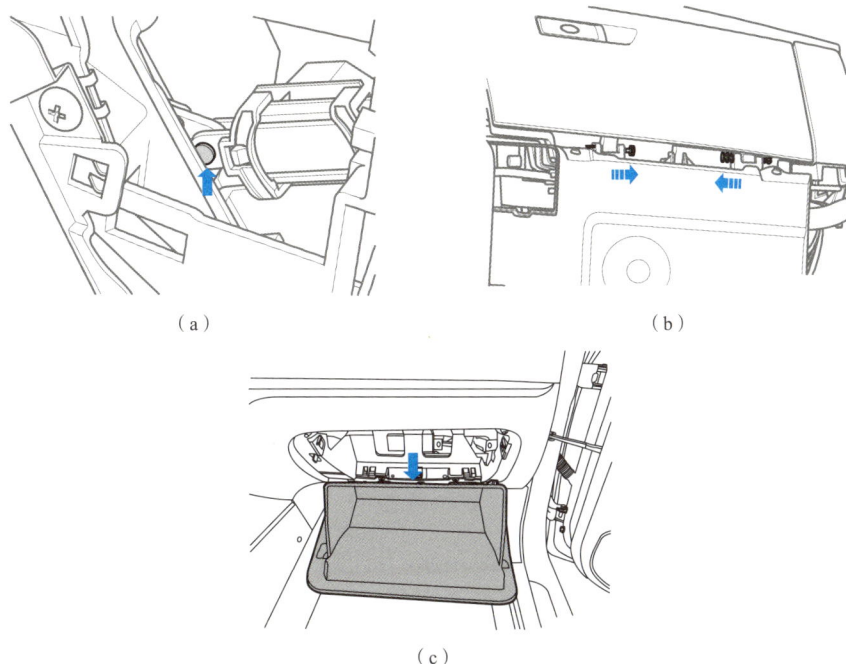

（a）

（b）

（c）

图 2-5-32  取下仪表板杂物箱

2）拆卸空调滤芯。拆卸空调滤芯安装壳，如图 2-5-33（a）所示。抽出空调滤芯，如图 2-5-33（b）所示。

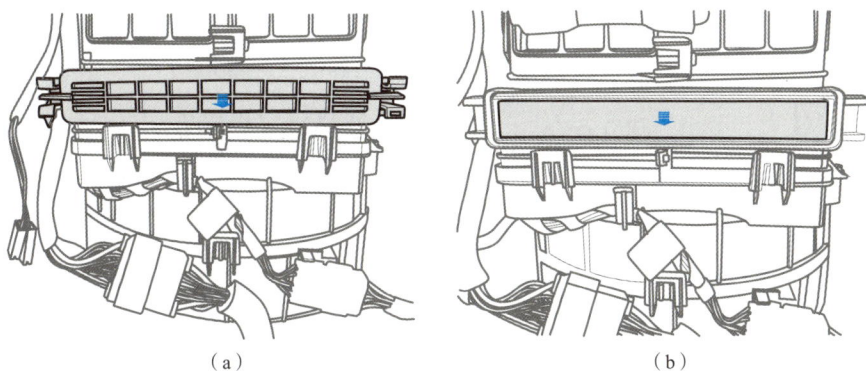

（a）

（b）

图 2-5-33  拆卸空调滤芯

3）安装空调滤芯。插入空调滤芯，安装空调滤芯安装壳，安装仪表板杂物箱，关闭前机舱盖。

**注意：** 在安装空调滤芯的过程中需要注意进出风方向，滤芯上标注箭头的方向为进风方向，不可装反，否则过滤作用会大大减弱。

（3）鼓风机检查

检查鼓风机工作时有无磨损异响，如有故障则应更换处理。

### 3. 通风系统线路检查

1）检查电路线束及插接件连接处是否对插到位，有无松动、破损、腐蚀等问题，若无法修复，则进行更换。

2）检查插接件线束波纹管有无破损，若有破损，则进行修复或更换。

3）检查插接件内插针是否有退针、弯曲等异常现象，若有弯曲、退针现象，则进行修复或更换。

### （四）空调系统常见故障

使用故障诊断仪中的"故障码读取"功能读取系统故障码，确定故障具体方向，再使用"数据流或动作测试"功能，观察空调系统各传感器和元件的数据是否正常或能否正常工作，以快速判断具体故障点。

### 1. 空调系统鼓风机无法工作故障诊断与维修

根据空调系统鼓风机无法工作的故障现象，我们可以依据图 2-5-34 所示的空调鼓风机电路工作原理图进行维修，维修步骤如下。

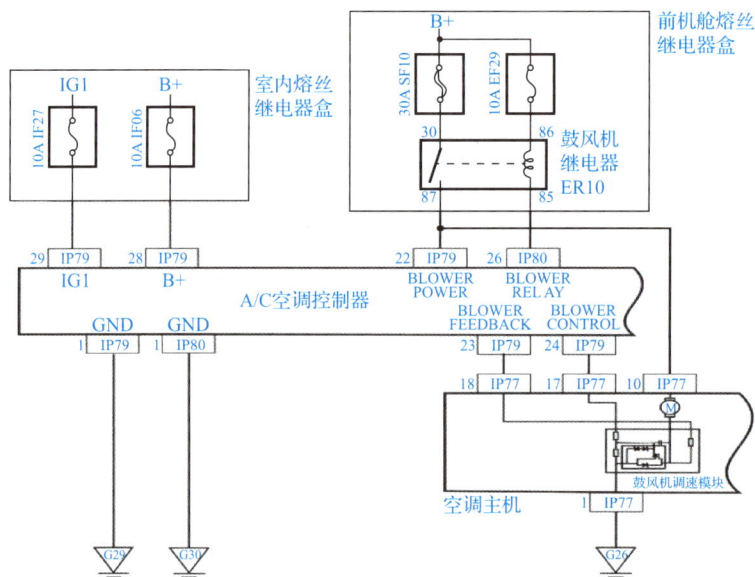

图 2-5-34  空调鼓风机电路工作原理图

1）操作启动开关至 OFF 挡，拔下熔丝 EF29（10A）、SF10（30A），使用万用表欧姆挡检查熔丝是否熔断。

2）操作启动开关至 ON 挡，使用万用表电压挡检查 EF29（10A）、SF10（30A）熔丝座输入端是否有 11～14V 电压（标准值为 11～14V）。

3）操作启动开关至 OFF 挡，使用万用表欧姆挡检查熔丝 EF29（10A）、SF10（30A）供电电路电阻值是否小于 1Ω（标准值小于 1Ω）。

4）操作启动开关至 OFF 挡，拔下空调鼓风机继电器 ER10，使用万用表欧姆挡检查空调鼓风机继电器 ER10 是否损坏。

5）操作启动开关至 ON 挡，使用万用表电压挡测量 ER10 空调鼓风机继电器座 30、86 端子是否有 11～14V 电压，接可靠正极测量 2 端子（A/C 空调控制器提供的负控制）是否有 11～14V 电压（标准值为 11～14V）。

6）操作启动开关至 OFF 挡，使用万用表欧姆挡检查空调鼓风机继电器 ER10 供电电路与 ER10 空调鼓风机继电器座 87 端子到 A/C 空调控制器线束插接器 IP79 的 22 端子和 ER10 空调鼓风机继电器座 85 端子到 A/C 空调控制器线束插接器 IP80 的 26 端子电阻值是否小于 1Ω（标准值小于 1Ω）。线束插接器如图 2-5-35 所示。

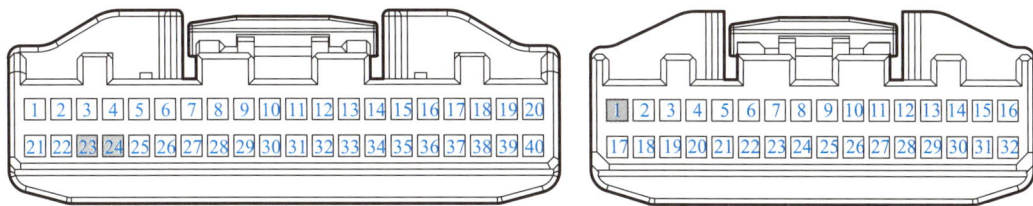

（a）A/C 空调控制器线束插接器 IP79　　　　（b）A/C 空调控制器线束插接器 IP80

图 2-5-35　IP79 和 IP80 线束插接器

7）操作启动开关至 OFF 挡，断开空调主机线束插接器 IP77 和 A/C 空调控制器线束插接器 IP79，用万用表电阻挡测量检查 A/C 空调控制器与鼓风机继电器之间的线束，空调主机线束插接器 IP77 的 17 号端子到 A/C 空调控制器线束插接器 IP79 的 24 号端子线束电阻值、空调主机线束插接器 IP77 的 18 号端子和 A/C 空调控制器线束插接器 IP79 的 23 号端线束电阻值、空调主机线束插接器 IP77 的 1 号端子与车身接地点电阻值均是否小于 1Ω（标准值小于 1Ω）。空调主机线束插接器 IP77 如图 2-5-36 所示。

图 2-5-36　空调主机线束插接器 IP77

8）操作启动开关至 OFF 挡，更换鼓风机调速模块，操作启动开关至 ON 挡，确认功能是否正常，若否，则继续更换 A/C 空调控制器；操作启动开关至 OFF 挡，更换 A/C 空调控制器；操作启动开关至 ON 挡，确认功能是否正常。

9）操作启动开关至 OFF 挡，检查鼓风机。拆卸鼓风机，检查鼓风机是否有叶轮损坏、异物卡滞等，若有，则修理或更换鼓风机。

10）确认故障排除后，进行作业后的 7S 管理并交车。

**2. 空调系统电动压缩机不工作故障的诊断与维修**

空调系统中电动压缩机损坏会导致空调系统制冷功能故障，影响空调的使用和行车舒适性，因此我们要掌握电动压缩机的故障诊断和修复方法。空调系统电动压缩机控制电路工作原理图如图 2-5-37 所示。

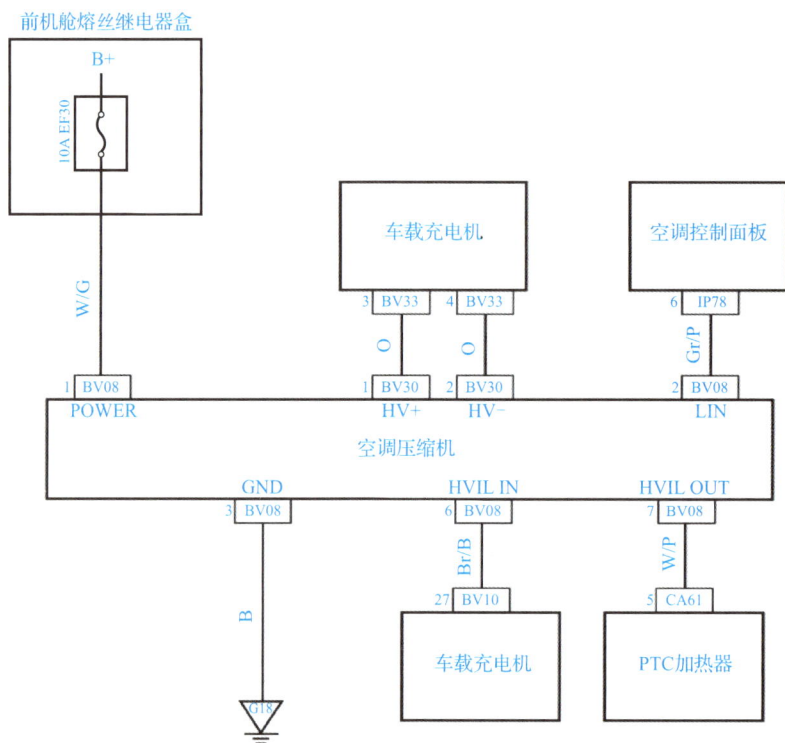

图 2-5-37　空调系统电动压缩机控制电路工作原理图

以吉利帝豪 EV450 为例，空调系统电动压缩机不工作故障诊断与更换步骤如下。

1）操作启动开关至 ON 挡，使用故障诊断仪读取故障码，连接故障诊断仪，读取系统故障码，确认系统是否存在故障码，优先排除故障码指示故障。

2）检查空调制冷剂系统压力，使用加注机或空调压力表连接空调系统的高低压管路接头，检查制冷系统压力是否正常。

3）操作启动开关至 ON 挡，检查蒸发器温度传感器信号，连接故障诊断仪，读取蒸发器温度传感器信号的数据流。检查蒸发器温度传感器显示温度是否过低（标准温度为高于2℃）。若温度过低，则更换蒸发器温度传感器。

4）操作启动开关至 ON 挡，检查鼓风机是否工作正常。打开鼓风机，检查鼓风机是否工作正常。若否，则优先排除鼓风机不能工作故障。

5）操作启动开关至 ON 挡，检查室外温度传感器信号、阳光传感器信号，连接故障诊断仪，读取室外温度传感器信号、阳光传感器信号的数据流。查看室外温度传感器显示温度是否低于 4℃，若是，则更换室外温度传感器。查看阳光传感器显示温度是否低于 4℃，若是，则更换阳光传感器。

6）操作启动开关至 OFF 挡，拔下熔丝 EF30（10A），使用万用表欧姆挡检查熔丝是否熔断。

7）操作启动开关至 ON 挡，使用万用表电压挡检查 EF30（10A）熔丝座输入端是否有 11～14V 电压（标准值为 11～14V）。

8）操作启动开关至 OFF 挡，使用万用表欧姆挡检查熔丝 EF30（10A）供电电路电阻值是否小于 1Ω（标准值小于 1Ω）。

9）操作启动开关至 OFF 挡，检查电动压缩机低压电源、接地之间的电压，断开压缩机低压线束插接器 BV08。操作启动开关至 ON 挡，打开空调，同时用万用表电压挡测量压缩机低压线束插接器 BV08 的 1 号端子与 3 号端子之间的电压是否为 11～14V（标准值为 11～14V）。压缩机线束插接器 BV08 如图 2-5-38 所示。

10）操作启动开关至 OFF 挡，断开车载充电机直流母线，断开压缩机高压线束插接器 BV30（图 2-5-39）。连接车载充电机直流母线，将互锁连接完好，操作启动开关至 ON 挡，打开空调，同时用万用表测量压缩机高压线束插接器 BV30 的 1 号端子和 2 号端子之间的电压值（标准值为 274.4～411.6V）。

**注意：**进行高压电故障元件检修时，必须做好安全绝缘保护准备工作。

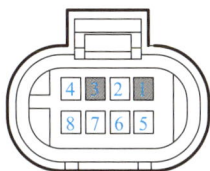

图 2-5-38　压缩机线束插接器 BV08　　　　图 2-5-39　压缩机高压线束插接器 BV30

11）操作启动开关至 OFF 挡，断开车载充电机直流母线，断开压缩机高压线束插接器 BV30。拆卸分线盒上盖。用万用表电阻挡测量分线盒到压缩机高压线束插接器 BV30 的 1 号端子线束之间的电阻和分线盒到压缩机高压线束插接器 BV30 的 2 号端子线束之间的电阻是否均小于 1Ω（标准值小于 1Ω）。若否，则更换电分线盒或高压线束。

12）操作启动开关至 OFF 挡，断开蓄电池负极电缆。更换空调控制面板。

13）确认故障排除后，进行作业后的 7S 管理并交车。

### 3. 电动空调压缩机总成的更换方法

在进行电动空调压缩机总成更换时必须做好安全绝缘保护准备工作，同时必须断开蓄电池的负极端子，并拆下车载充电机处直流母线。应在通风良好的环境中进行制冷剂相关作业，不要吸入制冷剂蒸气，它们会刺激眼睛、鼻子和咽部、冻伤皮肤。应佩戴适当的防护眼镜、绝缘手套，在通风良好的区域内进行作业。

1）打开前机舱盖，操作空调制冷剂回收机或空调压力表对制冷剂进行正确的回收。

2）操作启动开关至 OFF 挡，断开蓄电池负极电缆，断开车载充电机处直流母线。

3）拆卸电动压缩机总成，断开电动压缩机低压线束插接器、断开电动压缩机高压线束插接器；拆卸制冷空调管（压缩机侧）固定螺栓，脱开空调管；拆卸电动压缩机侧 3 个固定螺栓，取下电动压缩机，如图 2-5-40 所示。

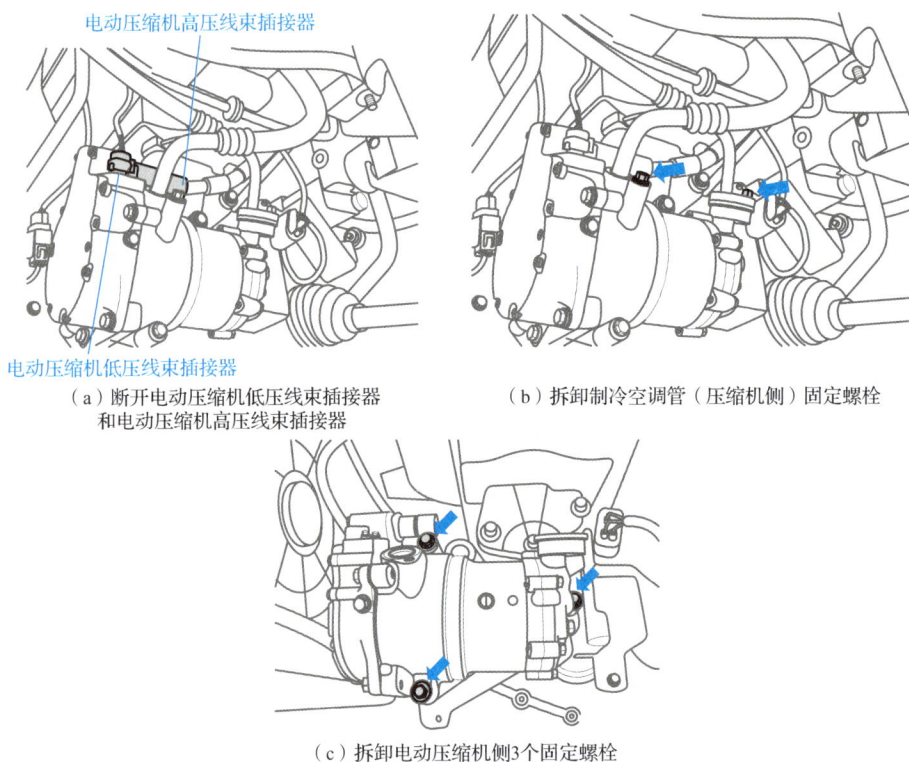

电动压缩机高压线束插接器

电动压缩机低压线束插接器

（a）断开电动压缩机低压线束插接器
和电动压缩机高压线束插接器

（b）拆卸制冷空调管（压缩机侧）固定螺栓

（c）拆卸电动压缩机侧3个固定螺栓

图 2-5-40　空调压缩机总成的拆卸步骤

4）安装电动压缩机总成的顺序与图 2-5-40 所示的拆卸顺序相反。放置电动压缩机，紧固电动压缩机侧 3 个固定螺栓，力矩为 23N·m；连接制冷空调管（压缩机侧），紧固空调管固定螺栓，力矩为 23N·m。

注意：①压缩机由厂家供货时，会携带大量润滑油（超过整个空调系统中润滑油的量），在安装之前需要从压缩机排放适量的润滑油再安装。②在安装过程中涉及的 O 形圈，都必须更换新件。

5）分别连接电动压缩机高压线束插接器、电动压缩机低压线束插接器、车载充电机处直流母线。

注意：连接时做到"一插、二响、三确认"。

6）连接蓄电池负极，正确操作完成空调制冷剂的加注，关闭前机舱盖。

7）进行作业后的 7S 管理并交车。

## 课堂练习

一、选择题

1. 吉利帝豪 EV450 车型上的冷却系统的部件不包括（　　　）。

　　A．冷凝器　　　　　B．空调管路　　　　　C．电动空调压缩机　　D．散热器

2．新能源汽车的制热方式不包括（　　）。

A．半导体式制热　　　　　　B．热泵型制热

C．电阻式加热器　　　　　　D．PTC 电加热器制热

二、叙述题

叙述新能源汽车空调系统制冷的工作原理。

## 项目实施

空调系统是提升新能源汽车舒适性能的重要系统，需要定期进行其功能的检查和系统的清洁。作为一名吉利品牌新能源汽车维修保养技师，必须能够对空调系统进行维护与保养作业。请在教师指导下，以小组（两人一组）形式按照下面的任务工单在新能源汽车实车上完成对空调系统的维护与保养。

注意：在进行空调检查时，应该对所有功能、挡位及各连接点进行仔细检查，对于制冷系统压力测试，要求反复多次测量，精益求精。

### 新能源汽车空调系统的维护与保养任务工单

班级：＿＿＿＿＿＿　组别：＿＿＿＿＿＿　小组成员：＿＿＿＿＿＿＿＿＿＿＿＿

| 工作项目 | 工作内容 | 工具选择 | 实施过程 | 结果记录 |
|---|---|---|---|---|
| 准备工作 | 场地准备<br>□警示牌 □警戒带 □绝缘胶垫<br>□灭火器 □绝缘钩 □其他 | | | |
| | 个人安全防护准备<br>□安全帽 □防护眼镜 □绝缘手套<br>□安全鞋 □防护服 | | | |
| 系统组成部件的外观检查 | 系统管路连接状况检查<br>（各管路有无松动、渗漏、堵塞） | | | |
| | 冷凝器检查（外观是否清洁、有无堵塞、有无异常变形） | | | |
| | 系统电气线路检查（电气线路连接是否牢固，插接头是否有松动） | | | |
| | 制冷剂检查（制冷剂量是否充足） | | | |
| 系统功能检查 | 通风系统检查（风机工作是否正常、面板操作是否正常，通风量是否足够，出风有无异味） | | | |
| | 检查压缩机高低管路有无温度差异 | | | |
| | 检查冷凝器进出口有无温度差异 | | | |
| | 检查膨胀阀进出口有无温度差异 | | | |
| | 检查 PTC 加热系统是否正常，有无异味 | | | |
| | 检查鼓风机、压缩机等部件工作有无异响 | | | |
| 系统压力检测 | 系统压力测试 | | | 第 1 次测量：<br>＿＿＿＿＿＿＿ |

续表

| 工作项目 | 工作内容 | 工具选择 | 实施过程 | 结果记录 |
|---|---|---|---|---|
| 系统压力检测 | 系统压力测试 | | | 第 2 次测量：_____<br>第 3 次测量：_____ |
| 整理工作 | 7S 管理 | | | |
| | 废旧部件及油液处理 | | | |

## 考核评价

综合整个学习过程，通过学生的课堂表现、课后习题、任务完成情况等对学生的知识目标、能力目标、思政要素和职业素养目标达成情况进行评价。

### 教学目标达成情况评价表

班级：_____ 姓名：_____

| 知识目标达成情况 | | |
|---|---|---|
| 目标描述 | 教师评价 | 学生自评 |
| 能描述新能源汽车空调系统的作用 | | |
| 能正确说出新能源汽车空调系统的结构及工作原理 | | |
| 评价结论：知识目标是否达成　　□是　　□否 | | |
| 能力目标达成情况 | | |
| 目标描述 | 教师评价 | 学生自评 |
| 能够进行新能源汽车空调系统正常工作的检查 | | |
| 能够进行新能源汽车空调系统常见故障的检查与维护处理 | | |
| 评价结论：能力目标是否达成　　□是　　□否 | | |
| 思政要素和职业素养目标达成情况 | | |
| 目标描述 | 教师评价 | 学生自评 |
| 增强环保意识、质量意识、效率意识、团队意识 | | |
| 培养专注细致、严谨负责的工作态度 | | |
| 强化全局思维、创新思维，提高分析问题与解决问题的能力 | | |
| 评价结论：思政要素和职业素养目标是否达成　　□是　　□否 | | |

# 项目六　新能源汽车车身电气设备的维护与保养

## 项目描述

本项目主要介绍新能源汽车车身电气设备的组成、功能及维护检查内容。通过对本项目的学习，应能够完成新能源汽车车身电气设备的维护作业。

## 学习目标

| 知识目标 | 能力目标 | 思政要素和职业素养目标 |
|---|---|---|
| 1. 能描述新能源汽车车身电气设备的组成；<br>2. 知道并能说出新能源汽车车身电气设备的功能；<br>3. 能描述新能源汽车车身电气设备的维护检查内容 | 1. 能识别新能源汽车车身电气设备各系统是否正常工作；<br>2. 能正确检查新能源汽车车身电气设备的功能；<br>3. 能进行车身电气设备各系统的检查与维护 | 1. 强化安全意识、规范意识、团队意识、服务意识；<br>2. 养成认真细致的工作态度和严谨的工作作风；<br>3. 增强全局思维、创新思维，培养举一反三解决实际问题的能力 |

对接 1+X 证书《新能源汽车电子电气空调舒适技术（中级）》工作任务 2——新能源汽车电子电气检测维修

2.5 前照灯诊断检测维修、2.6 仪表灯检测维修、2.11 仪表警示灯和驾驶员信息系统检测维修

## 情境导入

小王在一家新能源汽车 4S 店实习，今天客户开来一辆新能源汽车进店进行维护，小王要对其车辆的车身电气设备进行维护作业。作为刚入职的员工，需要知道车身电气设备有哪些、新能源汽车车身维护包括哪些内容，最后按照技术操作规范进行车身电气系统的故障诊断。

## 课前练习

通过课前对 4S 店维修人员的维护作业过程进行观察学习及查找相关资料，明确新能源汽车车身电气设备维护作业包括哪些方面的内容。将你所收集到的信息整理在下面的方框中。

## 相关资讯

新能源汽车车身电气设备和传统燃油汽车有一定的区别，新能源汽车车身电气设备是新能源汽车的神经中枢，包括低压电气系统和高压电气系统。高压电气系统包括动力电池、驱动电机和功率转换器等大功率设备。低压电气系统包括 DC/DC 转换器、辅助蓄电池和若干低压电器设备。传统燃油汽车的辅助蓄电池与发动机相连，由发电机充电，而电动汽车的辅助蓄电池则由动力电池通过 DC/DC 转换器充电。为了保证行车安全，车身电气设备系

统必须保持正常的工作状态。

## 资讯一　新能源汽车车身电气设备的组成及功能

新能源汽车车身电气系统是汽车的重要组成部分之一，其性能好坏直接影响汽车的动力性、经济性、可靠性、安全性、舒适性等性能。电气系统是现代汽车发展水平的一个重要标志，其科技含量已成为衡量现代汽车档次的重要指标之一。随着科技的发展，集成电路和微型电子计算机在汽车上广泛应用，电器的数量增加、功率增大，产品的质量、性能提高，结构更趋于完善。汽车维修及售后接待人员应了解和掌握电气系统的构造、配件识别及原理，这对进行电气系统的维护保养、故障诊断和安全作业起到至关重要的作用。

新能源汽车电气设备的主要组成部分有电源系统、照明系统、玻璃/车窗/后视镜/电动座椅、刮水器/清洗系统、仪表驾驶人信息系统、信号系统、智能多媒体系统、遥控防盗系统、中控门锁系统、数据通信系统、低速报警系统等。

### （一）电源系统

新能源汽车的电源分为主电源和辅助电源。主电源为驱动汽车行驶的高压电源。辅助电源（低压 12V 电池）是为车载各种仪表、控制系统供电的直流低压电源，如图 2-6-1 所示。在汽车行驶时，主电源（动力电池）通过 DC/DC 转换器给辅助蓄电池充电并给所有低压电气设备供电。新能源汽车电源系统是整个系统稳定运行的保障。电源的可靠性对于整个系统的性能起着至关重要的作用。设计和选择新能源汽车电源时要考虑配电方案、布局、搭铁回路等，以实现对负载良好的供电。新能源汽车电源系统如图 2-6-2 所示。

图 2-6-1　辅助电源（低压 12V 电池）　　　　图 2-6-2　新能源汽车电源系统

### （二）照明系统

照明系统包括汽车内、外各种照明灯及其控制装置。汽车外部照明灯主要有前照灯、示廓灯、日间行车灯、雾灯、转向灯、制动灯、倒车灯等，用来在夜间、雾天等行车视线不足的情况下保证行车安全。汽车外部照明灯如图 2-6-3 所示。汽车内部照明灯主要有杂物箱灯、车门灯、前排阅读灯、后排阅读灯、行李舱灯、牌照灯等，如图 2-6-4 所示。

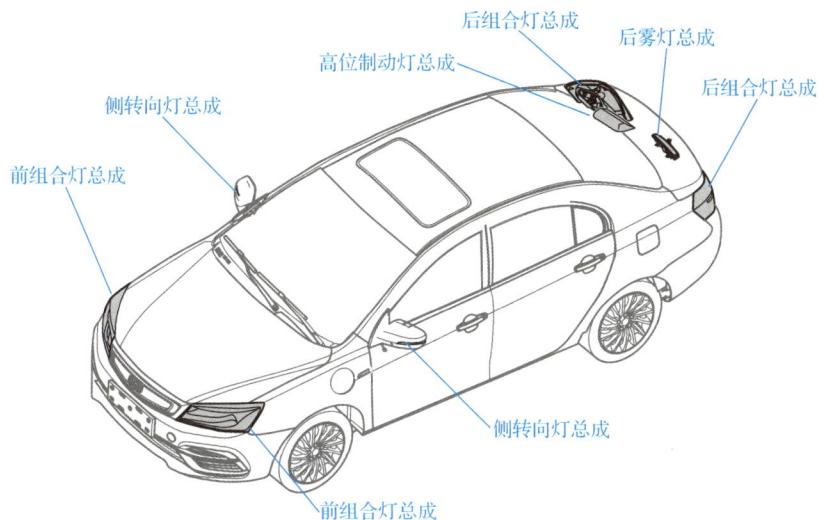

图 2-6-3　汽车外部照明灯的位置

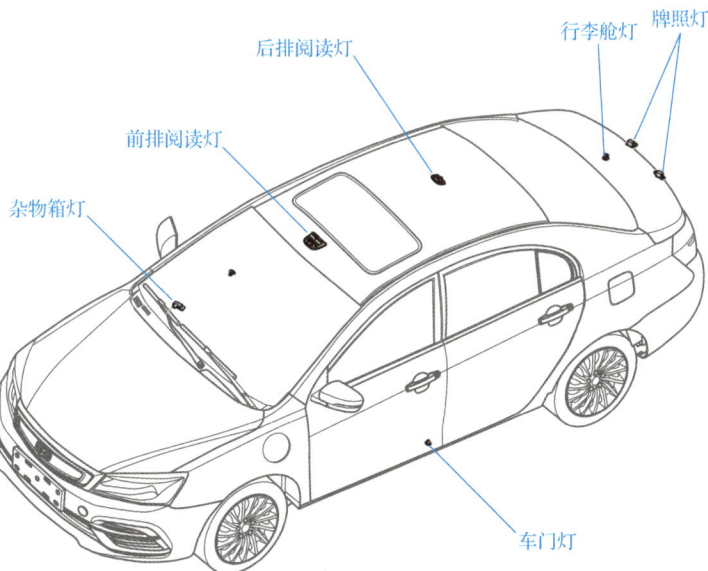

图 2-6-4　汽车内部照明灯的位置

## 1. 前照灯

当灯光组合开关打到"前照灯"挡时，工作电压由灯光组合开关线束插接器输出来驱动前照灯继电器吸合，点亮前照灯。前照灯供电电压被传送到前照灯光轴调节开关和左、右前照灯光轴调节电机，此时上下拨动调节开关能改变调节电机的信号电压，从而实现前照灯的高度调节功能。

**注意：**太频繁地拨动此开关有可能造成调节电机不动作或损坏。

当车身控制模块（body control module，BCM）监测到灯光组合开关线束插接器有电压时，说明开关处在"AUTO"（自动灯）。此时 BCM 会监测来自环境光传感器的信号，如果环境光照不强，BCM 会通过线束插接器输出电压来驱动前照灯继电器吸合，自动点亮前照灯；当环境光照增强时，BCM 会切断线束插接器的电压输出，从而实现前照灯自动关闭。当灯光组合开关切换到远光位置时，通过线束插接器控制接地驱动远光灯继电器吸合来点亮远光灯，同时远光灯供电电压被传送到仪表，点亮仪表内的远光灯指示灯。

### 2. 示廓灯

当灯光组合开关打到"示廓灯"挡，开关信号通过灯光组合开关线束插接器端子输出工作电压来驱动示廓灯继电器吸合，以点亮所有示廓灯、仪表背光照明灯及左、右牌照灯。

### 3. 日间行车灯

BCM 线束插接器端子输出工作电压来驱动日间行车灯继电器吸合，点亮日间行车灯。同时，此电压被传送到仪表点亮日间行车灯指示灯。

### 4. 雾灯

当前近光灯或远光灯开启后，开关会控制示廓灯继电器工作并将驱动电源输送至后雾灯继电器。当后雾灯开关闭合时，开关提供示廓灯继电器输出的电压来驱动后雾灯继电器闭合，点亮后雾灯。同时，此电压被传送到仪表点亮后雾灯指示灯。

### 5. 转向灯

多功能操纵杆控制灯光组合开关线束插接器端子的接地电路，此接地信号传送至BCM。BCM 通过线束插接器输出电压分别点亮左、右转向灯。

注意：当按下危险警告灯按钮时，BCM 同时向这两条电路输出电压，同时点亮所有转向灯。

### 6. 制动灯

制动灯由布置于制动踏板上的制动灯开关控制。当制动踏板被踩下时，工作电压通过开关直接加在制动灯灯泡上。

### 7. 倒车灯

电子换挡线束插接器输出工作电压来驱动倒车灯继电器吸合，点亮倒车灯。仪表倒车挡位信息通过 CAN 接收显示。

### 8. 室内门控灯

当后排阅读灯开关处于"DOOR"挡，后排阅读灯的电源来自 BCM 线束插接器。当车门打开时，门控开关接地电路接通，使后排阅读灯点亮。迎宾灯的电源来自熔丝。当车门打开时，门控开关接地电路接通，使迎宾灯点亮。行李舱灯的电源来自熔丝。当行李舱门打开时，门控开关接地电路接通，使行李舱灯点亮。照明系统的工作原理如图 2-6-5 所示。

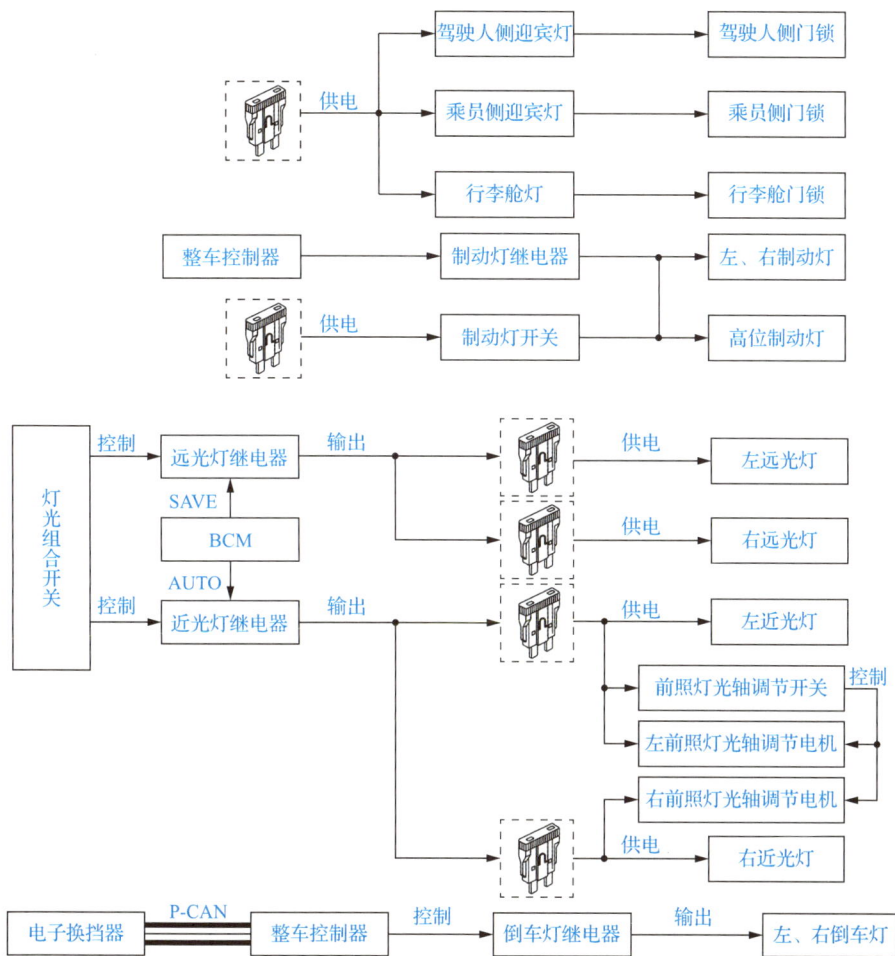

图 2-6-5　照明系统的工作原理

## （三）玻璃/车窗/后视镜/电动座椅

随着汽车辅助电气设备的发展和现代化技术在汽车方面的应用，现代汽车装备的辅助电气设备有很多，而且智能化也越来越高，大大简化了操作过程，使汽车的功能更加全面，提高了汽车操作便捷性，也增加了驾驶人驾驶的乐趣和享受的过程。

吉利帝豪 EV450 车型采用电动车窗玻璃，车窗玻璃升降器位置如图 2-6-6 所示。玻璃升降器具有以下 4 种操作方式：手动上升、手动下降、自动上升、自动下降。没有防夹功能的升降器具有以下 3 种操作方式：手动上升、自动下降、手动下降。

电动车窗具有延时功能，当起动开关打开时，玻璃升降允许操作；当起动开关关闭 45s 后，控制器电源被切断，禁止玻璃升降操作。

玻璃升降控制模块配有一个集成的障碍检测防夹系统。防夹系统安装在车窗内饰件上，在距离车窗开口框上边缘 4～200mm 范围内，一旦检测到有异物，车窗玻璃会立即停止上升并反向运动。防夹系统规定玻璃的防夹力不得超过 100N。

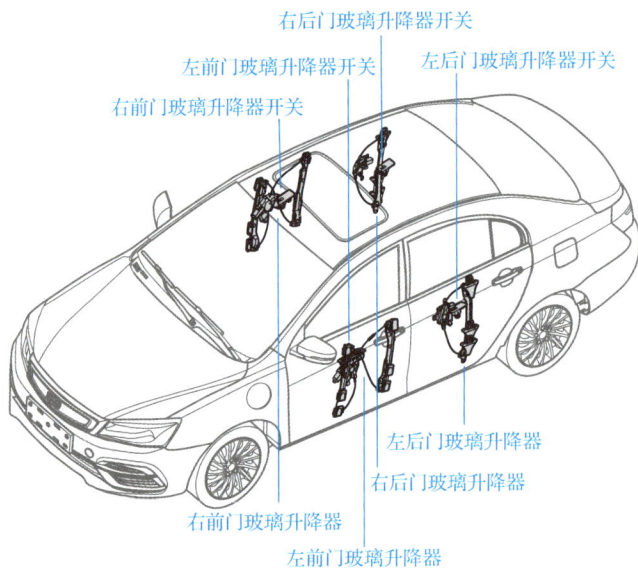

图 2-6-6　车窗玻璃升降器

　　后视镜是汽车必备的安全装置之一，如图 2-6-7 所示。目前的中、高档轿车大多采用电动后视镜，驾驶人不仅可通过控制开关驱动左右、上下两个电机调整后视镜的角度，以达到观察车后情况的最佳位置，还可通过控制开关给左、右后视镜加热装置通电进行后视镜的加热，以达到雨天或雾天后视镜还能保持最清晰的状态，以方便驾驶人观察车辆后方的情况。车外后视镜由驾驶人侧车门的开关来电控。吉利帝豪 EV450 车型的后视镜有 3 个控制器，左右选择开关用于选择所需操作的后视镜，方向按钮开关用于调整后视镜玻璃的位置。车外后视镜的镜面玻璃内还有加热元件。当按下后风窗玻璃/外后视镜除霜除雾按键时，车外后视镜加热元件也将工作。有的后视镜还增加了自动折叠、记忆存储、测距和测速、洗涤等功能。

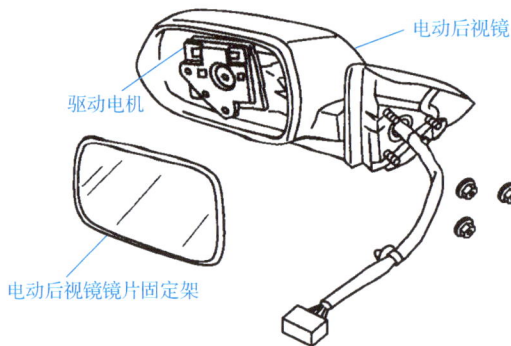

图 2-6-7　汽车后视镜

　　电动座椅的功能包括座椅位置调节、加热功能、通风功能、按摩功能、腰部支撑、记忆功能等。驾驶人或乘员在乘坐过程中，为了驾驶的舒适性和乘坐的舒适性，会根据自己的身体和习惯调整座椅的位置，座椅位置调节功能可满足不同人对座椅位置的需求。原来的座椅是由驾乘人员手动调整的，现在可以通过电机完成座椅前后、前部的上下、后部的上下及座椅靠背的倾斜度的调整。

### （四）刮水器/清洗系统

刮水器/清洗系统（俗称雨刮系统、雨刮喷水系统等）由 BCM、刮水器/洗涤器开关、洗涤液储液罐、前刮水器电机及连杆装置、洗涤液泵、前刮水臂、洗涤器喷嘴等部分组成。

微课：雨刮系统的维护与保养

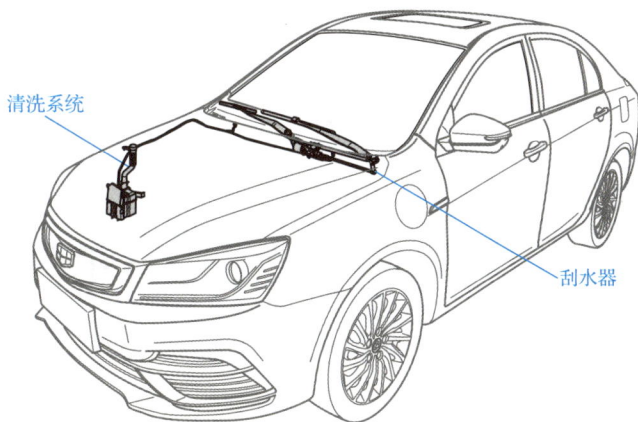

刮水器/洗涤器能够实现高速、低速、间隙、回位 4 种控制模式。刮水器开关设在转向柱右侧的操纵杆上。

前刮水系统由刮水器/洗涤器开关、刮水器电机、连杆、刮水臂及刮水片组成。前刮水器电路中有一个自停装置，该装置由一个蜗杆齿轮和一个凸轮盘组成，目的是在刮水器/洗涤器开关断开后短暂保持电路完整，直到刮水臂完全回到初始位置时才断开电路。前刮水系统由永磁电机驱动，刮水器电机安装在前围板上，与前刮水器连杆直接相连。

前风窗玻璃洗涤系统由玻璃洗涤液、储液罐、洗涤液泵、软管、喷嘴和刮水器/洗涤器开关组成，前风窗玻璃洗涤液储液罐安装在右前照灯总成下、右前翼子板衬板前部。洗涤液泵固定在洗涤液储液罐上，洗涤液泵使洗涤液通过软管输送至两个喷嘴。吉利帝豪 EV450 刮水器/清洗系统的位置如图 2-6-8 所示。

图 2-6-8　吉利帝豪 EV450 刮水器/清洗系统的位置

前刮水器由刮水器开关提供信号给 BCM，BCM 接收到刮水器开关接地信号后，驱动前刮水器电机转动；当刮水器开关处于低挡时，电流从电机低速电刷流入电枢线圈，产生大的反电动势，结果是电机以低速旋转；当刮水器开关处于高挡时，电流从电机的高速电刷流入电枢线圈，产生小的反电动势，结果电机以高速旋转；当起动刮水器/洗涤器开关时，刮水喷水泵处于工作状态；连续操作洗涤器开关 1s 后，刮水器电机也开始起动低挡转动。当关闭刮水器开关后，刮水器电机在电枢的惯性作用下不会立即停止而会继续转一会儿，同时电枢产生反电动势，对刮水器电机产生电力制动，电机立即停在固定位置。刮水系统的电气控制原理如图 2-6-9 所示。

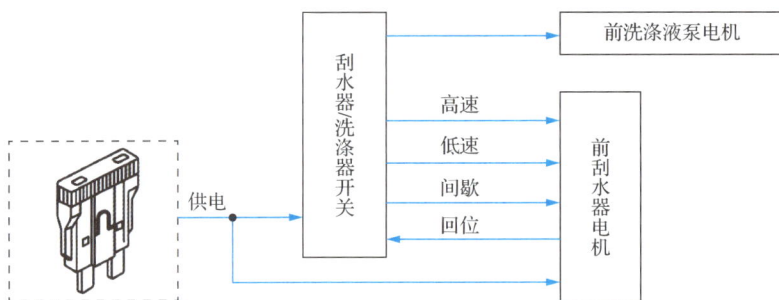

图 2-6-9　刮水系统的电气控制原理

### （五）仪表驾驶人信息系统

仪表驾驶人信息系统用于检测并显示驱动电机和汽车行驶中有关系统装置的实时工作状况。新能源汽车仪表的作用是帮助驾驶人随时掌握车辆重要部件的工作情况，及时发现和排除可能出现的故障和不安全因素，以保证车辆良好的行驶状态。吉利帝豪 EV450 汽车仪表主要由 3 个部分组成，分别为电池电量显示、车速显示、功率显示，如图 2-6-10 所示。

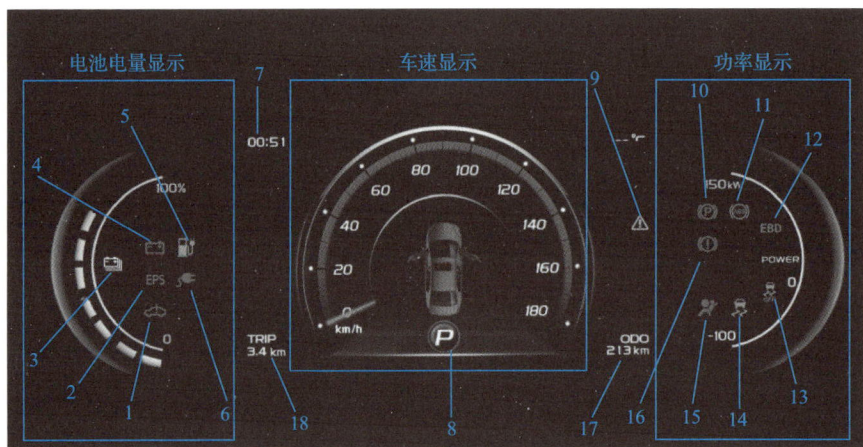

图 2-6-10　吉利帝豪 EV450 仪表　　　　　　微课：仪表

图 2-6-10 中各部分的名称及作用如下。

1——动力系统故障指示灯：动力系统发生故障时，此警告灯点亮。表示在警告灯系统监控的部件中某处发生故障，应尽快与汽车授权服务店联系检查车辆。

2——EPS 警告灯：表示电子助力转向系统存在故障，应尽快与汽车授权服务店联系检查车辆。

3——电量显示表的图标。

4——充电系统警告灯：如果在驾驶中此灯点亮，表示 DC/DC 转换器或启动型铁电池系统存在问题。应关闭空调、风扇、收音机等，将车直接开到最近的汽车授权服务店进行修理。

5——动力电池电量低警告灯：该警告灯常亮时，应及时给车辆充电。

6——动力电池充电连接指示灯：此灯不充电点亮 3s 后熄灭，在充电过程中一直点亮。

7——时间显示窗口：显示当前已设置好的时间。

8——挡位显示窗口：显示当前车辆所处挡位。

9——主告警指示灯：应注意信息显示屏的提示信息。

10——电子驻车状态指示灯：表示电子驻车已启动。

11——ABS 故障警告灯：如果此警告灯点亮，应立即停车并与汽车授权服务店联系。

12——EBD 故障指示灯：如果此指示灯点亮，则说明电子制动力分配控制系统存在问题，应立即停车并与汽车授权服务店联系。

13——ESP OFF 指示灯：如果此指示灯点亮，则在紧急转弯及躲避突然出现的障碍物时，驾驶人务必提高警惕并保持低速行驶。

14——ESP 故障警告灯：该警告灯常亮时，应将车辆送到汽车授权服务店进行检查。

15——SRS 故障警告灯：表示安全气囊系统存在故障，应将车辆送到汽车授权服务店进行检查。

16——驻车制动故障警告灯：此警告灯点亮时可能存在的情况有制动液液位低、制动系统故障、电子驻车系统故障、真空泵故障。建议将车辆送到汽车授权服务店进行检查。

17——车辆总计行驶里程显示表：用来记录用户每次出行的行驶里程。

18——小计里程显示。

### （六）信号系统

信号系统包括扬声器（俗称喇叭）、蜂鸣器、闪光器及各种行车信号灯，在车辆行驶时用于提示人车安全。吉利帝豪 EV450 车型喇叭的位置如图 2-6-11 所示。

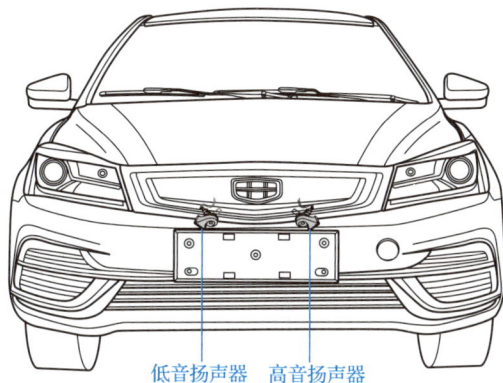

图 2-6-11　吉利帝豪 EV450 车型扬声器的位置

### （七）智能多媒体系统

智能多媒体系统由车载嵌入式处理器、车辆天线、前后扬声器等组成。

智能多媒体系统具有车载互联、语音识别、车载通信、导航、影音娱乐和手机映射等功能，还可以浏览天气预报与新闻资讯。吉利帝豪 EV450 智能多媒体系统如图 2-6-12 所示。

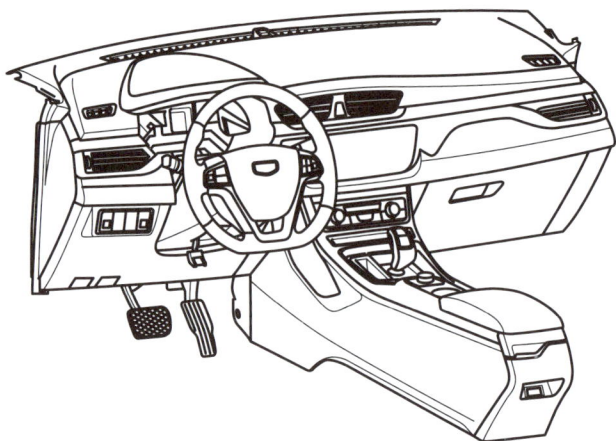

图 2-6-12　吉利帝豪 EV450 智能多媒体系统

### （八）其他系统

#### 1. 遥控防盗系统

遥控防盗系统是一个辅助的车辆警报装置，该系统在出现强行侵入时触发。遥控防盗系统与中控门锁系统配合使用。无线电频率干扰或电池电量用完都可能使该系统失效。

遥控防盗系统包括如下主要部件：BCM、电子转向柱锁（electronic steering column lock，ESCL）、智能钥匙、无钥匙进入+无钥匙闭锁传感器、车内钥匙搜索天线、启动开关。

当按下发射器上的按钮时，发射器向 BCM 发出信号。然后，BCM 执行相应功能。驾驶人在无钥匙进入+无钥匙闭锁传感器（左前、右前门把手）1.5m 范围内执行车门（前门或背门）开启动作，BCM 检测遥控钥匙有效性，并发送信号使 BCM 执行相应功能。

遥控防盗系统的设计是为了在有人强行打开车门时发出警报。在遥控防盗系统下，防盗扬声器将发出间歇警报声，同时转向灯也一起闪烁。30s 后扬声器停止工作，仅左右转向灯闪烁 5min。当所有车门都关闭后，警报器将继续鸣响 30s。30s 过后，扬声器和车灯停止警报，并且车门锁定，系统返回启用状态。遥控防盗系统不会影响车辆的起动或正常运行。

（1）遥控门锁

电源模式为 OFF 时，短压遥控器上的解锁键 1 次，四门解锁，转向灯闪烁 3 次确认，内部照明灯渐亮，示廓灯点亮。电源模式 OFF 状态下，短压遥控器上的闭锁键 1 次，车辆闭锁四门，转向灯闪烁确认，内部照明灯渐灭，示廓灯熄灭。

（2）进入防盗

电源模式为 OFF 时，关好车门，用遥控器闭锁键锁好车门（按闭锁键 1 次），转向灯闪 1 下。3s 后进入防盗状态。自动闭锁时，系统会自动进入防盗状态。用遥控器闭锁键锁车门时，若有车门未关好，转向灯闪 3 下，扬声器鸣叫 3 声，10s 后进入防盗报警状态（报警循环为：左、右转向灯闪烁与防盗报警扬声器鸣叫频率一致，30s 后扬声器停止工作，仅左、右转向灯闪烁 5min）。若 10s 按闭锁键不进入防盗报警状态，仍进入防盗布警（但此时若没有外界其他条件触发，扬声器不会鸣叫，转向灯也不会闪烁）。在防盗报警状态，若遥控器开锁键被按，将停止该报警循环，并解除防盗布警状态。若再按闭锁键，则恢复原始状态。

（3）遥控钥匙学习

遥控器学习功能：通过故障诊断仪、总线诊断工具和车辆专用检测工具的匹配工具学习。可以依次学习 3 把钥匙。遥控器学习模式会在学习完 3 把钥匙或至少学习完 1 把钥匙后的 10s 后退出或使启动开关电源模式为 ON。

（4）无钥匙进入和起动

无钥匙进入和启动功能可以使驾驶人拉门把手即可进入车辆，并使用一键式起动按钮起动车辆。当驾驶人拉动门把手时，无钥匙进入检测周围遥控器的有效性，遥控器发出信号回应车辆，并使 BCM 解锁所有车门。当驾驶人按下起动开关，BCM 检测周围遥控器的有效性，遥控器发出信号回应车辆，以解锁电子转向柱锁，此时，BCM 通过 CAN 系统与动力系统进行信息认证，若所有信息有效，BCM 将控制起动机继电器以起动车辆。

## 2. 中控门锁系统

门锁主要由电机、微动开关、壳体、拉杆等组成。

乘员侧门锁内有一个电机和一个微动开关。电机工作电压为 9～16V，工作电流小于等于 2A，电流为 3A。微动开关反映车门是否开启。

驾驶人侧门锁在乘员侧门锁的基础上增加了 2 个微动开关，一个反映左前门锁状态信号，一个反映机械锁芯状态信号。

电动门锁利用了每个门锁总成内的一个电磁阀。门锁只能由左前风窗玻璃升降器开关或驾驶人侧车门上的锁芯开关（遥控钥匙）来操纵。当用遥控钥匙或驾驶人侧车门上的锁芯锁止或解锁驾驶人侧车门时，所有车门应该上锁或解锁（驾驶人侧车门上的锁芯只能解锁驾驶人侧车门）。

门锁具有以下功能：钥匙开锁/闭锁、自动落锁、自动解锁、中央门锁控制功能、中央集控门锁优先级。

（1）钥匙开锁/闭锁

1）驾驶人侧车门钥匙转到开锁位置，四门锁打开。

2）驾驶人侧车门钥匙转到闭锁位置，四门锁闭锁。

3）车内开锁/闭锁开关（驾驶人侧门板上）：开锁动作，四门锁打开。遥控钥匙：闭锁动作，四门锁闭锁。

4）行李舱可以被遥控器或开关开启。在车速达到 5km/h 以上后，行李舱/背门开启功能禁止。

（2）自动落锁

1）启动开关电源模式为 ON，车速连续 3s 以上大于 10km/h 后，四车门锁会自动闭锁。

2）背门在关闭 1.5s 后，会自动闭锁。

3）遥控器解锁 15s 后，四车门、背门盖任意一个未被打开，车门会自动重锁。内部照明灯关闭，系统进入布警状态。

（3）自动解锁

在门锁上锁状态，电源模式为 OFF 时，四车门自动开锁。电源模式在任何状态下，按下背门遥控解锁按键超过 2.0s，背门锁解锁。

（4）中央门锁控制功能

启动开关电源模式为 OFF 时，按压一次遥控器上的解锁键，四门解锁，转向灯闪烁 3 次确认，内部照明灯渐亮，示廓灯点亮。启动开关电源模式为 OFF 时，按下遥控器上的闭锁键 1 次，车辆锁四门，转向灯闪烁确认，内部照明灯渐灭，示廓灯熄灭。按下车内闭锁键，车辆四门锁闭锁。电源模式不为 ON 或为 ON 且车速小于 15km/h 时，如果中央门控开关按至解锁位置，则 BCM 驱动四门解锁。当车速大于 15km/h 时，中控解锁命令被禁止。当电源模式为 ON 时，除解除报警操作和后背门解锁外的任何遥控命令都不会被执行。

（5）中央集控门锁优先级

1）优先级。当几个信号同时有效时：碰撞解锁>前门钥匙开关信号>遥控信号>中控门锁>自动解锁与自动闭锁功能。

2）当上述信号一个有效，并正在执行相应动作时，另一个信号在此时发生，则会被忽略。但当有碰撞解锁信号发生时，BCM 立即执行碰撞解锁动作。

### 3. 数据通信系统

数据通信系统具有减少控制电路导线数量、极大降低线束质量、减少控制装置插头芯针数量、提高可靠性和耐用性等优点。吉利帝豪 EV450 车型上采用的数据通信方式主要是 CAN 总线、LINE 总线和 K 总线。

CAN 总线即控制设备相互连接，进行数据交换。CAN 总线是国际上应用较广泛的现场总线之一，被设计为汽车环境中的微控制器通信总线，在各电子控制单元之间交换信息，形成汽车电子控制网路。吉利帝豪 EV450 车型上有 2 路 CAN 通信总线。CAN 总线网络由以下部件组成：BCM、诊断接口（DLC）、ACU（安全气囊模块）、ABS/ESC、HCU（整车控制器）、TCU、BMS、TEM、PEU（电力电子单元）、组合仪表、空调控制器、EPB（电子驻车模块）、转向角传感器、电动压缩机、DVD、EPS（电动助力转向）等。

LIN 总线是用于汽车分布式电控系统的一种新型低成本串行通信总线，主要用于智能传感器和执行器的串行通信。LIN 总线的特点包括：基于 UART 的数据格式，单主多从结构，单线传输电压为 0～12V，通信速率为 19.2kbit/s。吉利帝豪 EV450 车型上 LIN 总线的应用：一是 BCM 使用 LIN 总线与启动开关、电子转向锁中的防盗基站进行数据通信，以验证遥控钥匙的有效性；二是 BCM 使用 LIN 总线与前、后、左、右四门的电动窗升降电机及诊断接口进行数据通信；三是空调控制面板使用 LIN 总线与 PTC 电加热器、加热器水泵进行数据通信。

K 总线用于外部测试设备和车载诊断接口之间的诊断通信，传输速率为 10.47kbit/s。使用外部测试设备可通过车载诊断接口之间的 K 总线访问 ABS/ESC、组合仪表、A/C 空调控制器、TPMS 等模块的诊断数据。

#### 4. 低速报警系统

电动汽车在纯电动状态下行驶时，车辆的噪声较小。视力受损或观察不仔细的行人，通过新能源汽车行驶方向时，可能存在危险。因此，电动汽车往往具备低速报警系统，当车速低于 30km/h 时制动发出提示音，提示行人，以降低电动汽车与行人相碰撞的伤害率。

低速报警系统主要由低速报警控制器、低速报警扬声器及相关线束组成。低速报警控制器内部又由电源模块、功放模块、语音模块、MCU 模块、CAN 通信模块等组成，如图 2-6-13 所示。

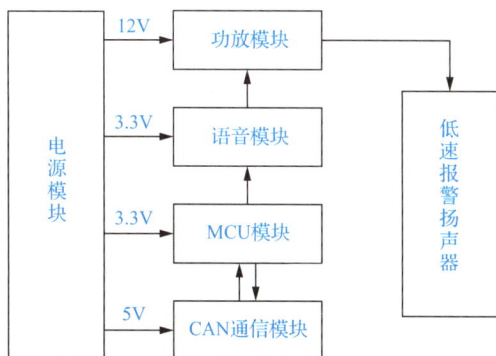

图 2-6-13　低速报警系统的组成

### 资讯二　新能源汽车车身电气设备的维护

在进行新能源汽车车身电气设备维护之前，维修人员必须先掌握车身电气设备的正确使用方法、正常工作状态和新能源汽车操作规范，这样能帮助维修人员快速确定正确的故障诊断方向及维修步骤。更重要的是，这样还有助于维修人员确定客户描述的车辆情况是否属于正确规范用车。

下面以吉利帝豪 EV 系列车型为例介绍新能源汽车车身电气设备的维护。

#### （一）照明系统维护

#### 1. 车内照明维护

外观检查：检查内部照明灯的安装有无松动，壳体有无开裂，灯泡有无变色、内部变形等现象。

功能检查：将点火开关旋至 ON 位置，检查各种灯的工作情况及仪表板各指示灯的点亮情况是否正常。若异常，则可对熔丝、插头、开关、灯泡、总成等进行更换。

（1）阅读灯
检查各按钮的控制功能是否正常以及灯泡是否损坏不亮，如图 2-6-14 所示。
注意：单纯的阅读灯只有两挡开关——开和关。
（2）车厢灯
检查各按钮的控制功能是否正常以及灯泡是否损坏不亮。对于门控（车门关联）灯的检查，可把门控开关打到 DOOR 位置，点火开关打到 ON 位置，打开车门时车厢灯应亮，关闭所有车门时车厢灯应熄灭，如图 2-6-15 所示。

**注意：** 车厢灯包括阅读灯功能，有 3 挡开关——常亮、关灯、门控。

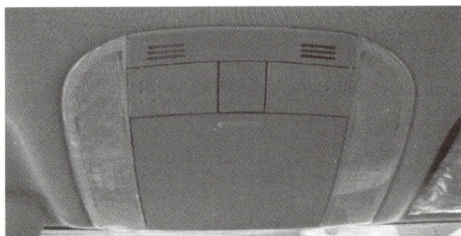

图 2-6-14　阅读灯及开关

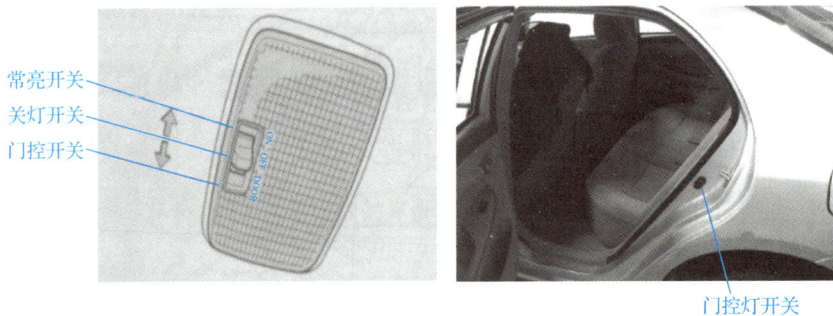

图 2-6-15　车厢灯及开关

（3）行李舱灯

行李舱灯及开关如图 2-6-16 所示。打开行李舱时，行李舱灯应亮，通过按压图 2-6-16 所示按钮进行检查。按下时，行李舱灯应熄灭；不按时，行李舱灯应点亮。

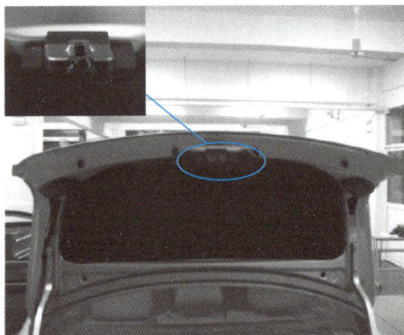

图 2-6-16　行李舱灯及开关

### 2. 车外照明及信号灯检查

外观检查：检查外部照明灯的安装有无松动，壳体有无开裂，灯泡有无变色、油污、内部变形、内部起雾等现象。

功能检查：将点火开关旋至 ON 位置，检查各种灯的工作情况及仪表板各指示灯的点亮情况是否正常。若异常，则可对熔丝、插头、开关、灯泡、总成等进行更换。

（1）灯光组合开关的操作

灯光组合开关如图 2-6-17 所示。将灯光控制开关向上旋转 1 挡，使灯光控制开关上的标识▶指到███位置，示廓灯、仪表照明灯、尾灯、牌照灯等应亮起。将灯光控制开关向上旋转 2 挡，使灯光控制开关上的标识▶指到███位置，近光灯应亮起。向下方向旋转灯光控制开关，使灯光控制开关上的标识▶指到 OFF 位置，上述灯光关闭。

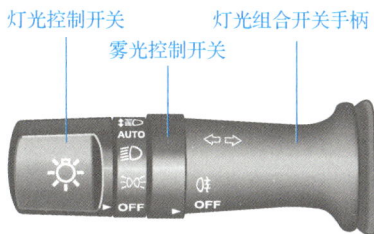

图 2-6-17　典型灯光组合开关

（2）前照灯检查

1）将灯光控制开关向上旋动 2 挡，近光灯及其指示灯应亮起。在近光灯打开的情况下，按 A 所示方向拨动灯光组合开关手柄，如图 2-6-18 所示，远光灯及其指示灯应亮起。按 B 所示方向拨回灯光组合开关手柄，切换回近光灯，仪表板上的指示灯也应点亮。

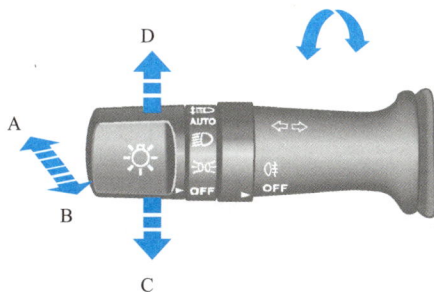

图 2-6-18　拨动灯光组合开关手柄

2）检查灯光调节功能。吉利帝豪系列纯电动汽车具有近光高度调节旋钮，调节旋钮位于仪表盘左侧下方，如图 2-6-19 所示。调节开关具有 1、2、3、4 四个挡位，选择不同挡位可调节近光的高度，数字越大，近光高度越低，通过调节该开关，可以将近光调节到合适高度。

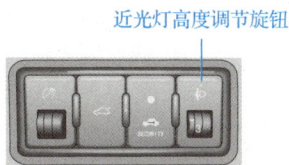

图 2-6-19　近光高度调节

3）检查自动灯光功能。当灯光调节开关上的标识▶指向 AUTO 位置时，前照灯在黑暗环境中会自动亮起，当环境亮度变好后前照灯会自动熄灭。

当检查到灯光自动调节功能不能将灯光调整到恰当位置时，就需要进行手动调节。前照灯调节螺栓的位置如图 2-6-20 所示。可用合适的十字或内六角螺钉旋具旋转各灯光调节螺栓，从而进行灯光的左右、上下调节。

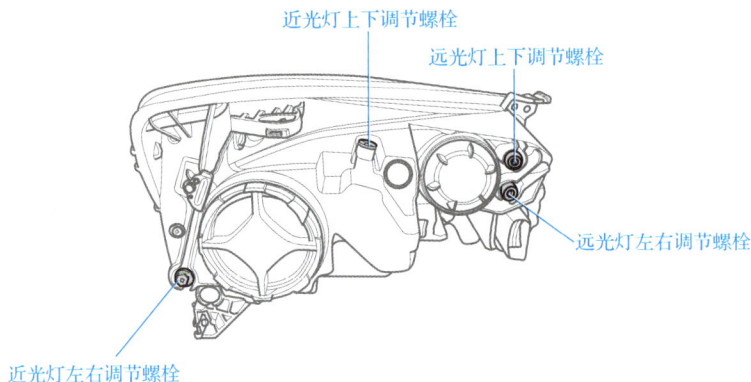

图 2-6-20　前照灯调节螺栓的位置

（3）前后雾灯检查

在示廓灯打开的情况下，旋转雾灯控制开关，则前雾灯及仪表板上的前雾灯指示灯亮起；在前雾灯亮起的前提下，将雾灯控制开关向前再旋一挡，则后雾灯及仪表板上的后雾灯指示灯亮起，如图 2-6-21 所示。

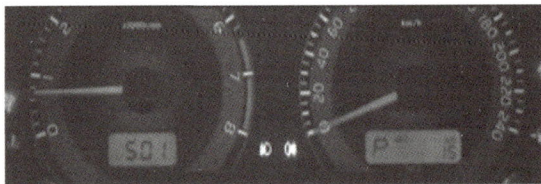

图 2-6-21　前后雾灯开启指示灯

（4）倒车灯检查

将手动变速器置于倒挡或将自动变速器置于 R 挡，如图 2-6-22 所示，倒车灯应亮起。

图 2-6-22　倒车灯检查

（5）转向灯及危险警告灯检查

如图 2-6-18 所示，向 C 方向拨动灯光组合开关控制手柄，则左转向灯及指示灯亮起，转向完成后，手柄自动回位，转向灯关闭。向 D 方向拨动灯光组合开关控制手柄，则右转向灯及指示灯亮起，转向完成后，手柄自动回位，转向灯关闭。将灯光组合开关控制手柄向 C 或 D 方向短时拨动，则左转向灯或右转向灯闪烁三下。

将仪表板中央的危险警告灯按钮（红色三角形）按下，则危险警告灯亮起（即所有转向灯同时亮起），转向灯仪表板指示灯也应点亮，如图 2-6-23 所示。

图 2-6-23　转向灯及危险警告灯开关

（6）制动灯检查

踩踏制动踏板时，制动灯及高位制动灯应亮起。踩踏制动踏板如图 2-6-24 所示。

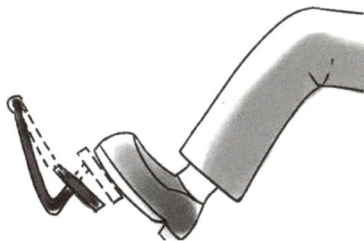

图 2-6-24　踩踏制动踏板

（二）信号仪表系统维护

1. 信号仪表系统检查

目视检查易于接触或能够看到的系统部件，以查明其是否有明显损坏或存在可能导致故障的情况；检查各仪表显示信息的传感器是否正常。

根据检查各仪表显示信息的情况，检查熔丝、传感器线路、插头等并进行更换。

### 2. 仪表各指示灯检查

吉利帝豪 EV450 汽车仪表如图 2-6-25 所示。

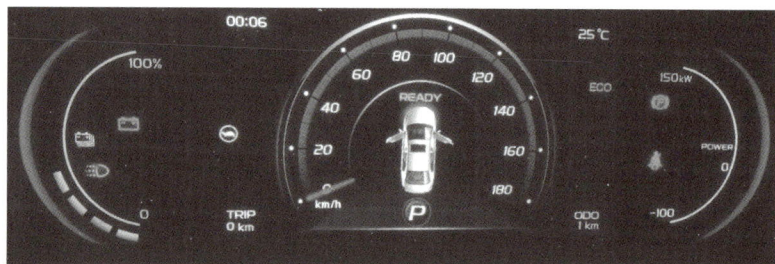

图 2-6-25　吉利帝豪 EV450 汽车仪表

1）当将启动开关打到 ON 位时，驱动电机功率表表针从 0 到 100 再回到 0 进行自检；当动力输出时，指针随输出功率增大而向上偏转；当能量回馈时，指针随输入功率增大而向下偏转。

2）当将启动开关打到 ON 位时，前后雾灯、示廓灯和远光灯指示灯会点亮，自检后熄灭。

3）当将启动开关打到 ON 位时，安全气囊灯会点亮，自检后熄灭。

4）当车辆有故障时，在仪表盘下部会点亮：跛行指示灯、蓄电池故障指示灯、电机及控制器过热指示灯、动力电池故障指示灯、动力电池断开故障指示灯、系统故障指示灯、充电提醒灯和 EPS 故障指示灯。

5）当将启动开关打到 ON 位时，车速表表针从 0 到 100 再回到 0 进行自检。

6）当驾驶人未系安全带时，安全带未系指示灯点亮。

7）当有车门未关或没有关严时，车门开启指示灯点亮。

8）当将启动开关打到 ON 位时，制动故障指示灯点亮，自检后熄灭。

9）当驻车制动器拉紧或未松到位时，驻车制动器未松提示灯点亮。

10）当转向时，左、右转向指示灯会根据方向亮起。

11）车辆加高压电后，READY 指示灯持续点亮。

12）当连接充电枪时，充电连接指示灯持续点亮。

13）当车辆充电时，车外温度提示显示车外温度。

### （三）辅助电气系统维护

### 1. 刮水系统维护

1）目视检查易于接触或能够看到的系统部件，以查明其是否有明显损坏或存在可能导致故障的情况；检查洗涤液储液罐中的洗涤液液面是否正确、喷水电机是否短路和储液罐是否泄漏。刮水系统检漏与洗涤液添加的步骤是：举升车辆；观察洗涤液储液罐有无渗漏，若有渗漏，则视情况进行维修；降下车辆；打开机舱盖并安装翼子板布、格栅布；观察洗涤液储液罐液位，如果水位低于 MAX，则打开洗涤液储液罐罐盖并添加洗涤液到 MAX 处；进行洗涤液冰点测试，保证洗涤液在此时的环境温度下结冰；取下格栅布、翼子板布；关闭机舱盖。

2）测量洗涤液的冰点：打开机舱盖并铺设翼子板布、格栅布；打开冰点测试仪盖板，将棱镜表面和盖板上的水分用纱布擦拭干净；打开洗涤液储液罐罐盖，用吸管取少许洗涤液；滴一到两滴洗涤液到棱镜表面上，盖上盖板，轻轻压平；从明暗分界线的刻度上读出数值，该数值就是洗涤液的冰点；测量完成后，用布把棱镜和盖板表面上的液体擦干净；等棱镜和盖板表面晾干之后，将冰点测试仪收好；盖上洗涤液储液罐罐盖；取下格栅布、翼子板布，关闭机舱盖。

### 2. 其他电气系统维护

（1）其他车身低压电器检查

1）检查中控门锁功能：按动中控门锁开关，门锁应能正常开闭。

2）打开车门并安装三件套。

3）将启动开关置于 ACC 位。

4）检查电动车窗功能：按动左前门电动车窗开关，左前门电动车窗应能正常开闭；其他车窗也用此方法进行检查。

5）检查电动后视镜调整功能：当后视镜调整旋钮位于 O 位置时，可关闭、打开后视镜；当后视镜调整旋钮位于 L 位置时，可调节左侧后视镜镜面角度；当后视镜调整旋钮位于 R 位置时，可调节右侧后视镜镜面角度。

6）检查收音机及导航功能：打开中控台，检查收音机及导航能否正常使用。

7）检查天窗：将启动开关置于 ON 位置，检查天窗功能。若有卡滞等现象，则应对天窗滑轨进行清洁并涂抹适量润滑脂。

8）关闭启动开关并拔下车钥匙。

（2）其他电气系统检查

1）目视检查可能影响辅助电气系统正常操作的售后加装或改装装置；检查易于接触或能够看到的系统部件或能听到的部件工作异响情况，以查明其是否有明显损坏或存在可能导致故障的情况；检查各系统的初始化是否已失效。

2）根据检查的实际情况进行维护与保养，对一些活动件进行清洁并涂抹适量润滑脂保持顺滑状态，对不能工作的系统进行简单的维修处理，找到对应的熔丝位置、线束、插头进行检查并紧固或更换。吉利帝豪 EV450 汽车前机舱熔丝、继电器盒的位置如图 2-6-26 所示，对应的熔丝列表如表 2-6-1 所示。

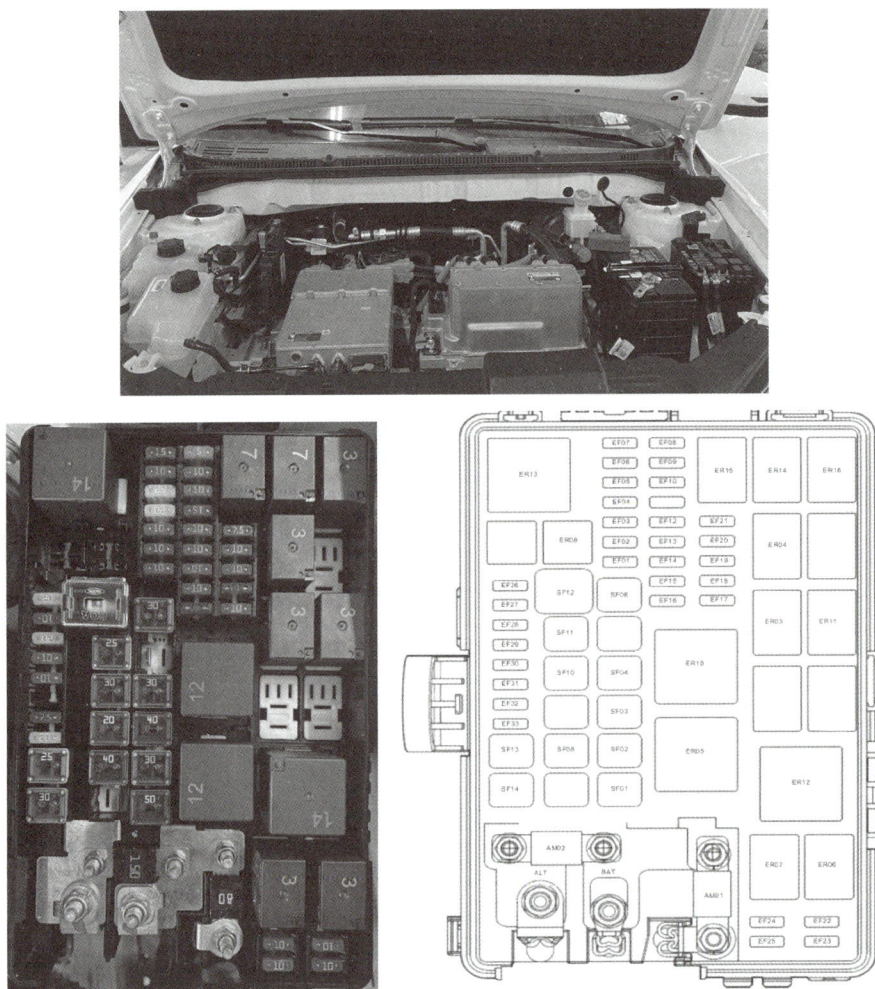

图 2-6-26　吉利帝豪 EV450 汽车前机舱熔丝、继电器盒的位置

表 2-6-1　前机舱熔丝列表

| 编号 | 名称 | 额定电流/A | 说明 |
|---|---|---|---|
| AM01 | EPS 熔丝 | 80 | — |
| AM02 | DC/DC 熔丝 | 150 | — |
| SF01 | 仪表熔丝盒 1 熔丝 | 50 | — |
| SF02 | ABS 泵熔丝 | 30 | — |
| SF03 | ABS 电机熔丝 | 40 | — |
| SF04 | EPB1 熔丝 | 30 | — |
| SF06 | EPB2 熔丝 | 30 | — |
| SF08 | 风扇熔丝 | 40 | — |
| SF10 | 鼓风机熔丝 | 30 | — |

续表

| 编号 | 名称 | 额定电流/A | 说明 |
| --- | --- | --- | --- |
| SF11 | 车窗 1 熔丝 | 25 | — |
| SF12 | 仪表熔丝盒 2 熔丝 | 80 | — |
| SF13 | 车窗 2 熔丝 | 25 | — |
| SF14 | 后除霜熔丝 | 30 | — |
| EF01 | BMS 熔丝 | 10 | — |
| EF02 | CRL 熔丝 | 10 | — |
| EF03 | 直流充电插座熔丝 | 10 | — |
| EF04 | IG2 熔丝 | 20 | — |
| EF05 | 真空泵熔丝 | 20 | — |
| EF06 | 冷却水泵熔丝 | 10 | — |
| EF07 | 扬声器熔丝 | 15 | — |
| EF08 | 冷却水泵熔丝 | 5 | — |
| EF09 | 风扇继电器熔丝 | 10 | — |
| EF10 | VCU 熔丝 | 10 | — |
| EF12 | 空调压力开关熔丝 | 10 | — |
| EF13 | 三通、加热水泵、空调主机熔丝 | 10 | — |
| EF14 | 压缩机、PTC 电加热器、水泵熔丝 | 10 | — |
| EF15 | 热交换电磁阀熔丝 | 10 | — |
| EF16 | 制冷管路熔丝 | 10 | — |
| EF17 | 座椅熔丝 | 10 | 带驾驶人座椅记忆功能 |
| EF18 | ESC、制动开关熔丝 | 7.5 | — |
| EF19 | VCU 熔丝 | 10 | — |
| EF20 | 低速报警熔丝 | 10 | — |
| EF21 | 后视镜加热器熔丝 | 7.5 | — |
| EF22 | 左近光灯熔丝 | 10 | — |
| EF23 | 右近光灯熔丝 | 10 | — |
| EF24 | 左远光灯熔丝 | 10 | — |
| EF25 | 右远光灯熔丝 | 10 | — |
| EF26 | TCU 熔丝 | 20 | — |
| EF27 | OBC 熔丝 | 10 | — |
| EF28 | 刮水器熔丝 | 20 | — |
| EF29 | VCU、鼓风机继电器熔丝 | 10 | — |
| EF30 | 压缩机熔丝 | 10 | — |
| EF31 | 座椅熔丝 | 20 | 带驾驶人座椅记忆功能 |
| EF32 | PEU 熔丝 | 7.5 | — |
| EF33 | 热管路熔丝 | 20 | — |

## 课堂练习

### 一、选择题

1. 吉利帝豪 EV450 车型上的仪表系统指示灯不包括（　　）。
   A. 转向灯指示灯　　　　　　　　　　B. 驱动电机温度指示灯
   C. 远光灯指示灯　　　　　　　　　　D. 发动机冷却液温度指示灯
2. 新能源汽车充电系统不包括（　　）。
   A. 低压充电　　　B. 直流快充　　　　C. 直充　　　　　　D. 交流慢充
3. 吉利帝豪 EV450 车型上车身电气设备不包括（　　）。
   A. 照明系统　　　　　　　　　　　　B. 仪表信号系统
   C. 冷却系统　　　　　　　　　　　　D. 辅助电气系统

### 二、判断题

1. 防雾灯属于照明用的灯具。　　　　　　　　　　　　　　　（　　）
2. 制动灯属于照明用的灯具。　　　　　　　　　　　　　　　（　　）
3. 牌照灯属于信号及标志用的灯具。　　　　　　　　　　　　（　　）
4. 危险警告灯属于信号及标志用的灯具。　　　　　　　　　　（　　）

### 三、问答题

新能源汽车车身电气设备有哪些？

## 项目实施

　　车身电气设备是新能源汽车的重要组成部分，对于驾乘人员的安全、舒适等方面影响巨大。作为一名新能源汽车维修保养技师，必须能够对车身电气设备进行维护与保养作业。请在教师提供的实训场地、车辆、工具和防护设备条件下，以小组（两人一组）形式按照下面的任务工单在新能源汽车实车上完成对车身电气设备的维护与保养。

　　**注意**：灯光的检查项目比较多，请确保每一项都检查到位，并且尽可能两人配合完成。

**新能源汽车车身电气设备的维护与保养任务工单**

班级：_____　　组别：_____　　小组成员：_____

| 工作项目 | 工作内容 | 工具选择 | 实施过程 | 结果记录 |
|---|---|---|---|---|
| 准备工作 | 场地准备<br>□警示牌 □警戒带 □绝缘胶垫<br>□灭火器 □绝缘钩 □其他 | | | |
| | 个人防护准备<br>□安全帽 □防护眼镜 □绝缘手套<br>□安全鞋 □防护服 | | | |

续表

| 工作项目 | 工作内容 | 工具选择 | 实施过程 | 结果记录 |
|---|---|---|---|---|
| 灯光系统检查 | 车内照明检查（应注意尽可能细致完整地检查所有灯的照明情况，并详细记录，如前后阅读灯、杂物箱灯、门框灯、行李舱灯等） | | | |
| | 车外照明及信号灯检查（应注意尽可能细致完整地检查所有灯的照明情况，并详细记录，如近光灯、远光灯、尾灯、前后雾灯、转向灯、危险警告灯、日间行车灯、牌照灯、制动灯、倒车灯等） | | | |
| | 仪表系统检查（应注意仔细检查仪表显示情况，有无故障灯亮起，并且注意配合在驻车、行车不同状态下检查仪表灯的变化） | | | |
| | 汽车灯光调节 | | | |
| 蓄电池的检查 | 有无电解液渗漏检查 | | | |
| | 外观和接线柱清洁 | | | |
| | 安装、连接是否可靠 | | | |
| | 电解液检查 | | | |
| | 放电电流测试 | | | |
| | 放电电压测试 | | | |
| 辅助电气系统检查 | 风窗玻璃洗涤液液位检查 | | | |
| | 刮水片外观检查 | | | |
| | 刮水器各挡位功能检查 | | | |
| | 其他电气系统检查 | | | |
| 整理工作 | 7S 管理 | | | |
| | 废旧部件及油液处理 | | | |

## 考核评价

综合整个学习过程，通过学生的课堂表现、课后习题、任务完成情况等对学生的知识目标、能力目标、思政要素和职业素养目标达成情况进行评价。

**教学目标达成情况评价表**

班级：_____ 姓名：_____

| 知识目标达成情况 | | |
|---|---|---|
| 目标描述 | 教师评价 | 学生自评 |
| 能描述新能源汽车车身电气设备的组成 | | |
| 能说出新能源汽车车身电气设备的功能 | | |
| 能描述新能源汽车车身电气设备的检查内容 | | |
| 评价结论：知识目标是否达成 | □是 □否 | |

续表

| 能力目标达成情况 | | |
|---|---|---|
| 目标描述 | 教师评价 | 学生自评 |
| 能够准确在新能源汽车上识别出车身电气部件 | | |
| 能正确检查各车身电气设备的功能 | | |
| 能够进行新能源汽车车身电气设备的检查与维护 | | |
| 评价结论：能力目标是否达成　　□是　　□否 | | |
| 思政要素和职业素养目标达成情况 | | |
| 目标描述 | 教师评价 | 学生自评 |
| 强化安全意识、规范意识、团队意识、服务意识 | | |
| 养成认真细致的工作态度和严谨的工作作风 | | |
| 增强全局思维、创新思维，培养举一反三解决实际问题的能力 | | |
| 评价结论：思政要素和职业素养目标是否达成　　□是　　□否 | | |

# 模块三
# 新能源汽车的交付检查

## 项目一　新能源汽车 PDI

### 项目描述

本项目主要介绍新能源汽车交付前检查（prior delivery inspection，PDI）的工作内容、作业要求及作业流程。通过对本项目的学习，学生应能够完成新能源汽车的 PDI 作业。

微课：新车交付检查的项目（一）　　　　微课：新车交付检查的项目（二）

### 学习目标

| 知识目标 | 能力目标 | 思政要素和职业素养目标 |
|---|---|---|
| 1. 能描述新能源汽车 PDI 作业的内容；<br>2. 知道新能源汽车 PDI 的目的和要求 | 1. 能够进行新能源汽车 PDI 作业；<br>2. 能够正确完成新能源汽车 PDI 工单 | 1. 强化规范意识、服务意识，自觉践行行业道德规范；<br>2. 坚定"中国制造"自信、民族自信、制度自信，增强使命感和紧迫感 |

对接 1+X 证书《新能源汽车动力驱动电机电池技术（中级）》工作任务 1——新能源汽车工作安全
1.4 高压电安全防护措施、1.5 高压电作业安全规范

### 情境导入

小王在比亚迪 4S 店做了高级汽车维修工，接到一张任务工作单：对一辆比亚迪 E5 纯电动汽车做新车交接检查，确保客户最终买到符合出厂标准的新车。小王需要按照 PDI 流程对车辆进行检查。请你帮助小王进行规范化的 PDI。

## 课前练习

通过课前对 4S 店维修人员的维护作业过程进行观察学习及查找相关资料，明确新能源汽车 PDI 工作包括哪些方面。将你所收集到的信息整理在下面的方框中。

## 相关资讯

### 资讯一　新能源汽车 PDI 的目的、要求、准备及流程

PDI 是指在商品车最终交付给顾客前，由专业人员对车辆质量状态进行检查，以确认车辆外观、性能、随车物品等的完整性。PDI 是新车交付给顾客前的最后一个步骤。新车从生产厂家到经销商网点，大多经历了长距离的运输颠簸和较长时间的停放，为了向顾客保证新车的安全性和原厂性能，PDI 必不可少。

### 知识窗

《汽车售后服务规范》（GB/T 36686—2018）提出了汽车售后服务流程要求。对于出厂汽车产品，汽车服务商应随汽车产品提供如下材料。

1）汽车产品合格证。

2）汽车产品使用说明书或技术说明书。

3）产品备用、备件清单。

新车从出厂到顾客手中，由于各种原因难免发生一些意外，因此新车交付前必须进行 PDI。

### （一）PDI 的目的

PDI 是确保车辆质量状态的检查，旨在厂商、运输商、汽车经销商和顾客接收商品车时，双方共同发现商品是否存在缺陷问题，保证新车的安全性能和原厂性能。

## （二）PDI 要求

我国汽车服务行业提出了 PDI 服务的基本要求。

1）供方在将汽车交给顾客前，应保证整车完好。

2）供方应仔细检查汽车的外观，确保外观无划伤及外部装备齐全。

3）供方应仔细检查汽车内饰及装备，确保内饰清洁和装备完好。

4）供方应对汽车性能进行测试，确保汽车的安全性和动力性良好。

5）供方应保证汽车的辅助设备功能齐全。

6）供方应向顾客介绍汽车的使用方法。

7）供方应向顾客介绍汽车的装备、使用常识、保养常识、保修规定、保险常识、出险后的处理程序和注意事项。

8）供方应向顾客提供 24 小时服务热线及救援电话。

9）供方应随时解答顾客在使用中所遇到的问题。

## （三）PDI 准备

为了更好地保障车辆 PDI 的效果，需做好人员、场地、工具等相关准备。

### 1. 人员准备

1）检测人员在进行车辆内饰检测时，需要头戴工作帽，以防头发脱落在车内。

2）检测人员的工作服应整洁、合身，应穿无扣或有暗扣的工作服，鞋子不能沾有泥土。

3）检测人员的工作服口袋不能放任何工具和硬物。

4）检测人员不能佩戴钥匙链、手表、戒指、手链、项链等金属物品。

5）检测人员应穿软底平跟鞋，不能穿拖鞋、高跟鞋。

6）检测人员的双手应保持干净，指甲不能太长。

7）检测人员应准备棉纱手套及白色手套若干副，棉纱手套用来检查汽车前机舱、底盘等，白色手套用来检查车辆的内饰。

8）检测人员的工作服、帽子、鞋子应定期清洗或更换以保持清洁。

### 2. 场地准备

车间要专门设置 PDI 的场地，以免与其他服务工作相互影响。场地准备如图 3-1-1 所示。

1）场地要保持整洁卫生，地面无油渍且每天要清洁。

2）PDI 场地要明亮。

3）场地最好处于室内。

4）场地要宽敞，便于工作的展开。

### 3. 工具准备

为了更好地对车辆进行 PDI，还需要准备举升设备（四柱举升机/剪式举升机）、蓄电池充电机、轮胎充气机、工作灯或电筒、常用工具、扭力扳手、轮胎气压表、万用表、干净的抹布及诊断设备等。常用绝缘工具如图 3-1-2 所示。

图 3-1-1 场地准备

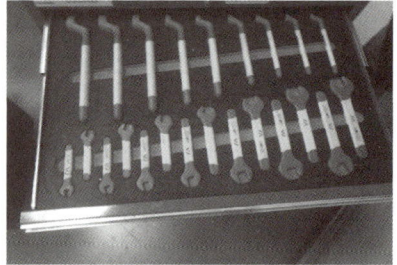

图 3-1-2 常用绝缘工具

### 4. 车辆准备

进行 PDI 前，对要检查的车辆进行清洗、车辆保护等操作。车辆准备如图 3-1-3 所示。

### 5. PDI 备用品

在进行车辆 PDI 过程中，如果发现车辆某些油液（如冷却液、制动液等）存在缺失，需要进行添加与补充。PDI 备用品如图 3-1-4 所示。

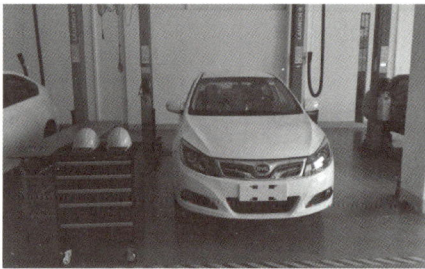

图 3-1-3 车辆准备

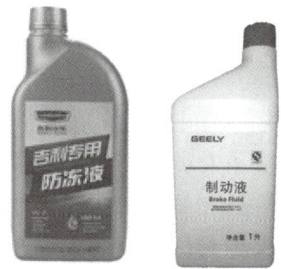

图 3-1-4 PDI 备用品

### （四）PDI 流程

### 1. 检查范围

PDI 范围可分为基本检查、前机舱内检查、车辆功能检查和配备检查。

1）基本检查记录表如表 3-1-1 所示。

表 3-1-1 基本检查记录表

| 基本检查 | 检查内容 | 是否正常 | 检查人员 |
| --- | --- | --- | --- |
| 铭牌和 LOGO | 检查铭牌（包括车型名称商标牌、厂标牌、型号标牌），后装饰灯，防擦条、裙板。安装平整、牢固、不歪斜、无划伤、无缺失，粘贴点不离空、翘起 | | |
| 轮胎、轮辋 | 轮胎表面无割伤、胎压正常；轮辋及螺栓无划伤、生锈；翼子板内衬齐全 | | |

续表

| 基本检查 | 检查内容 | 是否正常 | 检查人员 |
|---|---|---|---|
| 内饰检查 | 各内饰安装齐全可靠、无划痕、无脏污，车内无杂物 | | |
| 外观检查 | 环绕全车一周，目视，油漆表面无锈斑、凹凸点及划伤，表面不允许有油漆表面损伤的凹凸或油漆表面无损伤但深度/高度大于 0.5mm 的凹凸、生锈、脱落、裂纹、露底钣金凹凸（不含焊点） | | |
| | 检查车身、前后保险杠、车身配合钣金件之间是否存在配合间隙过大、色差大等现象 | | |
| | 环检车辆，观察车门、风窗玻璃压条是否安装到位，必要时对可疑玻璃进行淋水检查，测试玻璃密封性、是否有裂纹产生，后风窗玻璃除霜焊接是否牢靠等 | | |
| | 目视前、后风窗玻璃及车窗玻璃是否变色、划伤、破损。不允许有颜色变化且指甲可感觉到的大于 5mm 的划伤，不允许破损，左右对称的车窗玻璃必须同一规格、同一颜色 | | |

2）前机舱内检查记录表如表 3-1-2 所示。

表 3-1-2　前机舱内检查记录表

| 前机舱内检查 | 检查内容 | 是否正常 | 检查人员 |
|---|---|---|---|
| 整体目视检查（装调、渗、漏） | 前机舱中的部件有无渗漏级损伤 | | |
| 冷却液液位 | 液位在 MIN 与 MAX 之间 | | |
| 制动液液位 | 液位在 MIN 与 MAX 之间 | | |
| 洗涤液液位 | 液位在 MIN 与 MAX 之间 | | |
| 动力电池 | 状态、电压、蓄电池接线螺栓是否紧固 | | |
| 线束/管路连接 | 各线束接头连接有效锁止、高压线束无死弯，护套无破损 | | |

3）车辆功能检查记录表如表 3-1-3 所示。

表 3-1-3　车辆功能检查记录表

| 车辆功能检查 | 检查内容 | 是否正常 | 检查人员 |
|---|---|---|---|
| 遥控钥匙及机械钥匙 | 遥控钥匙及机械钥匙可以有效开启车门；锁闭后，后视镜收起，灯闪烁 | | |
| 车门及行李舱 | 4 个车门及行李舱开启和关闭正常 | | |
| 车窗及天窗 | 4 个车窗及天窗玻璃升降正常 | | |
| 中控门锁 | 中控门锁使用正常 | | |
| 主驾、副驾座椅及安全带 | 座椅调节、安全带拉伸及锁闭正常 | | |
| 仪表盘各项指示灯 | 通电后各指示灯亮 3s 后正常熄灭 | | |
| 导航仪 | 使用正常 | | |
| 转向盘 | 安装正确，转向正常 | | |
| 照明灯 | 远近光灯、雾灯、行李舱灯、光束调节系统使用正常 | | |
| 指示灯 | 转向灯、危险警告灯、制动灯、倒车灯、牌照灯、示廓灯使用正常 | | |

续表

| 车辆功能检查 | 检查内容 | 是否正常 | 检查人员 |
|---|---|---|---|
| 刮水器 | 喷水器正常、前后刮水器正常 | | |
| 空调 | 制冷、制热正常，风量调节正常，各出风口正常 | | |
| 后视镜（高配） | 正常调节 | | |
| 阅读灯 | 开关正常 | | |
| 遮阳板及化妆镜 | 使用正常 | | |
| 机舱盖、充电口盖 | 开、关正常 | | |
| 倒车雷达 | 使用正常 | | |
| 换挡机构及驻车制动手柄 | 操作使用正常 | | |
| 风窗加热 | 使用正常 | | |
| 数据采集终端 | 平台是否可以监控 | | |
| 充电功能 | 快、慢充电功能正常 | | |
| 10km 道路试验 | 转向、制动、能量回收功能、驻坡能力（20%坡度）、制动真空泵起动正常，行驶有无跑偏、摆振。直线行驶转向盘是否对正 | | |

4）配备检查记录表如表 3-1-4 所示。

表 3-1-4　配备检查记录表

| 配备检查 | 检查内容 | 是否正常 | 检查人员 |
|---|---|---|---|
| 铭牌及随车资料 | 粘贴有铭牌，随车资料齐全，信息与车辆一致 | | |
| 随车工具 | （备胎、工具三件套、千斤顶）随车工具齐全 | | |
| 遥控钥匙 | 遥控钥匙 2 把 | | |
| 家用充电器 | 家用充电器 1 个 | | |

### 2. 检查流程

PDI 流程分为动态检查和静态检查。

（1）动态检查的流程

1）根据售前检验单，核对选装单上的有关信息及车辆识别码（vehicle identification number，VIN）的一致性。

2）用钥匙通电，待车辆自检结束，起动车辆，观察各种指针、指示灯是否异常。

3）系上安全带，检查安全带指示灯是否熄灭。

4）将车开到 PDI 检验棚，同时检查转向、悬挂、制动是否异常。

5）将车熄火，拔出钥匙，完成检查并签字确认。

（2）静态检查的流程

1）目视检查车前盖、车前照灯、前保险杠、中网的表面与配合；打开前盖，检查发动机舱。

2）检查左前翼子板及左前门、防擦条、后视镜灯的表面与配合。

3）进入驾驶室，检查天窗、刮水器、音响、空调、前座椅等内饰功能和配合情况；检查发动状态下发动机舱情况，有无异响。

4）进入副驾驶座，检查座椅、遮阳板等内饰及前风窗玻璃表面。

5）检查车辆右侧的表面与配合，包括右前后门、前后翼子板。

6）检查后排座椅及相关内饰功能与表面配合，检查后风窗玻璃。

7）检查行李舱、后盖、后保险杠、尾灯的表面质量与配合。

8）检查左后门、左后翼子板的表面与配合，以及儿童锁、后排座椅的情况。

9）绕车检查。检查轮胎的型号、胎压、鼓包、有无漏水，检查钥匙的防盗、遥控性能。

## 资讯二　新能源汽车 PDI 作业内容

### （一）新车 PDI 作业内容

### 1. 检查基本内容

1）检查铭牌。检查车辆一致性证书、VIN、产品铭牌与车辆出厂检验单是否相符。标牌与 LOGO 应清晰、无划痕，如图 3-1-5 所示。

2）检查外观。检查全车漆面、前后风窗玻璃、左右车窗、前后车灯表面有无磕碰、划伤；车顶装饰条是否粘贴良好、有无损坏；检查车门、机舱盖、灯具等安装缝隙是否均匀，过渡有无明显阶差，如图 3-1-6 所示。

图 3-1-5　检查铭牌

图 3-1-6　检查外观

3）检查轮胎。如图 3-1-7 所示，检查轮胎表面有无割伤、胎压是否正常；检查轮辋及螺栓有无划伤、生锈；检查翼子板内衬是否齐全。

4）检查内饰。检查门内侧、门框、转向盘、仪表台、挡位、中央扶手箱、座椅、地毯、车顶内饰安装是否可靠、有无划伤、有无脏污，车内有无杂物，如图 3-1-8 所示。

图 3-1-7　检查轮胎

图 3-1-8　检查内饰

## 2. 检查前机舱内内容

1）整体目视。检查前机舱内的部件有无渗漏及损伤，如图 3-1-9 所示。打开前机舱，目视检查舱内所有连接管、零部件有渗漏、有无损伤。

图 3-1-9　整体目视前机舱内部件

2）检查冷却液液位、制动液液位、洗涤液液位。观察前机舱内的各种液位，检查冷却液、制动液及洗涤液液位是否在 MIN 与 MAX 之间，如没有则须添加到标准液位。

3）检查动力电池和线束/配管连接。检查动力电池的状态、电压，检查动力电池接线螺栓是否紧固；检查线束/配管有无松动，各线束接头连接是否有效锁止；检查高压线束有无死弯，护套有无破损，如图 3-1-10 所示。

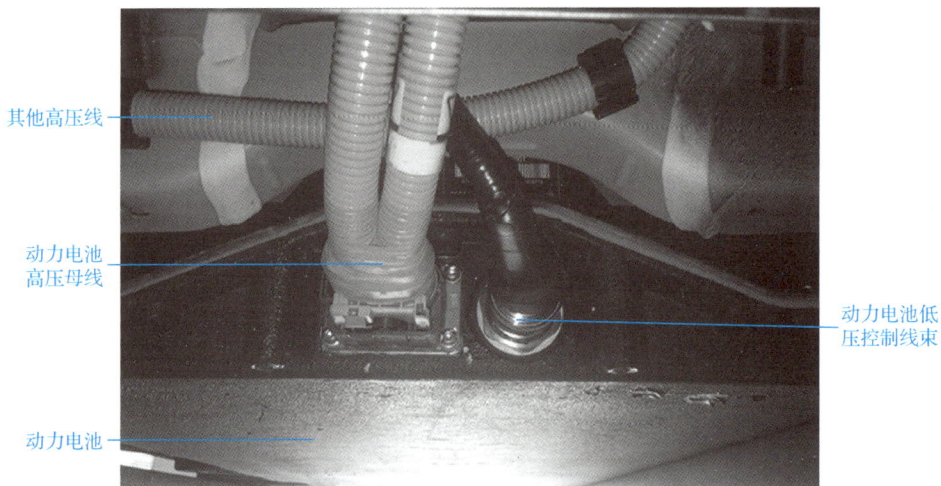

图 3-1-10　检查动力电池和线束/配管连接

## 3. 检查车辆功能

1）检查遥控钥匙（图 3-1-11）。检查车辆钥匙外观是否有瑕疵，是否能够有效锁闭及开启车门。锁闭车辆后，后视镜应收起，灯光应闪烁。

2）检查行李舱、电动门锁、车窗。通过操作组合开关（图 3-1-12），检查汽车行李舱的开启和关闭是否正常，检查 4 个车窗及天窗的玻璃升降是否正常，检查门锁开关是否正常。

图 3-1-11　钥匙

图 3-1-12　组合开关

3）检查座椅及安全带。进入汽车内部，前后调节座椅时应轻松、平顺、无卡滞现象。座椅及头枕不得有脏污、破损、材料不一致等现象。检查安全带是否能够平稳拉出，是否能够锁止及自动地平滑收回。座椅及安全带如图 3-1-13 所示。

4）检查仪表盘上各附件（图 3-1-14）。检测加电后仪表盘上各指示灯是否正常点亮；媒体调节按钮应能正常使用；音响大小调节、换台调节功能应能正常使用；扬声器开关按钮按动灵便、无异常响声，扬声器应声音清脆、洪亮，无嘶哑等现象。

图 3-1-13　检查座椅

图 3-1-14　检查仪表盘上各附件

5）检查灯光。将钥匙置于 START 位置，先检查前照灯、位灯、转向灯、雾灯、危险警告灯、远近光灯是否正常，然后检查左右后转向灯、制动灯、牌照灯、后雾灯、行李舱灯是否正常。全车灯应能正常使用。

6）检查空调。将钥匙置于 START 位置，打开 A/C 空调控制器开关，检查制冷/热功能是否正常；检查风量调节按钮是否正常；检查各出风口风量是否正常。

7）检查后视镜是否可以正常调节，检查天窗是否可以正常开关，检查遮阳板、化妆镜及内部照明灯的使用是否正常。

8）检查充电口盖的开启、闭合是否正常，检查倒车雷达、换挡机构及驻车制动手柄、充电功能的使用是否正常，如图 3-1-15 所示。

9）检查充电功能。连接充电桩，进行正确充电操作，根据充电桩显示屏，判断充电功能是否正常（慢充电流为 12A 以上，快充电流为 40A 以上）。

10）10km 道路试验。选择常规可靠性道路进行 10km 道路试验，分别对转向、制动、能量回收功能、驻坡能力（20%坡度）、制动真空泵、行驶、转向盘等进行试验。

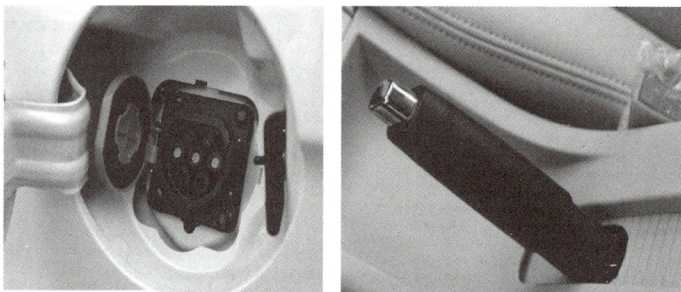

图 3-1-15　检查充电口及驻车制动手柄

## 4. 配备检查

（1）随车资料

随车资料应齐全，信息应与车辆一致。随车资料包括购车发票、合格证、三包服务卡（图 3-1-16）、车辆使用说明书。

| 购车单位 | | | | |
|---|---|---|---|---|
| 通信地址 | | | | |
| 联系人 | | 电话 | | 邮编 |
| 生产厂家 | | | | |
| 购车地点 | | | | |
| 车型 | | VIN | | 发动机号 |
| 生产编号 | | | 出厂日期 | |
| 购车日期 | | | 填卡人签字 | |
| 本保修卡涂改无效 | | | | |

图 3-1-16　三包服务卡

（2）随车工具

检查随车工具：包括三角警示牌、套筒扳手和千斤顶等，如图 3-1-17 所示。

（a）三角警示牌　　　　　（b）套筒扳手　　　　　（c）千斤顶

图 3-1-17　随车工具

## （二）场地要求

对车辆检查或检修完毕后，需对场地进行 7S 管理。

7S 管理包括整理（seiri）、整顿（seiton）、清扫（seiso）、清洁（seiketsu）、素养（shitsuke）、安全（safety）、节约（saving）7 个项目。

通过规范现场、现物，营造一目了然的工作环境，培养员工良好的工作习惯。7S 管理的最终目的是全面提升员工的职业素养，进而提高工作效率和工作质量。

📖 **知识窗**

## 我国新能源汽车发展历程与现状

### 1. 我国新能源汽车发展历程

我国新能源电动汽车产业始于 21 世纪初。2001 年，新能源汽车研究项目被列入国家"十五"期间的"863"重大科技课题。"十一五"以来，我国提出"节能和新能源汽车"战略，政府高度关注新能源汽车的研发和产业化。具体发展历程如图 3-1-18 所示。

| 1 酝酿期 20世纪60—90年代 | 2 初步启动期 2001—2006年 | 3 实质启动期 2006—2010年 | 4 发展期 2010年至今 |
| --- | --- | --- | --- |
| 部分高校、汽车研究所以及生产企业联合开发纯电动汽车 | 确立863计划——电动汽车重大专项项目，明确我国电动汽车战略发展基本原则，提出三横三纵研发布局。由上汽奇瑞、天津汽车牵头研制纯电动轿车电池等关键零部件，性能有较大提高 | 自主品牌纷纷加入纯电动汽车的研发与生产 | 自主品牌投放市场，典型品牌有比亚迪、奇瑞、江淮、众泰，它们纷纷投入市场，主要以小型车为主要切入点 |

图 3-1-18 我国新能源汽车发展历程

2008 年，我国新能源乘用车销售 899 台。2008 年为我国"新能源汽车元年"。

2009 年，在密集的扶持政策出台背景下，我国新能源汽车驶入快速发展轨道。虽然新能源汽车在我国汽车市场的比重依然微乎其微，但它在我国商用车市场上的增长潜力已开始释放。2009 年 1—11 月，新能源商用车，主要是液化石油气客车、液化天然气客车、混合动力客车等，销量同比增长 178.98%，至 4034 辆。

2010 年，我国加大对新能源汽车的扶持力度。2010 年 6 月 1 日起，国家在上海、长春、深圳、杭州、合肥 5 个城市启动私人购买新能源汽车补贴试点工作。2010 年 7 月，国家将十城千辆节能与新能源汽车示范推广试点城市由 20 个增至 25 个。新能源汽车正进入全面政策扶持阶段。

2011—2015 年，开始进入产业化阶段，在全社会推广新能源城市客车、混合动力轿车、小型电动车。

2016—2023 年，我国进一步普及新能源汽车、多能源混合动力车、插电式电动轿车、氢燃料电池轿车，新能源汽车逐步进入普通家庭。

### 2. 我国新能源汽车产业发展特点

我国新能源汽车的发展具有以下特点。

（1）中央和地方政府在财力方面进行强力支持

1）我国将新能源汽车作为七大战略性产业之一。发展新能源汽车是我国从汽车大国走向汽车强国的必由之路。新能源汽车的发展在中国七大战略性产业中的地位尤为突出。

2）我国新能源汽车的发展政策相对比较健全、系统。中央财政和地方财政同时补贴新能源车辆生产成本差价，在购置税上减免，在新能源公交车运营上予以补贴，还设置了新能源车辆专门的车牌，在道路通行权上予以优先等。

3）在众多正面政策的鼓励下，我国新能源汽车市场需求呈螺旋式上升。

4）在我国新能源汽车的快速发展之际，我国政府又在开始研究新的鼓励政策，推动中国新能源汽车向智能网联汽车方向发展，我国政府发布的未来智能网联汽车发展规划，就是具体的体现。

（2）走不同于其他汽车强国的新能源汽车技术路线

我国发展新能源汽车的技术路线与发达国家不同。

1）美系车企的技术路线主要是发展纯电动汽车和增程式混合动力汽车。

2）日韩系车企的技术路线主要是发展混合动力汽车、纯电动汽车和燃料电池汽车。

3）德系车企的技术路线主要是发展纯电动汽车和插电式混合动力汽车。

4）我国车企以纯电动汽车和插电混合动力汽车为主，兼顾燃料电池汽车路线。

我国发展新能源汽车的技术路线最后被明确下来，经过了不断摸索、探讨的过程。我国通过实践，最后形成了具有自己特色的技术路线。①以纯电动汽车为主要突破口，在公交车辆上率先发力。例如，深圳公交全部实现纯电动化，武汉（BRT）18m 公交车全部电动化；在 A00 级乘用车规模产业化的基础上，太原出租车全部实现纯电动化等。②以插电混合动力汽车为追赶目标。插电混合动力汽车兼顾了纯电动汽车技术与燃油汽车技术的优点。③兼顾燃料电池汽车发展，即我国要同时发展燃料电池汽车。

### 3. 我国新能源汽车产业发展现状

新能源汽车是我国汽车产业高质量发展的战略选择。目前我国新能源汽车销量已经连续 8 年位居全球第一，具有较好的发展优势。根据中国汽车工业协会数据，2019 年我国新能源汽车产销量分别为 124.2 万辆和 120.6 万辆，2020 年我国新能源汽车产销量分别为 136.6 万辆和 136.7 万辆，2021 年我国新能源汽车产销量分别为 358.4 万辆和 356.1 万辆，2022 年我国新能源汽车产销量分别为 705.8 万辆和 688.7 万辆。

2023 年 1—5 月，我国新能源汽车产销量分别为 300.5 万辆和 294 万辆，市场占有率达到 27.7%。其中，纯电动汽车 1—5 月份产销量分别为 219.9 万辆和 214.6 万辆；插电式混合动力汽车 1—5 月份产销量分别为 80.3 万辆和 79.3 万辆；燃料电池汽车 1—5 月份产销量分别为 2000 辆和 1000 辆。我国新能源汽车产销量呈现稳步提升态势。2021 年至 2023 年 5 月，我国新能源汽车渗透率如图 3-1-19 所示。

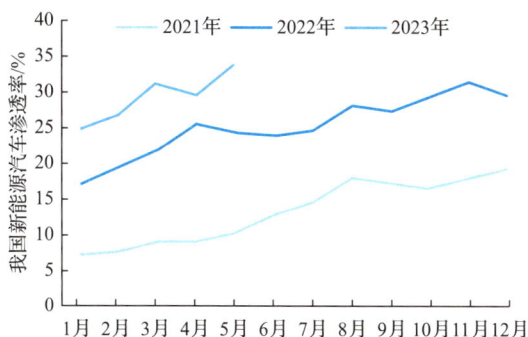

图 3-1-19　2021 年至 2023 年 5 月我国新能源汽车渗透率

中国汽车工业协会数据显示，2023 年 5 月，我国新能源乘用车批发销量达到 67.3 万辆，同比增长 59.4%，渗透率为 33.7%，较去年同期 26.5%的渗透率提升了 7.2 个百分点。

在政策对新能源汽车应用推广的大力支持下，经济实用的新能源汽车车型供给持续丰富，新能源汽车渗透率有望持续增长，从而有望带动全产业链需求扩大，更好发展。

乘用车市场信息联席会公布数据显示，新能源汽车厂商 2023 年度零售销量排行榜如表 3-1-5 所示。

表 3-1-5　新能源汽车厂商 2023 年度零售销量排行榜

| 序号 | 厂商 | 2022 年销量/辆 | 2021 年销量/辆 | 同比/% | 市场占比/% |
|---|---|---|---|---|---|
| 1 | 比亚迪汽车 | 2 706 075 | 1 799 947 | 50.3 | 35.0 |
| 2 | 特斯拉中国 | 603 664 | 439 770 | 37.3 | 7.8 |
| 3 | 广汽埃安 | 483 632 | 273 757 | 76.7 | 6.3 |
| 4 | 吉利汽车 | 469 427 | 304 911 | 54.0 | 6.1 |
| 5 | 上汽通用五菱 | 457 848 | 442 118 | 3.6 | 5.9 |
| 6 | 长安汽车 | 384 915 | 212 078 | 81.5 | 5.0 |
| 7 | 理想汽车 | 376 030 | 133 246 | 182.2 | 4.9 |
| 8 | 长城汽车 | 236 856 | 124 472 | 90.3 | 3.1 |
| 9 | 蔚来汽车 | 160 038 | 122 486 | 30.7 | 2.1 |
| 10 | 零跑汽车 | 144 155 | 111 168 | 29.7 | 1.9 |

排名前 10 的分别为比亚迪汽车、特斯拉中国、广汽埃安、吉利汽车、上汽通用五菱、长安汽车、理想汽车、长城汽车、蔚来汽车、零跑汽车。

根据排名分析，在厂家中，合资品牌占比较少，仅有特斯拉中国、上汽通用五菱入榜；自主品牌车企占比较大，共有 8 家车企入榜，排行榜中自主品牌无论是车企占比还是销量以及市场份额都要超过合资品牌数量，因此，新能源领域自主品牌稍占优势。

由此可见，我国新能源汽车在国家政策的大力扶持和行业企业的不断努力下，已经实现了"质"与"量"的双向提升，取得了可喜的成效，相信未来我国一定能在新能源汽车领域取得更加瞩目的成果，实现"中国制造"迈向"中国创造"。

## 课堂练习

### 问答题

新车 PDI 的内容有哪些？

## 项目实施

新车的完美交付是汽车销售与服务企业工作业务中从售前转向售后的一个关键环节，对于顾客满意度的提升和售后业务的拓展非常重要。作为一名新能源汽车维修与保养技师，需要配合销售部门完成该项工作。请在教师提供的实训场地、车辆、工具和防护设备条件下，以小组（两人一组）形式按照下面的任务工单在新能源汽车实车上完成对新车的 PDI。注意：新车 PDI 项目比较多，而且需要注重很多细节的检查，包含外观车漆、各项功能、各种油液、随车配备材料等一系列项目，因此要求作业过程中逐项仔细完成。

### 新能源汽车 PDI 任务工单

班级：_____ 组别：_____ 小组成员：_____

| 工作项目 | 工作内容 | 工具选择 | 实施过程 | 结果记录 |
|---|---|---|---|---|
| 准备工作 | 场地准备<br>□警示牌 □警戒带 □绝缘胶垫<br>□灭火器 □绝缘钩 □其他 | | | |
| | 个人安全防护准备<br>□安全帽 □防护眼镜 □绝缘手套<br>□安全鞋 □防护服 | | | |
| 基本检查 | 铭牌和 LOGO | | | |
| | 轮胎、轮辋（轮胎表面有无划伤，胎压是否正常，轮辋有无划伤、生锈等） | | | |
| | 内饰检查（门内侧、门框、转向盘、仪表中控台、中央扶手箱、杂物箱、座椅、地毯等有无损伤，车内是否有杂物） | | | |
| | 外观检查（全车漆面、前后及车侧车窗玻璃、灯光灯罩表面、各种装饰条、钣金件接缝等） | | | |

续表

| 工作项目 | 工作内容 | 工具选择 | 实施过程 | 结果记录 |
|---|---|---|---|---|
| 前机舱内检查 | 整体目视检查（装调是否规范、有无渗漏和损伤） | | | |
| | 冷却液液位（在 MAX 和 MIN 之间） | | | |
| | 制动液液位（在 MAX 和 MIN 之间） | | | |
| | 洗涤液液位（在 MAX 和 MIN 之间） | | | |
| | 蓄电池（电压测量、接线柱连接是否紧固） | | | |
| | 线束/管路连接（线束套有误损伤、插接件连接是否正常、DC/DC 转换器负极及车身搭铁是否正常、快充线束低压端与车身搭铁是否正常） | | | |
| 车辆功能检查 | 遥控器及钥匙 | | | |
| | 车门及行李舱 | | | |
| | 车窗及天窗 | | | |
| | 中控门锁 | | | |
| | 主驾、副驾座椅及安全带 | | | |
| | 仪表盘各项指示灯 | | | |
| | 导航仪 | | | |
| | 转向盘 | | | |
| | 照明灯 | | | |
| | 指示灯 | | | |
| | 刮水器 | | | |
| | 空调 | | | |
| | 后视镜（高配） | | | |
| | 阅读灯 | | | |
| | 遮阳板及化妆镜 | | | |
| | 机舱盖、充电口盖 | | | |
| | 倒车雷达 | | | |
| | 换挡机构及驻车制动手柄 | | | |
| | 风窗加热 | | | |
| | 充电功能 | | | |
| | 10km 道路试验 | | | |
| 配备检查 | 铭牌及随车资料 | | | |
| | 随车工具 | | | |
| | 遥控钥匙 | | | |
| | 家用充电器 | | | |
| 整理工作 | 7S 管理 | | | |
| | 废旧部件及油液处理 | | | |

### 考核评价

综合整个学习过程，通过学生的课堂表现、课后习题、任务完成情况等对学生的知识目标、能力目标、思政要素和职业素养目标达成情况进行评价。

**教学目标达成情况评价表**

班级：_____　　组别：_____

| 知识目标达成情况 | | |
| --- | --- | --- |
| 目标描述 | 教师评价 | 学生自评 |
| 能描述新能源汽车 PDI 作业的内容 | | |
| 能描述新能源汽车 PDI 的目的和要求 | | |
| 评价结论：知识目标是否达成　　□是　　　□否 | | |
| 能力目标达成情况 | | |
| 目标描述 | 教师评价 | 学生自评 |
| 能够按照规范流程进行新能源汽车 PDI 作业 | | |
| 能够正确填写 PDI 表 | | |
| 评价结论：能力目标是否达成　　□是　　　□否 | | |
| 思政要素和职业素养目标达成情况 | | |
| 目标描述 | 教师评价 | 学生自评 |
| 强化规范意识、服务意识，自觉践行行业道德规范 | | |
| 坚定"中国制造"自信、民族自信、制度自信，增强使命感和紧迫感 | | |
| 评价结论：思政要素和职业素养目标是否达成　　□是　　　□否 | | |

# 参 考 文 献

包丕利，2018. 新能源汽车维护与保养[M]. 北京：机械工业出版社.

北京中车行高新技术有限公司，2019. 1+X 智能新能源汽车职业技能等级证书标准[Z]. 北京：北京中车行高新技术有限公司.

吉利汽车集团有限公司，2017. 吉利帝豪 EV450 维修手册[Z]. 杭州：吉利汽车集团有限公司.

景平利，敖东光，薛菲，2017. 电动汽车检查与维护 M]. 北京：机械工业出版社.

李仕生，杨俊伟，2020. 纯电动汽车构造与检修[M]. 大连：大连理工大学出版社.

张珠让，尤元婷，2018. 电动汽车维护保养[M]. 北京：机械工业出版社.